Ahmet Güven

Yerel Yönetimlerde Performans Denetimi

Ahmet Güven

Yerel Yönetimlerde Performans Denetimi

Türkiye Alim Kitapları

Impressum / Yayınevi adı
Bibliografische Information der Deutschen Nationalbibliothek: Die Deutsche Nationalbibliothek verzeichnet diese Publikation in der Deutschen Nationalbibliografie; detaillierte bibliografische Daten sind im Internet über http://dnb.d-nb.de abrufbar.

Deutsche Nationalbibliothek tarafından yayınlanan bibliyografik bilgiler: Deutsche Nationalbibliothek, bu yayını Deutsche Nationalbibliografie'de listeler; detaylı bibliyografik bilgi İnternet'te http://dnb.d-nb.de sitesinde mevcuttur.

Coverbild / Kitap kapağı resmi: www.ingimage.com

Verlag / Yayıncı:
Türkiye Alim Kitapları
ist ein Imprint der / yayınevinin bir ticari markasıdır
OmniScriptum GmbH & Co. KG
Heinrich-Böcking-Str. 6-8, 66121 Saarbrücken, Deutschland / Almanya
Email / E-posta: info@turkiye-alim-kitaplary.com

Herstellung: siehe letzte Seite /
Basım yeri: son sayfaya bakın
ISBN: 978-3-639-67199-5

Zugl. / Approved by: İstanbul, İstanbul Üniversitesi, 2012

İÇİNDEKİLER

TABLOLAR LİSTESİ

KISALTMALAR

ATN. ENC. :Atanmış Encümen

BEPER :Belediyelerde Performans Ölçümü Projesi

İDR. PER. :İdari Personel

KAYA :Kamu Yönetimi Araştırma Projesi

KTKT :Kamu Yönetimi Temel Kanun Tasarısı

MEHTAP :Merkezi Hükümet Teşkilatı Araştırma Projesi

MİAPER :Mülki İdare Amirlerinin Performans Kriterlerinin Belirlenmesi Araştırması

SEÇ. ENC. :Seçilmiş Encümen

TODAİE :Türkiye ve Orta Doğu Amme İdaresi Enstitüsü

TÜİK :Türkiye İstatistik Kurumu

YNT. PER. :Yönetici Personel

ÖNSÖZ

Özel sektör kaynaklı bir terim olan performans kavramı 1980'li yıllardan sonra benzer yönetim kavramları ile birlikte kamu yönetiminin ilgi alanına girmeye başlamıştır. 1980'li yıllara kadar uygulanan geleneksel yönetim anlayışının olumsuzluklarına bir tepki olarak doğan yeni kamu yönetimi anlayışı içerisinde kendine zemin bulan performans yönetiminin, çıkış menşeini özel sektör uygulamaları oluşturmaktadır. Böyle olmakla birlikte performans yönetiminin başta kamu kurum ve kuruluşlarında, dolayısıyla yerel yönetim birimlerinde de uygulanmaya başlanması bu yönetim tekniğinin çeşitli yönlerden sorgulanmasını gerekli kılmaktadır.

Performans yönetiminin önemli bir unsurunu oluşturan performans denetimiyle, yerel yönetimlerde etkin, verimli ve kaliteli hizmet sunumunun gerçekleştirileceği inancı, özellikle günümüzde yerel yönetimlerin öncelikli amaçlarına performans denetimiyle ulaşılacağı yönündeki beklentileri artırmıştır. Bu durum ise beraberinde bu beklentilerin performans denetimiyle ne düzeyde sağlanabileceği sorusunu ortaya çıkarmaktadır. Yine geleneksel yönetim yaklaşımı içerisinde uygulanan denetim anlayışından performans esaslı denetim anlayışına geçişin gerekçelerinin değerlendirilmesi, yerel yönetimlerin temel amaçlarına performans denetimiyle ulaşma çabaları, bu konunun üzerinde durulmasını gerektirmiştir.

Bu noktadan hareketle hazırlanması planlanan çalışmayla yerel yönetimlerde performans denetimi olgusunun yeri ve önemi incelenmeye çalışılarak, yerel hedeflerin gerçekleştirilmesinde performans denetimiyle getirilmeye çalışılan durumun, istenilen hedefleri ne ölçüde karşılayacağı konusu hem teorik hem de pratik bir şekilde ele alınmaya çalışılacaktır. Bu kapsamda çalışmanın tüm aşamalarında yardımlarını esirgemeyen başta danışmanım ve değerli hocam Prof. Dr. Aydın GÜLAN ve Prof. Dr. Adalet ALADA hocalarıma, arkadaşlarıma, sevgili eşim Deniz ve aileme teşekkürü bir borç birlim.

Tokat, Kasım 2014 Yrd. Doç. Dr. Ahmet GÜVEN

GİRİŞ

Yerel yönetimler halka yakınlıkları başta olmak üzere birçok nedenden dolayı tarihin her döneminde toplumlarda önemli görevler üstlenen yönetim birimleri olarak karşımıza çıkmaktadır. Tarihsel süreç, küreselleşme ve değişim olgusu yerel yönetimlerin görev yüklerini ve sorumluluklarının her gecen gün genişlemesine neden olmaktadır. Özellikle hızla artan toplumsal beklentiler, yerel yönetimlerin daha işlevsel kaliteli hizmet sunumunu gerekli kılmaktadır. Bu nedenle, bu denli önemli bir konuma sahip olan yerel yönetimlerin işleyişi ve sorunları tarihin her döneminde ve günümüzde üzerinde kafa yorulan, tartışılan konuların başında gelmektedir.

Yerel yönetimlerin daha işlevsel ve daha verimli çalışması konusu üzerinde çok sayıda politikanın geliştirilmeye çalışıldığı gözlenmektedir. Bu amaçla ortaya çıkarılan politikalar arasında yerel yönetimlerin daha işlevsel hale getirilmesi için bu birimlerin denetimi konusu üzerinde yoğunlaşan çalışmaların öne çıktığı görülmektedir. Özellikle kamu yönetiminde ortaya çıkan yeni yönetim yaklaşımları kapsamında yerel yönetimlerde etkin, verimli hizmet sunumu amacının güdülmesine paralel olarak bu hedeflere uygun bir denetim sisteminin ortaya konmaya çalışılması yerel yönetimlerin denetimi konusu üzerinde durulmasını gerekli kılmaktadır.

Yerel yönetimlerin denetiminde yaşanan gelişmelerle, yerel yönetim birimlerinin kurumsal olarak daha etkin ve verimli hizmet sunması arzulanmaktadır. Bu amaçla klasik yönetim anlayışının uzantılarını oluşturan klasik denetimin yanında etkinlik ve verimliliği ön planda tutan denetim yaklaşımlarının yaygınlaştırılması önem arz etmektedir. Günümüzde hukuka uygunluk denetimi dışında kalan yerindelik ve vesayetçi denetim anlayışlarının yerel yönetimlerin kendilerinden beklenen hizmetleri sunmada aşırı bürokrasi ve merkeze bağlılıklarından ötürü birer engel teşkil eden denetim mekanizmaları olarak değerlendirildikleri yönünde kamuoyunda yaygın bir kanının söz konusu olduğu gözlenmektedir. Bu nedenle yerel yönetimlerin kurumsal ve çalışanlar açısından denetiminde klasik vesayetçi denetim anlayışlarına bir alternatif olarak bu denetim sistemlerinin yerini hukuka uygunluk denetiminin yanı sıra çalışanların ve kurumun performansını baz alan performans tabanlı bir denetim modeline doğru bırakması istenmektedir. Bu yönetsel talep son zamanlarda devletlerin ortaya koymaya çalıştığı yönetsel politikalarında kendine ağırlıklı olarak hem dünya ülkelerinde hem de Türkiye'de sıkça yer bulmaktadır.

Dünya devletlerinin ve Türkiye'nin de böyle bir çabanın içine girmesinde temel etken hiç kuşkusuz dünyada küreselleşmenin tetiklediği sosyo-politik değişimdir. Dünyanın karşı karşıya kaldığı bu değişim özellikle 1980'li yılardan itibaren tüm dünyayı kasıp kavuran ve etkilerini dünyanın her ülkesinde rahatlıkla görebileceğimiz refah devleti anlayışından koparak liberal eğilimli politikaların hızla yaygınlık kazanmasından dolayı ortaya çıkmaktadır. Bu politik süreç kapsamında ortaya çıkan yeni kamu yönetimi anlayışı da refah devleti anlayışının ortaya çıkardığı sıkıntılar başta olmak üzere ağırlıklı olarak bürokrasi kaynaklı etkinlik problemi ile baş etmeye çalışan bir anlayış benimseyerek kamu kurumlarında bir değişimin habercisi ve zorlayıcısı olmuştur.

Yeni kamu yönetimi anlayışı kapsamında ortaya çıkarılan reform ihtiyacı ve reform çabaları hazırlanan bu çalışmanın da teorik arka planını oluşturacaktır. Hazırlanan bu çalışmayla bir kamusal kurum olan yerel yönetim birimlerinin dünyada esen yeni kamu yönetimi anlayışının oluşturduğu akımdan nasıl etkilendiği özellikle denetsel süreçte bu akımın etkilerinin nasıl hissedildiği konusu üzerine yoğunlaşmaktadır. Bu kapsamda yeni kamu yönetimi anlayışı ile getirilmeye çalışılan etkinlik, verimlilik ve tutumluluk anlayışının denetsel süreçte karşılığı olan performans denetimi konusu çalışmanın temelini oluşturacaktır. Bu kapsamda çalışmada öncelikli olarak yerel yönetimlerde performans denetimi konusunun gerekliliği tartışmasına yer verilerek yerel yönetimlerde performans denetimine giden yolda performans denetimini gerekli kılan yaklaşımlar-başta yeni kamu yönetimi yaklaşımı-çerçevesinde yerel yönetimlerde meydana gelen dönüşüm irdelenecektir. Çalışmanın ilerleyen bölümlerinde performans denetimi konusunun yerel yönetimlerde uygulanabilirliği konusunu teorik ve uygulamalı bir şekilde ele alınarak literatüre katkı sağlanmaya çalışılacaktır.

Bu kapsamda çalışmanın birinci bölümünde performans denetimi konusuyla yakından ilgili konular ele alınarak performans denetimi olgusunun kapsamı ve sınırlarının daha net anlaşılması sağlanacaktır. Öncelikle performans kavramının ne olduğu, tanımı, amacı ve önemine değinilerek performans olgusu tanımlanmaya çalışılacaktır. Ardından performans kavramının yönetim bilimi içerisindeki yeri performans yönetimi kapsamında ele alınarak performans denetimi konusunun neleri kapsadığı performans olgusundan hareketle etraflıca açıklanmaya çalışılacaktır. Daha sonra performans denetimiyle birlikte kullanılan performans ölçümü ve performans değerlendirme kavramları incelenecektir. Beraberinde performansın belirlenmesinde kullanılan temel unsurların neler olduğu, performans değerlendirme süreci ve aşamaları, performans değerlendirme yöntemleri arasında yer alan bireysel ve kurumsal performans değerlendirme metotları incelenerek çalışmanın performansla ilgili teorik kısmına genel bir giriş yapılacaktır.

İkinci bölümde Türkiye'de yerel yönetimlerde performans denetimini ortaya çıkaran koşullar ve yaklaşımlar üzerinden, özellikle yeni kamu yönetimi yaklaşımı kapsamında, böyle bir denetimin gerekli olup olmadığı yönündeki tartışmalara yer verilerek teorik arka planda yerel yönetim-performans denetimi ilişkisi aktarılmaya çalışılacaktır. Bu amaçla öncelikli olarak Türkiye'de yerel yönetimlerin kısaca tarihine değinilerek, yerel yönetimleri oluşturan belediyeler, il özel idareleri ve köyler etraflıca ele alınacaktır. Ardından öncelikle Türkiye'de uygulanmakta olan denetim türlerine değinilerek denetim türleri sınıflandırılmaya çalışılacaktır. Yine yerel yönetimlerde denetim olgusu ve uygulanmaya çalışılan denetim çeşitleri incelenerek yerel yönetimlerde gözlenen denetsel sorunlar irdelenmeye çalışılacaktır. Daha sonra yerel yönetimlerde performans denetiminin de dayanağını oluşturan yeni kamu yönetimi anlayışı etraflıca incelenerek yerel yönetimler üzerindeki etkisi ortaya konmaya çalışılacaktır. Son olarak yeni kamu yönetimi yaklaşımından hareketle yerel yönetimlerde performans denetiminin gerekliliği tartışmalarına yer verilerek yerel yönetimlerde performans denetimi uygulamalarını olumlu bulan görüşler ile olumsuz bulan görüşlere ve gerekçelerine yer verilecektir.

Üçüncü bölümde performans denetimi olgusunun yerel yönetimlerde nasıl ele alındığı dünyada ve Türkiye'de bu yönde siyasi ve hukuki alt yapının nasıl oluşturulduğuna yer verilerek çeşitli uygulama örnekleri ele alınarak bu konuyla ilgili değerlendirmelere yer verilecektir. Bu kapsamda öncelikle yerel yönetimlerde performans olgusunun yeri, önemi ve amacı ele alınarak yerel yönetimlerde performans denetiminin gerekliliği fayda ve sakıncaları değerlendirilecektir. Ardından yerel yönetimlerde performans denetimi uygulama süreci ve performans denetiminde kullanılan unsurlar açıklanarak yerel yönetimlerde performans ölçümü konusu işlenecektir. Ardından dünyada ve Türkiye'de performans denetiminin tarihsel gelişimine değinilerek yerel yönetimlerde performans denetiminin gelişimi süreci karşılaştırmalı bir şekilde ele alınacaktır. Bu kapsamda Türkiye'de yerel yönetimlerde performans konusunda, belediyeler üzerinde uygulanan en kapsamlı performans denetimi içerikli proje olan BEPER projesi değerlendirilecektir. Yine Türkiye de performans denetiminin yaygınlaşmasında kamu kurum ve kuruşlarının uyguladığı performans denetimiyle ilgili benzer uygulamalara da değinilerek Türkiye'de performans denetimi kapsamında yürütülen çalışmalar hakkında genel bilgiler verilecektir. Son olarak ilgili yasal mevzuatta performans denetimi konusunun nasıl ele alındığı, 1982 Anayasası'ndan başlanarak, başta 5018 Sayılı Kamu Mali Yönetimi ve Kontrol Kanunu, 5393 Sayılı Belediye Kanunu, 5216 Sayılı Büyükşehir Belediyesi Kanunu ve 5302 Sayılı İl Özel İdaresi Kanunları ve diğer ilgili mevzuattaki metinler incelenerek değerlendirilecektir.

Çalışmanın dördüncü bölümü olan uygulama bölümünde ise Türkiye'de yerel yönetim birimlerinden birini oluşturan belediyeler üzerinde bir alan araştırmasına yer verilecektir. Bu araştırmayla Türkiye' de önemli görevler üstelenen ve önemli bir yere sahip olan yerel yönetim birimlerinden biri olan belediyelerin performans denetimi konusundaki yeri, belediye çalışanlarının (yöneticiler, idari personel ve belediye encümenleri) performans denetimi konusundaki algı ve tutumları belirlenmeye çalışılacaktır. Bu amaçla belediye çalışanlarının verdikleri ifadelerden hareketle belediyelerde performans denetimi ihtiyacının gerekli olup olmadığı, belediye çalışanlarınca gerekli görülüp görülmediğinin, performans denetiminin belediyelerde performans denetimiyle hedeflenen amaçlara ulaşmada bir araç olarak kullanılıp kullanılamayacağı yönündeki algıları tespit edilmeye çalışılacaktır.

Yapılmak istenilen araştırmayla, mevcut düzenlemeler eşliğinde Türk yerel yönetim birimleri arasında yer alan belediyelerin mevcut denetim durumları ile günümüz denetiminde yerini almaya başlayan performans denetimi konusu belediyelerde çalışan yönetici personel yanında belediye çalışanları ve belediye encümeni üyelerinin verdikleri ifadelerden hareketle karşılaştırmalı olarak incelenmek istenmektedir. Ayrıca performans denetiminin belediyelerde uygulanabilirliği, belediyelerde performans denetimiyle amaçlanan durum ile ortaya çıkan durumun ne düzeyde örtüştüğü ortaya konmaya çalışılacaktır.

Bu noktadan hareketle kamuda uygulanmaya çalışılan ve yerel yönetimlerde de eş zamanlı bir şekilde görülmeye başlanan performans denetimi olgusunun yerel yönetim birimleri arasında yer alan belediyelerde yeri ve önemi incelenecektir. Bu sayede belediyelerde yerel hedeflerinin gerçekleştirilmesinde performans denetimiyle getirilen-getirilmeye çalışılan durumun istenilen hedefleri ne ölçüde karşılayabileceği ya da karşılayamayacağı, bu birimlerde çalışan personelin verdikleri ifadelerden hareketle analiz edilmeye çalışılacaktır.

BİRİNCİ BÖLÜM

PERFORMANS DENETİMİYLE İLGİLİ KAVRAMSAL ÇERÇEVE

1.1.Performans Kavramı

Performans kavramı sosyal bilimler alanında, birçok kavramda olduğu, gibi tanımlanması kolay olmayan olgular arasında yer almaktadır. Bu güçlük kelimenin yabancı kaynaklı olmasının yanı sıra birçok disiplinde farklı anlamlarda kullanılıyor olmasından ileri gelmektedir.

Performans kavramı, Fransızca kökenli "performance" kelimesinden Türkçeye aktarılmıştır. Performans kelimesi eğitimden psikolojiye, sanattan spora kadar çok farklı disiplin alanı içerisinde kullanılmaktadır. Kelime anlamı Türk Dil Kurumunun sözlüğünde, "başarım" kelimesi ile ifade edilmeye çalışılmaktadır.[1] Başarım kelimesi belirli bir hedef için yapılan çabalar karşısında ulaşılan sonuçları ifade etmektedir. Yine performans kavramı kamu yönetimi sözlüğünde de benzer bir kullanımla "iş başarımı", "herhangi bir işte gösterilen başarı derecesi" olarak tanımlandığı görülmektedir.[2] Görüldüğü gibi performans kavramı bir faaliyet sonucunda elde edilen çıktı ve sonuçları ifade eden bir olgu olarak karşımıza çıkmaktadır.[3] Bu özelliğiyle disiplinler arasında kendine rahat bir yer bulan kavram hedeflenen amaçlara ulaşırken elde edilen başarıyı, sonuçları niteliksel ve nicel anlamda ifade eden bir sözcük olarak değerlendirilmektedir.

Performans olgusu örgütler için kolay bir konu olarak görülmemektedir. Örgütler için, bir örgütün performansının nasıl belirleneceği, örgütün ve çalışanların performanslarının nasıl geliştirileceği konusu, üzerinde çok fazla düşünülmesi gereken konular arasında değerlendirilmektedir.[4] Performans, örgüt yönetiminde

---

[1]Türk Dil Kurumu, (çevrimiçi), http://tdkterim.gov.tr/bts/?kategori=verilst&kelime=performans&ayn=tam, 03.10.2011.

[2]Ömer Bozkurt, Turgay Ergun, **Kamu Yönetimi Sözlüğü**, Ed: Seriye Sezen, Ankara, TODAİE, Yayın No:342, 2008, s.203.

[3]Zühal Akal, **İşletmelerde Performans Ölçümü ve Denetimi**, Altıncı Baskı, Ankara, Milli Prodüktivite Merkezi Yayınları No: 473, 2005, s.17.

[4]Marshall W. Meyer, "Finding Performance: The New Discipline In Management", Ed: Andy Neely: **Business Performance Measurement Theory And Practice,** Cambridge University Press 2004,p.51.

önemli bir yere sahiptir. Örgütlerin hedefledikleri başarıların gerçekleştirilmesinde kurumsal ve bireysel anlamda çalışanlarının performansı önemli bir nitelik taşımaktadır. Özel sektörde kar elde etme amacını güden örgütler çalışanlarından ve kurum yöneticilerinden bu yönde bir katkı beklerken kamu kurumlarında da halka hizmet anlayışı içerisinde kamu yararına yönelik benzer bir durum söz konusu olduğu görülmektedir. Her iki grup örgütte hedefleri çerçevesinde kurumsal ve kişisel anlamda performans konusuna önem vermek durumundadır.

Çalışanlarının ve örgütün işleyişini ilgilendiren kurumsal performansın yüksek tutulmasına özen gösterilmesi, amaçlanan örgütsel hedeflerin yerine getirilmesinde son derece önemlidir. Bu nedenle örgütlerin performans konusuna ağırlıklı olarak önem vermeleri gerekmektedir. Özellikle küresel rekabetin artığı günümüzde kıt kaynakların etkili kullanılmasında yüksek performans sahibi çalışanlara ve bu çalışanlardan oluşan yüksek performanslı örgütlere duyulan ihtiyaç çok daha fazla artmış bulunmaktadır.

1.2.Performans Yönetimi Kavramı

Performansa dayalı yönetim anlayışı son zamanlarda yönetim biliminin özellikle üzerinde önemle durduğu konular arasında yer almaktadır. Kamusal ve özel bütün örgütlerde, örgütün performans düzeyini artırmayı hedefleyen performans yönetimi; örgütlerde tutumluluk, etkililik ve verimliliği başarmada önemli bir yöntem olarak görülmektedir. Günümüzde yönetiminin temel sorunlarından olan artan nüfus ve azalan kaynaklar karşısında performans yönetimine dayalı bir yönetim anlayışının örgütlerde uygulanması gerekliliğinin günümüzde bir zorunluluk olarak ele alındığı gözlenmektedir.[5]

Performans yönetimi hem özel sektör hem de kamu sektörü örgütlerinde, hedeflenen amaçlara yönelme amacıyla örgütün mevcut ve geleceğe ilişkin durumlarını dikkate alarak bilgi toplamak, bunları karşılaştırmak ve örgütsel performansın sürekli gelişimini sağlayacak yeni ve gerekli düzenlemeleri yapmayı

---

[5]Hasan Hüseyin Çevik, Turgut Göksu, Veysel K. Bilgiç, Muhittin Karakaya, Kazım Seyhan, Serdar Kenan Gül, **Kamu Kurumlarında Performans Yönetimi,** Seçkin Yayıncılık, Birinci Baskı, 2008, Ankara, s.9.

hedefleyen, örgütsel sistemlerin her düzeyinde uygulanabilen bir yönetim süreci olarak tanımlanmaktadır.[6]

Performans yönetimi kavramı, kurumların hesap verme sorumluluğunu ilgilendiren bir konu olmakla birlikte kurumun ürettiği çıktıları ve ulaştığı sonuçları yönetmesini ifade eden bir kavramdır.[7] Bu bağlamda kurumsal performansın etkin bir şekilde tespit edilmesinde, performans denetimi ve beraberinde kullanılan performans ölçme ve değerlendirme araçlarının kullanımı kurumların performansın belirlenmesinde önemli bir unsur olarak görülmektedir. Kurumlarda performansın tespit edilmesiyle gerçekleştirilmek istenen amacın öncelikli olarak kamusal mal ve hizmetlerin kalitesinin arttırılması olduğu görülmektedir. Bu amaçla kurumlarda performans tespiti yapılarak kurumun iyi veya kötü performansa sahip olduğu ortaya çıkarılır. Elde edilen performans verilerine dayanarak kurum hakkında toplumda kamuoyu baskısı oluşturulması amaçlanır ve bu sayede kurumun daha kaliteli mal ve hizmet üretmesi için teşvik edilmesi sağlanır.[8]

Performans yönetimi, bir örgütte iş süreçlerinin, iş becerilerinin ve çalışanların davranışlarının devamlı olarak iyileştirilerek çalışanların sorumluluk almalarının sağlandığı bir örgüt kültürü oluşturma süreci olarak ele alınabilir. Bu süreç içerisinde, performans yönetimi, yöneticileri ve çalışanları karşılıklı olarak örgütün amaçları doğrultusunda bir araya getirerek onları örgütün amaç ve hedefleri doğrultusunda ortak bir çaba içerisinde rol almaya yönlendiren önemli bir yönetim tekniği olarak karşımıza çıkmaktadır.[9]

Performans yönetiminde örgütler tüm birimleri ile birlikte mevcut durumunun ne olduğunu ve hangi seviyeye ulaşmak istediğini, bu seviyeye ulaşıp ulaşamama durumunu ve ideal olarak ne kadar başarılı olabileceklerini sorgulayarak, performanslarını belirlemeye çalışmaktadırlar. Böylece örgütün misyonu ve geleceğe yönelik vizyonu saptanmaya çalışılarak performans yönetimi temelli bir yönetim

---

[6]Akal, **İşletmelerde Performans Ölçümü ve Denetimi**, s.75.
[7]Sayıştay Başkanlığı, **Sayıştay'ın Performans Ölçümüne İlişkin Ön Araştırma Raporu**,2003, s.11.
[8]Ebru Yenice, "Kamu Kesiminde Performans Ölçümü ve Bütçe İlişkisi" **Sayıştay Dergisi**, Sayı 61, 2006, s.58.
[9]Çevik, **Kamu Kurumlarında Performans Yönetimi**, s.11.

anlayışı benimsenmesi hedeflenmektedir.[10]

1.3.Performans Denetimi Kavramı

Performans yönetiminin önemli bir unsurunu oluşturan performans denetimi gerek özel sektör, gerekse kamu örgütlerinde iş/faaliyet süreçlerinin örgütlerin amaç ve hedeflerine ulaşmadaki başarılarını değerlendirmeye yönelik bir denetim türü olarak ortaya çıkmıştır.

Performans olgusunun tanımlanmasında yaşanan güçlük performans denetiminin sınırlarının belirlenmesinde ve benzer kavramlarla sık sık karıştırılmasında da kendini göstermiştir. Özellikle, performans ölçme ve performans değerlendirme gibi kavramları da kapsayan performans denetimi, günümüzde kamu kurumlarının denetiminde önemli bir rol üstlenen yeni bir yönetim fonksiyonu olarak karşımıza çıkmaktadır. Klasik denetim fonksiyonunun gereği olan kurumsal faaliyetlerin denetlenmesi işlevi, performans denetimiyle beraber yeni bir ivme kazanmıştır. Performans denetimiyle kurumların sadece amaç ve hedeflerine ulaşmadaki başarısı, hukuki olarak değil aynı zamanda verimlilik etkinlik ve tutumluluk açısından da durumlarının incelenmesini gerekli kılmıştır.[11]

Klasik denetim anlayışına ilave olarak gelişimini devam ettiren performans denetimi olgusu kamu kurumlarının faaliyetlerinin denetiminde etkinlik, verimlilik ve tutumluluk kıstaslarına göre kurumun amaç ve hedeflerine ulaşma derecesini belirlemeye yarayan yeni bir denetim türü olarak karşımıza çıktığı görülmektedir.

Yine bunun yanında performans denetiminin, kamu yönetiminin önemli bir kaynağını oluşturan kamu çalışanlarının etkinliğinin sağlanması aşamasında dünyada en çok başvurulan yöntemler arasında hızla yer bulduğu, bu manada kamu kurumlarında insan kaynakları politikalarının şekillenmesinde performansa dayılı bir denetim anlayışının yaygınlaşmasının önem arz ettiği görülmektedir. Çalışanların elde edilen sonuçlara göre ödüllendirilmesi ya da cezalandırılması mekanizmalarının

---

[10]Kamil Ufuk Bilgin, "Kamuda Ölçülebilir Denetime Hazırlık Performans Yönetimi" **Sayıştay Dergisi,** Sayı 65, 2007, s.56.

[11]Ekrem Candan, **Türk Bütçe Sisteminde Performans Denetimi**, Maliye Bakanlığı, Strateji Geliştirme Başkanlığı, Yayın No: 374, Ümit Ofset Matbaacılık, Ankara, 2007, s.53

geliştirilmesi, idarenin kurumsal ihtiyaçların karşılanmasında performans yönetimine dayalı bir denetim sisteminden faydalanmasını gerekli kıldığı görülmektedir.[12]

Kamu kurumlarında performans denetimi konusuna yer verilmesi çalışanlardan hareketle kurumun performans düzeyinin geliştirilmesinde kurumun hedef ve amaçlarına ulaşmada önemli bir etken olarak kabul edilmektedir. Bu nedenle son yıllarda performans denetiminin, kamu yönetiminin işlerlik kazanmasında en çok tercih edilen denetim sistemleri arasında yer aldığı gözlenmektedir.

Ancak performans yönetimiyle amaçlanan bu olumlu beklentilerin yanında çok sayıda düşünür tarafından performans denetimi uygulamalarıyla ortaya çıkabilecek sorunlara dikkat çekilmektedir. Örneğin, performans denetiminin kullanılmasında yaşanan sorunlar arasında performans göstergelerinin belirlenmesi, verilerin toplanması, analiz edilmesi ve yorumlanmasından kaynaklanan teknik içerikli sorunlar yer almaktadır.[13] Bunun yanında performans değerlendirme sürecinin uygulama aşamasında, kişilerin performansının ölçülmesi, değerlendirilmesi ve performansa göre ücret politikasının saptanmasında yaşanan güçlüklerden kaynaklanan sorunlar da söz konusudur.[14] Tüm bu olumsuzluklara rağmen kamu yönetiminin işlevsel anlamda gelişiminde, pek çok ülkede olduğu gibi, Türkiye'de de performans denetimi konusu, kurumlarda kendine hızla yer bulan ve gelişimine hızla devam eden bir kavram olarak karşımıza çıktığı görülmektedir.

1.3.1.Performans Denetiminin Unsurları

Performans denetiminde ağırlıklı olarak verimlilik, etkinlik ve tutumluluk olmak üzere üç temel unsurun ön plana çıktığı görülmektedir. Bu unsurlardan etkinlik ve verimlilik kavramalarının, kelime ve anlam açısından birbirlerinin yerine çok sık kullanıldığı ve bu kavramların karıştırıldığı gözlenmektedir. Ancak bu kavramlar birbirlerinin yerine kullanılmakla birlikte aralarında önemli farklılıkların olduğu da

---

[12]Zeynep Ceylan, "Performansa Dayalı Ücretlendirme Modelleri ve Türkiye Açısından Bir Değerlendirme" **Sayıştay Dergisi**, Sayı 74-75, 2009, s.45.
[13]Karen Fryer, Jiju Antony, Susan Ogden, "Performance Management in The Public Sector", **International Journal of Public Sector Management,** Vol. 22 No. 6, 2009, p.488.
[14]Ceylan, **a.y.**, s.46.

unutulmamalıdır. Kısaca bu farklılıklara bakıldığında aşağıda belirtilen ifadeler öne çıkmaktadır.[15]

- Etkinlik kavramı verimlilik kavramından daha geniş bir anlam ve içeriğe sahiptir. Etkinlik kavramı aynı zamanda verimlilik kavramını da içermektedir.

-Verimlilik yalnızca kamu hizmetlerinin niceliksel birimler cinsinden ölçülebildiği yerlerde yararlı olurken, etkinlik bütün kamu hizmetleri için söz konusudur.

-Etkinlik bir kamu hizmet biriminin çıktılarını mümkün olan ekonomik ve siyasal bütün yollardan azamileştirmeye çalışmaktadır. Verimlilik ise etkinliğin başlıca öğelerinden sadece birisi olarak çıktıların maksimizasyonunu etkinlikle birlikte sağlamayı amaçlamaktadır. Bu ön açıklamalardan hareketle ilgili kavramları şu şekilde ifade etmek mümkündür.

Etkinlik, örgütün önceden belirlediği amaçlar ve hedefler çerçevesinde yürüttüğü planların başarılı bir şekilde yerine getirilip getirmediğini gösteren bir başarı göstergesidir. Etkinlik ile örgütün çalışmaları sonucunda elde edilen çıktıların beklenilen sonuçları sağlayıp sağlayamadığı incelenmek istenmektedir.[16] Etkinlik kavramıyla örgütlerin hedeflerine ne ölçüde ulaştıkları izlenmektedir. Genel anlamda verimlilik kavramını da içeren etkinlik, performans ölçümünde kurumların arzulanan hedeflere ulaşıp ulaşılmadığını gösteren bir kriterdir.[17]

Verimlilik kavramı ise prodüktivite, etkinlik, tutumluluk, kar ve kalite terimleriyle bütünleşmiştir. Bu nedenle verimlilik kavramının tanımlanması çok kolay olmamaktadır.[18] Verimlilik, örgütlerin mal ve hizmet üretimlerinde kullandıkları girdi ile elde etikleri çıktıları sayısal anlamda ifade eden bir kavramdır. Verimlilik, belli bir miktar girdiyle maksimum çıktı elde etmeyi veya belli bir miktar çıktıyı minimum girdiyle elde etmeyi amaçlamaktadır. Verimliliğin gerçekleşmesinde

---

[15]Ahmet Arslan, "Kamu Harcamalarında Verimlilik, Etkinlik ve Denetim", **Maliye Dergisi** S:131,s.5 2002, (çevrimiçi), http://www.bayar.edu.tr/~iibf/sakinc/kamumaliyesi/AhmetARSLAN.pdf, 11.12.2009.
[16]Ali Erbaşı, **Belediyelerde Kurumsal Performans Yönetimi**, Nobel Yayın Dağıtım, Birinci Baskı, 2008, İstanbul, s.37
[17]Sayıştay Başkanlığı, **a.g.e**, s.20.
[18]Özer Köseoğlu, "Belediyelerde Performans Yönetimi", **Türk İdare Dergisi**, Yıl 77, Sayı 447, 2005, s.215.

kalite kavramı da son derece önemli bir yere sahiptir. Verimlilik artışı, kalitenin düşürülmesiyle gerçekleştirilmemelidir.[19] Kamu kurumlarında verimliliğin ölçülebilmesi için verilerin somut olması gerekmektedir. Bu durum ise kamuda verimlilik ölçümünün yapılmasını zorlaştırmaktadır.[20]

Tutumluluk ise performans denetiminde; mal ve hizmet üretiminde maliyetlerin en aza indirilmeye çalışıldığı, ekonomik yönü ön planda olan bir kavramı ifade etmektedir. Tutumluluk, üretim sürecinde kaynakların ekonomik kullanımıyla ilgili bir unsurdur. Kamu kurumlarında performans ölçüm unsuru olarak ele alınan tutumluluk, mal ve hizmet üretimi süreci içerisinde kaliteden ödün vermeden kaynak kullanımını en aza indirgemeyi hedeflemektedir. Tutumluluk kavramı fiziksel ve mali kaynaklar yanında, insan kaynakları ve bilgiyi de içeren bir kavramdır. Tutumluluk konuları irdelenirken kaynakların doğru zamanda, doğru yerde, doğru miktarda, doğru kalitede ve doğru maliyetle elde edilip edilmediği saptanmaya çalışılır. Tutumluluk, aynı kalitedeki kaynakların en düşük maliyetle elde edilmesiyle ortaya çıkan bir performans denetim unsurudur.[21] Kurumlarının tutumlu olması maliyetleri düşürmek için kalitesiz ucuz kaynak ve iş gücü kullanımını değil; optimum kaynak kullanımını ifade etmedir.

1.3.2.Kamu Kurumlarında Performans Denetimi İhtiyacı

Kamu kurum ve kuruluşlarının mevcut yönetim sistemleri içerisinde kurumsal amaç ve hedeflerine istenilen düzeyde ulaşamamaları, beraberinde bu kurumlarda mevcut sıkıntıların çözümü için bir arayışın ortaya çıkmasına neden olmuştur. Bu durum ise kamu kurumlarının kendilerinden beklenen hizmet kalitesinin artması amacıyla kurumlarında etkinlik ve verimlilik artışı öngören yaklaşımlara daha fazla yer vermesini gerekli kılmıştır. Performansa dayalı yönetim anlayışı da bu kapsamda kamu kurumlarının istedikleri hedef ve amaçlarına etkin ve verimli bir şekilde ulaşmalarında önemli bir yönetim kültürü oluşturmaktadır.

---

[19]A. Coşkun, Gülcü, Yeşilyurt, S.Coşkun ve Esener, "Cumhuriyet Üniversitesi Diş Hekimliği Fakültesi'nin Veri Zarflama Analizi Yöntemiyle Göreceli Etkinlik Analizi" **C.Ü. İktisadi ve İdari Bilimler Dergisi,** Cilt 5, Sayı 2, 2004, s.91.
[20]Hulusi Şentürk, **Belediyelerde Performans Yönetimi**, İlke Yayıncılık, İkinci Baskı, 2005, İstanbul, s.24.
[21]Gülcü, **a.y.,** s.90.

Kamu kurumların öncelikli hedef ve amaçlarını sosyal sorumluluk bilinci içerisinde kamu yararını gözeterek ilgililere mal ve hizmet sunmak oluşturmaktadır. Kamu kurumlarının ilgililere sunmaya çalıştıkları mal ve hizmetin beklenen nitelikte olması için kurumların zaman zaman kurumsal hedeflere ne düzeyde ulaştıklarını değerlendiren ölçümlere başvurmaları gerektirmektedir. Kurumlar bu amaçlarına öncelikle çalışanlarının ve sonrasında da kurumun başarı düzeylerini inceleyerek ulaşmaya çalışmaktadırlar.[22] Kamu kurumlarında performans denetimiyle bu amacın yerine getirilebileceği düşünülmektedir. Bu hedeflere ulaşma konusunda da kamu kurumlarında etkin bir performans denetim sistemine ihtiyaç duyulacağı ortadadır.

Kamu kurumlarında performans denetimi özel sektöre göre daha zor ve çaba gerektiren bir süreç olarak karşımıza çıkmaktadır. Klasik anlamda kamu yönetiminde kuralların yerine getirilmesi mal ve hizmet üretim süreci için yeterli bir kriterdir. Ancak yeni kamu yönetimi anlayışıyla kamu yönetiminde kendine yer bulan performansa dayalı yönetimi olgusuyla birlikte üretilen mal ve hizmetlerin beklentilere cevap verip vermediği ve istenilen kalitede üretilip üretilmediği sorunu gündeme gelmiştir. Bu nedenle özel kuruluşlarda yaygın bir şekilde uygulanan performans denetiminin kamu kurumlarında da uygulanma ihtiyacı doğmuştur.

Kamu örgütlerinin performansı genellikle kurum yöneticilerinin kendileri tarafından değerlendirilmektedir. Değerlendirme sonuçları kurumun prestijini olumsuz yönde etkilemesinden korkulduğu için çoğunlukla kamuoyuyla paylaşılmamaktadır. Bu durum ise kamu da "kamu kurumları hizmeti sunar, vatandaş ise sunulanı kabul eder" anlayışının hakim olmasına neden olmaktadır. Hizmetten yararlanan vatandaşlar, sunulan hizmetlerin ne kadarının başarılı bir şekilde ortaya çıktığını, hizmet kalitesinin ne seviyede olduğunu, hizmetlerin ortaya çıkması için kullanılan kaynakların ne derece etkili kullanıldığını sorgulamak yerine kabul etmek durumunda bırakılmaktadır.[23]

---

[22]Dursun Bingöl, **İnsan Kaynakları Yönetimi**, Arıkan Basım Yayım, 6. Baskı, İstanbul, 2006, s.329.
[23]Çevik, **Kamu Kurumlarında Performans Yönetimi**, s.54.

Klasik kamu yönetiminin gizlilik ve kapalılığı meşrulaştıran yönetim anlayışı, performans yönetimi ile birlikte yerini, şeffaf bir yönetim anlayışına bırakmayı amaçlamaktadır. Şeffaflık, kamu yönetiminde ilgililerin bilgi ve belgelere ulaşmasıyla sınırlı bir kavram olarak düşünülmemelidir. Kamuda şeffaflık denildiğinde, kamu yönetiminde alınan kararların halka duyurulmasının yanında bu kararların niçin alındığı, nasıl uygulandığı ve uygulamada kamu yararının gözetilip gözetilmediği gibi hususlarında açıklanması gerekmektedir.[24] Ancak bu sayede kamu kurumlarının performans hedeflerine ulaşabileceği düşünülmektedir.

Geleneksel kamu yönetimi anlayışı 1980'li yıllardan itibaren yerini "yeni kamu yönetimi" olarak adlandırılan yeni yönetim anlayışına bırakmıştır. Bu doğrultuda kamu sektöründe de özel sektörde olduğu gibi, verimsiz çalışmanın, zarar etmenin ve kötü hizmet sunmanın sorumluluğunu duyuracak bir yönetim anlayışı olarak performans denetimine yer verilmesi önem kazanmaya başlamıştır.[25] Bu durum ise performansa dayalı yönetim anlayışını benimseyen ülkelerde kamu sektöründe performans denetimine yönelik standartları belirlemesini gerekli hale getirmiştir.

Kamu yönetiminde performans uygulamalarına ihtiyaç duyulmasının, kurumsal sorumluluk bilincinin kamu kurumlarına yerleştirilmesi gerekliliğinden kaynaklandığı düşünülmektedir. Bu kapsamda kamu kurumları faaliyetleri boyunca her aşamada, kullandıkları kaynakların verimli ve yerinde kullanılıp kullanılmamasından başlayarak sunulan hizmetlerin kurumun amaçları çerçevesinde gerçekleştirilip gerçekleştirilemediği sonucuna kadar hizmetlerinden yararlanan halka, idari yönetime ve parlamentoya karşı yasal ve yönetsel anlamda sorumlu olmak durumundadır.

Kamu kesiminde performans denetimi olgusu, ekonominin en temel sorunu olan kıt kaynakların etkin kullanılması gerekliliğinden dolayı ortaya çıkmıştır. Mali yönden etkin ve verimli kaynak kullanımı bireysel tercihlerin yerine daha objektif kriterlerin kullanılmasına olanak veren anlayışların geliştirilmesine neden olmuştur.

---

[24]Şentürk, **a.g.e**, s.19-20.
[25]Çevik, **Kamu Kurumlarında Performans Yönetimi**, s.55.

Kamu kesiminde bu şekilde ortaya çıkan yeni anlayışlar kurumlarda performansın denetlenmesini gerekli kılmıştır. Kamu kesiminde uygulanan performans denetimiyle, yönetsel süreçlerin etkinliğini artırmak ve kaynakların etkin kullanımına yer vermek amaçlanmaktadır.[26]

1.4.Performans Ölçümü Kavramı

Örgütlerin performansa dayalı denetimlerinin sağlanmasında önemli bir unsuru performans ölçümleri oluşturmaktadır. Performans ölçümü; bir kuruluşun yürüttüğü faaliyetlerde hedeflenen sonuçlara ulaşılıp ulaşılmadığı, hizmetlerin verimli, etkin ve tutumlu bir düzeyde gerçekleşip gerçekleşmediği hususlarının değerlendirilmesinde önemli bir yönetim aracı işlevi görür.[27] Performans ölçümü; kurumları çevresi ile bir bütün olarak içine alacak şekilde, çalışanlar, süreçler ve birimler yönünden kurumun çalışmalarını değerlendirmek için oluşturduğu bir ölçüm modelidir. Bu ölçüm modelinde gerçekleştirilen faaliyetle kurumun amaçlarının ne kadar uygunluk gösterdiği, uygun olsa bile amaca ne kadar yaklaşıldığı ölçülmesi gereken noktalar arasında yer almaktadır.[28]

Performans ölçümü, kamusal boyutta ele alındığında bir devletin sunduğu hizmetlerin kamusal ihtiyaçlara ne kadar yanıt verebildiğini öğrenmek ve açıklamak için yapılan sistematik bir girişim olduğu görülmektedir. Kısaca performans ölçümü, kamu sektörünün kabul edilebilir bir maliyetle, kaliteli üretim yapıp yapmadığının belirlenmesinde kullanılan bir araç olarak ele alınmaktadır. Bir araç olan performans ölçümünün en temel işlevinin yasama organına ve hatta kamuoyuna karşı dış hesap verme yükümlülüğü olduğu unutulmamalıdır.[29]

Performans ölçümünün kurumsal bazda ele alınabileceği gibi kurum çalışanlarının performans göstergeleri düzeyinde de ele alınması gereken bir konu

---

[26]Mustafa Sakal ve Elif Ayşe Şahin, "Kamu Kurumlarında Performans Ölçümü ve Sayıştay Denetimi İlişkisi: Türkiye'deki Düzenlemeler Bakımından Bir Değerlendirme", **Sayıştay Dergisi**, Sayı 68, 2008, s.22.
[27]Semih Bilge, "Belediyelerde Performans Ölçümü (Beper) Projesi", **E-Akademi, Hukuk, Ekonomi ve Siyasal Bilimler, Aylık İnternet Dergisi,** Sayı 59, 2007
[28]Şentürk, **a.g.e.**, s.32-33.
[29]Serpil Ağcakaya, "Yerel Yönetimlerde Performans Ölçümü ve Benzer Tip Belediyelerde Mali Performans Uygulamaları" **Sosyoekonomi,** 2009-1, s.29.

olduğu göz ardı edilmemelidir. Kurum çalışanlarının performans düzeylerinin yüksek olması ile kurumun performansı arasında önemli bir ilişki söz konusudur. Kurum, çalışanlarının performanslarına yönelik ölçümler, çalışanların kurumum amaçlarına daha etkin ulaşmalarında etkili bir araç olarak kullanılmaktadır. Bunun yanında performans ölçümleri kurum çalışanları üzerinde yaptırım aracı olarak da kullanılabilmektedir. Performans ölçümüne dayanılarak değerlendirme yapılması ve bu değerlendirme sonuçlarına göre iyi performansın ödüllendirilmesi ve kötü performansın cezalandırılması çalışanların performanslarını artırmalarına ve dolayısıyla kurumun performansının geliştirilmesine katkı sağlayacağı düşünülmektedir.[30] Performans ölçümü ve değerleme işleminin temel amacı; kamu hizmetlerinin yüksek kalitede sunumunu sağlamak, başarısız çalışanların elenmesi ya da cezalandırılması, başarılı çalışanların ödüllendirilmesi, terfi edilmesi ve kamu hizmetlerinin kaliteli sunumunun sağlanması şeklinde sıralanabilir.[31]

Performans ölçümü, kurumların amaç ve hedeflerine ulaşırken, ellerinde bulunan kaynakların yeterliliği, niteliği hakkında bilgi sahibi olmalarını sağlamaktadır. Elde edilen bilgilerle kurumlar güçlü ve zayıf yönlerini tespit etmektedir. Ayrıca performans sonuçlarının raporlanmasıyla performans planlarında gerekli görülen değişiklikleri rasyonel bir şekilde zamanında yerine getirmelerine yardımcı olmaktadır. Bu sayede kurumların mevcut durumlarını tespit ederek, önceliklerini zamanında belirleyerek, hedeflerine etkin bir şekilde ulaşması sağlanacaktır.[32]

Performans ölçümü, örgütsel amaçlara ulaşırken yöneticilere büyük kolaylıklar sağlamaktadır. Özellikle yöneticilerin yönetsel işler ve sonuçlar üzerindeki denetimi konusunda ve yönetim sürecinde oluşabilecek sorunları zamanında görüp önleyici tedbirler almasında performans denetiminin önemli faydaları söz konusu olacaktır.[33] Performans ölçümlerinin çalışanların işlerine karşı olumlu yönde motive olmalarında

---

[30]Yenice, "Kamu Kesiminde Performans Ölçümü ve Bütçe İlişkisi", s.59.
[31]Mustafa Çiçek "Vali ve Kaymakam Performansının Mülkiye Müfettişlerince Değerlendirilmesi", **Türk İdare Dergisi**, Yıl 80, Sayı 460, 2008, s.21.
[32]Sakal, "Kamu Kurumlarında Performans Ölçümü ve Sayıştay Denetimi İlişkisi", s.5.
[33]Bilgin, **a.y.**, s.84.

bir etken olduğu düşünülebilir. Ödül ve ceza alma durumu dikkate alındığında çalışanların bu yönde dikkatli ve arzulu bir iş süreci geçirmelerine neden olacağı beklenmektedir. Performans denetiminin çalışanlar üzerindeki olumlu etkisi çalışanların daha kaliteli ve nitelikli iş yapmalarına neden olmaktadır. Aynı zamanda bu durum kurumun da yüksek performansla çalışmasına katkı sağlayacaktır. Böylece, kurumun faaliyetlerinden yararlanan vatandaş ve müşterilerin de daha sağlıklı ve kaliteli hizmet alacakları bir kurum yapısına kavuşmaları sağlanmış olacaktır.

1.4.1.Performans Ölçütleri

Performans ölçütleri (göstergeleri) kurumların beklentilerine ve ihtiyaçlarına göre kurumdan kuruma çok farklı kategorilerde sınıflandırılmaktadır.[34] Kurumların beklentilerine bağlı olarak genellikle, beş tür performans ölçütüne yer verildiği gözlenmektedir. Bunlar incelendiğinde öncelikli olarak karşımıza, girdi, çıktı, sonuç, verimlilik ve kalite ölçütlerinin çıktığı görülmektedir. Bu ölçüler yanında kamu kurumlarındaki çıktıların ve sonuçların farklı özellikler taşıması nedeniyle tutumluluk, etkinlik ve finansal ölçülerinin de sınıflandırma içersinde yer aldığı görülmektedir.[35]

Girdi ölçütü, temel olarak örgütlerin üretim süresi boyunca kullandıkları beşeri ve maddi kaynaklardan oluşmaktadır. Üretilen mal ve hizmetin hangi kaynaklardan faydalanılarak oraya çıktığı, kullanılan ham maddenin ne olduğu performans yönetiminde girdi ölçütünü ifade etmektedir.[36] Kurumların mal ve hizmet sunumunda yararlanmayı düşündüğü maddi kaynaklar, sermaye ve çalışan kişiler örgütlerin girdi bileşenlerini oluşturur.[37] Mal ve hizmet sunumunda kullanılacak olan girdinin belirlenmesi, niteliğinin tespit edilmesi, elde bulunan varlıkların saptanması, performans denetiminin gerçekleştirilmesinde ilk adımı oluşturmaktadır. Bu noktanın doğru tespit edilmesi kurum için son derece önemlidir.

---

[34]Julnes, Patria de Lancer, "Performance Based Management Systems : Effective Implementation and Maintenance", **Public Administration and Public Policy** ;151, 2009, s.9.
[35]Sayıştay Başkanlığı, **a.g.e.**, s.15.
[36]Yenice, "Kamu Kesiminde Performans Ölçümü ve Bütçe İlişkisi", s.60.
[37]Lancer, **a.y.**, s.9.

Çıktı ölçütü, kurumların performans denetiminde kullandıkları bir diğer ölçütü oluşturmaktadır. Bu ölçüt, örgütün hedefleri ve amaçları çerçevesinde gerçekleştirdiği faaliyetler sonucunda elde edilen mal ve hizmet miktarını ifade etmektedir. Ancak bu ölçüler hedeflenen amaçlara ulaşılıp ulaşılmadığını, sunulan hizmetlerin verimli ve kaliteli olup olmadığını göstermeyebilir. Bununla beraber elde edilen ürünler ya da hizmetler örgütsel amaçlara ulaşılmasında ve belli hizmet taleplerine yanıt vermek için ne kadar personel ve zaman tahsis edildiğini gösteren sonuçları ortaya koyması açısından önemli bir performans ölçütü olarak kabul edilmektedir.[38] Üretim ve hizmet sürecinde girdilerin sağlıklı bir şekilde belirlenmesinde olduğu gibi sonuçların da doğru saptanması performans ölçümü süreci için son derece önemlidir. Performans ölçümünün sağlıklı yapılabilmesi girdi ve çıktı değerlerinin doğru tespit edilmesine bağlıdır.

Sonuç ölçütü, kamusal mal ve hizmet sunumu sonucunda hangi sonuçlara ulaşıldığını ifade eder. Hedeflenen amaca göre sonuçların kısa, orta ve uzun dönemli olması söz konusu olabilir.[39] Yöneticiler, politikacılar, müşteriler, genellikle sonuç ölçüleriyle ilgilenirler. Böylece, vatandaş ihtiyaçlarının ve beklentilerinin ne ölçüde karşılandığı görülebilmektedir. Çıktı ölçüleri ile sonuç ölçülerinin sık sık birbirine karıştırıldığı görülmektedir. Oysa aralarında açık bir fark söz konusudur. Kurumların ne kadar başarılı olduğunu, hedeflerine ne düzeyde ulaştığını gösteren ölçü sonucu ifade eder. Kurumun ne kadar iş yaptığını, hedefler çerçevesinde ne ürettiğini gösteren ölçü ise çıktıyı ifade etmektedir.[40]

Tutumluluk, verimlilik ve etkinlik kavramları aynı zamanda performans denetiminin temel unsurları arasında yer almaktadır. İlerleyen bölümlerde bu kavramlara tekrar değinileceği için bu bölümde kısaca değinilmektedir.

Tutumluluk ölçütü, performans kavramının bir unsuru olarak tutumluluk; kurumların iş, işlem ve faaliyetlerini bu ilkeye uygun olarak koordine etmesini,

---

[38]Sayıştay Başkanlığı, **a.g.e**, s.16.
[39]Lancer, **a.y.** , s.9.
[40]Sayıştay Başkanlığı, **a.g.e.** , s.17.

harcamalarını tutumlu bir biçimde yapmasını ve bu ilke dahilinde örgütlenmelerini ifade eden bir kavramdır.[41]

Verimlilik ölçütü, genellikle bir mal ve hizmet üretimi sürecinde ortaya çıkan girdiler ile üretilen çıktılar arasındaki ilişkiyle ilgili bir kavram olarak karşımıza çıkmaktadır. Verimlilik ölçütüyle mümkün olan en düşük kaynak kullanımıyla en yüksek sonuca ulaşılması amaçlanmaktadır.[42] Bu açıdan bakıldığında örgütlerin kurumsal hedeflere ulaşırken beklentilerinin karşılanıp karşılanamama düzeyi verimlilik ölçütünü ortaya çıkarmaktadır. Örgütlerde verimliliğin genellikle iki şekilde sağlanıldığı düşünülmektedir. Öncelikle mal ve hizmet üretiminde aynı giderler kullanılarak çıktı miktarı artırılmaya çalışılmaktadır; ya da çıktı sabit iken kullanılan giderlerin oranı azaltılmaya çalışılarak örgütlerin verimlilik düzeyleri artırılmaya çalışılmaktadır.[43]

Etkinlik ölçütü, bir kurumun önceden belirlenen planları çerçevesinde mal ve hizmet üretimi hedeflerine ulaşma düzeyini ifade eder.[44] Etkililik kavramı, bir girdi-çıktı mekanizması aracılığıyla işleri doğru yapabilme kabiliyeti olarak tanımlanabilir ve daha çok örgütün istediği sonuçlara ulaşma düzeyi olarak kabul edilmektedir.[45] Etkinlik, örgütlerin tanımlanmış amaçlarına ve stratejik hedeflerine ulaşmak amacıyla gerçekleştirdikleri düzenli faaliyetler sonucunda, bu amaç ve hedeflere ulaşma derecesini gösteren bir performans boyutu olarak düşünülmektedir.[46]

Kalite ölçütü, kalite konusu özel sektörde olduğu gibi kamu yönetiminde önemli bir yere sahiptir. Kalite ölçütleri mal ve hizmet sunumunun zamanında, nitelikli ve istenilen standartlarda ortaya çıkarılmasıyla ilgili bir konudur.[47] Mal ve hizmet üretimi sürecinde hizmet kalitesinin, süreçlerin, çıktıların ve sonuçların

---

[41]Özer Köseoğlu, "Belediyelerde Performans Yönetimi", **Türk İdare Dergisi**, Yıl 77, Sayı 447, 2005, s. 215.
[42]Akal, **a.g.e.**, s.46.
[43]Köseoğlu, "Belediyelerde Performans Yönetimi", s.215-216.
[44]Hamza Ateş ve Dilek Çetin, "Kamuda Performans Yönetimi ve Performansa Dayalı Bütçe", Ed: Muhittin Acar, Hüseyin Özgür, **Çağdaş Kamu Yönetimi –II**, Nobel Yayın Dağıtım, 2004, Ankara, s.257.
[45]Süleyman Yükçü ve Gülşah Atagan, "Etkinlik, Etkililik ve Verimlilik Kavramlarının Yaratacağı Karışıklık" **Atatürk Üniversitesi İktisadi ve İdari Bilimler Dergisi**, Cilt: 23, Sayı 4, 2009, s.2.
[46]Arslan, **a.y.**, s.4
[47]Yenice, "Kamu Kesiminde Performans Ölçümü ve Bütçe İlişkisi", s.60.

vatandaşların ihtiyaçlarını karşılama derecesi olarak ele alındığı görülmektedir. Aynı zamanda kalite ölçüleri hizmetten yararlanan vatandaşların beklentilerinin ve ihtiyaçlarının karşılanmasındaki etkinliğin ölçülmesi olarak da ifade edilmektedir.[48] Kalite ölçütü, kaynakların verimli kullanılmasını sağlayan, ürün ve hizmet sunumunda kullanım kolaylığı kazandıran, müşterilerin taleplerine, beklentilerine cevap verebilen hizmet anlayışı sunan bir performans ölçütü olarak da ifade edilebilir.[49]

Performans denetiminin sağlıklı bir şekilde yerine getirilebilmesi için performans ölçümüne konu alan ölçütlerin bazı özelliklere sahip olması gerekmektedir. Bu özellikler incelendiğinde performans göstergelerinin genel olarak, kurumun amaçları kapsamında, açıklık, güvenirlik, tutarlılık, karşılaştırmaya konu olabilme, ulaşılabilirlik gibi unsurlara sahip olması gerektiği gözlenmektedir.[50]

Buradan hareketle, performans ölçümünde kullanılan ölçütlerin, öncelikli olarak güvenilir sonuçları ortaya çıkaracak nitelikte olması gerekmektedir. Benzer kurumlarda yapılan ölçümlerde kullanılan göstergelerin aynı niteliğe sahip olması ve benzer durumlarda benzer sonuçları ortaya koyması gerekmektedir. Performans göstergelerinin kurum çalışanları başta olmak üzere ilgililer tarafından açık bir şekilde anlaşılır bir niteliğe sahip olması bir diğer özelliğini oluşturmaktadır. Yine performans ölçümünde kullanılan göstergelerin benzer performans ölçümleriyle kıyaslanabilir bir niteliğe sahip olması performans göstergelerinin taşıması gereken temel özelliklerden bir diğerini oluşturmaktadır.

1.4.2.Performans Ölçümünde Kullanılan Yaklaşımlar

Performans ölçümüyle ilgili literatür incelendiğinde, tüm örgütlerde uygulanabilen evrensel bir performans ölçüm sisteminin olmadığı görülmektedir. Bu nedenle günümüzde kurumlarda performans ölçümünde birçok farklı yaklaşım ve

[48]Sayıştay Başkanlığı, **a.g.e.**, s.21.
[49]Akal, **a.g.e.** , s.49.
[50]Muammer Zerenler, "Performans Ölçüm Sistemleri Tasarımı ve Üretim Sistemlerinin Performansının Ölçümüne Yönelik Bir Araştırma", **AİBÜ. İİBF Ekonomik ve Sosyal Araştırmalar Dergisi**, Bahar 2005, Cilt 1, s.8.

modelden yararlanılmaktadır. Performansın hesaplanması ve performansın belirlenmesinde tek bir yolun olmaması bu durumun temel nedenini oluşturmaktadır.[51]

Örgütlerde performans ölçümünü gerçekleştirmenin en önemli şartlarından bir tanesi kurum için uygun ölçüm modelinin geliştirilmesidir. Kurum içerisinde hangi unsurların, hangi aralıklarla, hangi ölçütlerle, ne zaman ölçüleceğini belirleyen bir modelin sağlıklı oluşturulamaması durumunda, performans ölçümünün istenilen sonucu vermesi mümkün görülmemektedir.[52] Bu nedenle performans ölçüm sürecinin ve ölçüm sürecinde yararlanılması düşünülen yöntem ve yaklaşımların, örgütsel amaç ve hedeflere uygun bir ölçümü yapacak şekilde belirlenmesi gerekmektedir.

Örgütlerin performans düzeylerini belirlerken ağırlıklı olarak çalışanların performans düzeylerinden hareketle kurumsal performanslarını belirlemeye ve ölçmeye çalıştıkları gözlenmektedir. Bu nedenle kurumlarda, performans ölçümünde kullanılan yaklaşımların birçoğu bireysel performans ölçümüne yöneliktir. Bu yaklaşımlardan sıklıkla karşılaşılanlar arasında, öncelikli olarak; Dengeli Skort Kart (Balanced Scorecard), Kıyaslama (Benchmarking), 360 Derece Performans Değerleme Yaklaşımı, Amaçlarına Göre Yönetim Yaklaşımı ve diğer yeni yönetim yaklaşımlarının ön plana çıktığı görülmektedir. Yeni yönetim yaklaşımları içerisinde bir birinden farklı adlarla ve içeriklerle anılan bu yaklaşımların, birbirinden tamamen bağımsız olmayan, birbirlerini tamamlayıcı niteliğe sahip yaklaşımlar oldukları düşünülmektedir.

1.4.2.1.Dengeli Skort Kart (Balanced Scorecard) Yaklaşımı

Dengeli Skort Kart yaklaşımı, yönetim biliminde kendine uygulama alanı bulmaya başlayan güncel tekniklerinden birisi olarak görülmektedir. Dengeli Skort Kart yaklaşımının doğuşu ve gelişiminde Kaplan ve Norton'nun 1990'lı yıllarda kaleme aldıkları makale ve kitaplarının[53] etkili olduğu düşünülmektedir.[54] Dengeli

[51]Ağcakaya, **a.y.**, s.31-32.
[52]Şentürk, **a.g.e**, s.35.
[53]Kaplan ve Norton'un bu konuyla ilgili yazıları için Bkz.: Robert Kaplan and David Norton, The Balanced Scorecard-Measures That Drive Performance, Harvard Business Review, Vol:70-1,S.71-79, 1992 ve Robert

Skort Kart kavramı, Türkçeye çok farklı isimler adı altında çevrilmiştir.

Bunlardan bazılarına bakıldığında; verimlilik ve başarı karnesi, dengeli puan/sonuç kartı, dengelenmiş sonuç çizelgesi, kurumsal karne, toplam başarı göstergesi, başarı karnesi, dengeli değerlendirme kartı, dengeli performans değerleme tablosu, dengeli puan cetveli, dengeli skor kartı, kurumsal performans karnesi, kurumsal performans yöntemi, puan kartı ve denge kontrol paneli gibi çok sayıda isim görmek mümkündür.[55]

Dengeli Skort Kart yaklaşımının performans denetimi kapsamında kurumlarda uygulanmasıyla beraber, strateji geliştirmede ve kurumsal amaçları belirlemede destekleyici bir işlev görmesi hedeflenmiştir.[56] Bu yaklaşımla kurumlarda iş süreci sonunda daha çok finansal göstergelere göre yapılan performans değerlendirmelerinin yetersiz olduğu, finansal göstergeler yanında kurumun performansını belirleyen diğer göstergelerle de değerlendirilmesi gerektiği savunulmaktadır.

Kaplan ve Norton'un da belirttiği gibi Balanced Scorecard, yöneticilere örgütü, finansal boyut, müşteri boyutu, işletme içi süreçler boyutu ve öğrenme-gelişme boyutu olarak farklı açılardan değerlendirme fırsatı sağlamalıdır.[57] Bu şekilde daha dengeli ve örgütün genel durumunu yansıtan bir tablo elde edilebileceği düşünülmektedir. Elde edilen durum ile hedeflenen amaçlar arasında stratejik ilişkiler kurularak kurumların performans gelişimi artırılmak istenmektedir.[58] Dengeli Skort Kart yaklaşımının, kurum yöneticilerine gelecekte rakipleri karşısında ihtiyaç duyacakları başarı araçlarını sağlamada önemli bir yardımcı olacağı düşünülmektedir. Dengeli Skort Kart yaklaşımında kurumsal performans değerlendirilirken, finansal unsurlar, müşteriler, kurumsal iş süreçleri, öğrenme ve büyüme unsuru dikkate

---

Kaplan and David Norton, Putting The Balanced Scorecard to Work, Harvard Business Review, Vol:71-5, s.134-147,1993.

[54]Hane Norreklit, "The Balanced Scorecard: What is the Score? A Rhetorical Analysis of the Balanced Scorecard", **Accounting, Organizatons and Society**, 28, 2003, s. 591.

[55]Serkan Bertan, "Otel İşletmelerinde Yönetim Aracı Olarak Kurumsal Karne" **Journal of Yasar University**, 4(16), 2009,s.2527.

[56]Mehmet Akif Çukurçayır, H.Tuğba Eroğlu, "Yerel Yönetimlerde Yeniden Yapılanmaya Farklı Bir Yaklaşım: Verimlilik ve Başarı Karnesi (Balanced Scorecard)", **Sayıştay Dergisi** Sayı 53,2004,s.41.

[57]Robert S. Kaplan ve David P. Norton, **Translating Strategy into Action: The Balanced Scorecard**, Harvard Business School Press, Boston, 1996, s.2.

[58]Tamer Koçel, **İşletme Yöneticiliği**, Arıkan Basım Yayın Dağıtım, 11.Basım, İstanbul, 2007,s.347.

alınmaktadır.[59]

Dengeli Skort Kart yaklaşımı, günümüzde performans ölçümünde birçok kurumda stratejik bilgiye ulaşmak ve kurumsal öğrenmenin gerçekleştirilmesi amacı ile kullanılmaktadır. Kurumsal vizyonun belirlenmesiyle başlayan süreç örgüt içi performans göstergelerinin ortaya çıkması ile devam etmektedir. Bu modeli stratejik yönetiminde kullanan kurumlar, kurumun performans boyutlarını oluşturan, finansal, müşteri, iç süreçler, öğrenme ve gelişme boyutları hakkında devamlı geri besleme süreci içerisine girmektedirler. Performans ölçümünde kullanılan geleneksel ölçüm teknikleri performansın sadece tek bir boyutunu ele almaktadır. Oysa Dengeli Skort Kart yaklaşımıyla örgütlerin geleceği hakkında uzun vadeli bakışları, bilgi birikimleri ve örgütlerin gelecek stratejilerine yön veren bir durum ortaya konulmaya çalışılmaktadır.[60]

1.4.2.2.360 Derece Performans Değerleme Yaklaşımı

360 Derece Performans Değerleme Yaklaşımı; klasik performans değerleme yaklaşımlarında kullanılan sicil sistemi ile tek yetkiyi yöneticiye veren sisteme ilave olarak sicil amirinin yanında diğer performans veri kaynakları olan üstler, astlar, müşteriler ve aynı düzeydeki çalışanların tümünün ve mümkün olan başka veri kaynaklarının tamamının kullanılmasıyla oluşturulan bir performans değerleme yöntemidir.[61] 360 Derece Performans Değerleme Yönteminin ortaya çıkışında, kamu kurumlarında uygulana gelen geleneksel değerlendirme yöntemlerinin eksikliklerini tamamlayabilecek ve organizasyonlardaki verimlilik artışına katkı sağlayabilecek bir sistem olarak düşünülmesi yer almaktadır. Bu sistem, kurumun performans hedeflerine yönelik gerekli bilgilerin toplanmasında ve bu bilgilerin organizasyonun hedeflerine uygun olarak değerlendirilmesinde önemli bir araç olarak ele alınmaktadır. 360 Derece Performans Değerleme Yöntemi, sadece çalışanların

---

[59]Norreklit, **a.y.**, s. 604.
[60]Yonca Deniz Gürol, "Toplam (Dengeli) Başarı Göstergesi (Balanced Scorecard) Yönteminin Stratejik Bilginin Sağlanması Sürecindeki Yeri", **3. Ulusal Bilgi, Ekonomi ve Yönetim Kongresi** Eskişehir, 2004, s.321.
[61]Ramazan Kaynak, Murat Bülbül, "360 Derece Geri Bildirim Sisteminde Değerlendirme Farklılıkları", **SDÜ. İ.İ.B.F. Dergisi**, 2008, C.13, S.1 s.270.

performansı hakkında bilgi toplamamakta buna ilave olarak performansın arttırılması için neler yapılması gerektiğine dair öneriler de bulunan bir yaklaşımdır.[62]

1.4.2.3.Amaçlarına Göre Yönetim Yaklaşımı

Amaçlarına göre yönetim yaklaşımı, örgütlerin önceden belirledikleri amaçlar ve hedefler doğrultusunda çalışanlarının performansını, ölçme ve değerlendirmeye tabi tutarak örgütün ve çalışanlarının performansını geliştirmeye olanak sağlayan bir yönetim modeli olarak ifade edilmektedir. Modelin temel amacı; örgütün hangi düzeyinde uygulanırsa uygulansın o düzeyin bir üst yöneticisiyle birlikte performansı değerlendirilecek kişilerin ortak katılımına yer vererek çalışmalara yönelik performans hedeflerinin belirlenmesini, sonuçların üçer aylık periyotlar halinde yıllık izlenmesini, sonuçlara göre gerekli ödüllendirme ve teşvik sistemlerinin uygulanmasını sağlamaktır. Bu yöntemle yapılan performans ölçüm ve değerlendirmeleriyle çalışanların performanslarını geliştirme amacı güdülmektedir.[63] Amaçlarına göre yönetim yaklaşımında performans değerlemesi yalnızca üstlerin tek başına yaptıkları bir faaliyet olmaktan çıkartılmak istenmektedir. Bu faaliyet sürecinde aslarla birlikte örgütsel amaçlar belirlenmekte ve bu amaçlar yönetici ve çalışanların birlikte katılımı ile takip edilmektedir.[64] Amaçlarına göre yönetim yaklaşımı, planlama, karar verme, inisiyatif kullanma, performans değerleme, yönetime katılma, kişisel gelişime olanak sağlama, ödüllendirme, motivasyon, eğitim ve kariyer geliştirme gibi pek çok yönetim kavramını içeren bir yaklaşım olarak değerlendirilmektedir. Amaçlarına göre yönetim yaklaşımında çalışanlar ile yöneticiler örgütsel amaçlar çerçevesinde sık sık bir araya gelerek örgütün geleceğine ilişkin değerlendirmelerde bulunmaktadırlar.[65]

---

[62]Hakan Turgut, "Geleneksel Performans Değerleme Yöntemlerine Yeni Bir Alternatif: 360 Derece Performans Değerleme Yöntemi", **Sayıştay Dergisi,** Sayı 42, 2001, s.66-67.
[63]Akal,**a.g.e.**,s. 442.
[64]Ali Erbaşı, **Belediyelerde Kurumsal Performans Yönetimi**, Nobel Yayın Dağıtım, Birinci Baskı, 2008, İstanbul, s.56.
[65]Koçel, **İşletme Yöneticiliği**, s.110.

1.4.2.4.Kıyaslama (Benchmarking) Yaklaşımı

Performans denetiminde yaygın olarak kullanılan yaklaşımlardan bir tanesi de "Benchmarking" adıyla bilinen ve Türkçeye "Kıyaslama" olarak çevrilen yaklaşımdır. Özel sektör kaynaklı olan bu yaklaşımın işletmelerin kendi aralarında rekabet üstünlüğünü sağlama çabasının bir gereği olarak ortaya çıktığı düşünülmektedir. Bilindiği gibi özel kesime göre kamu yönetiminde daha durağan bir yönetsel yapı söz konusudur. Kıyaslama yaklaşımıyla kamunun durağan yapısının kırılarak özel sektörle rekabet edebilir bir yapıya kavuşturulması amacı güdülmektedir.[66] Genel olarak kıyaslamanın öncelikli amacının örgülerde rekabet üstünlüğünü sağlamak olduğu düşünülmektedir. Bu temel amacı yerine getirirken müşteri tatmininin sağlanması, yeni fikirlere örgütlerde yer verilmesi, örgütsel hedeflerin performans ve stratejik acıdan belirlenmesi gibi alt amaçların örgütlerin performans hedeflerine ulaşmasında kullanılması istenmektedir.[67]

Kıyaslama kavramı, birçok kurumda öncelikle örgütlerin finansal ve mali performans kıyaslaması olarak ele alınmaktadır. Oysa Kıyaslama yaklaşımı finansal boyutun dışında diğer performans göstergelerini de içine alan geniş bir performans belirleme metodudur.[68] Küresel rekabetle birlikte örgütlerin başarılı bir yönetsel süreç izlemelerinde örgütlere yardımcı olan kıyaslama yaklaşımı; örgütleri sektör ve birim farkı gözetmeksizin kıyaslayarak, en iyi uygulamaların örgüt yapısına uyarlandığı yenilik ve değişimi ön planda tutan yönetsel bir araç olarak kullanılmaya çalışılmaktadır.[69] Kıyaslama yaklaşımında örgütler, kendilerine benzeyen örgütlerin faaliyetlerini, kullandıkları metot ve teknikleri kendi örgütlerinde yaşanan süreç ile karşılaştırarak örgütünün gereksinimleri çerçevesinde daha etkin kaliteli bir yapıya kavuşturmaya çalışmaktadırlar. Bu amaçla rakip ve türdeş örgütler yönetimsel açıdan incelenmekte ve örgütlerin başarılı yönleri örnek alınarak öğrenme yoluyla örnek

---

[66]Osman Saraç, "Benchmarking ve Stratejik Yönetim", **Sayıştay Dergisi**, Sayı 56, 2005, s.75.
[67]Barış Erdem, "İşletmelerde Yeni Bir Yönetim Yaklaşımı: Kıyaslama (Benchmarkıng) (Yazınsal Bir İnceleme)", **B.Ü. S.B.E. Dergisi**, Cilt 9, Sayı15, 2006, s.74.
[68]John G. Fisher, **Kıyaslama (Bencmarking) Yoluyla Performans Nasıl Artırılır**, Rota Yayınları, İstanbul, Çev. Ahmet Ünver,1998, s.9.
[69]Erdem, **a.y.**, s.69.

alan kurumun performansının geliştirilmesinde kullanılmaya çalışılmaktadır.[70]

1.4.2.5.Diğer Yaklaşımlar

Yukarıda sayılan temel yaklaşımlar dışında kurumların yapılarına ve ihtiyaçlarına göre grafik ölçüm yöntemi, sıralama yöntemi, kritik olay yöntemi gibi diğer bazı performans ölçüm teknikleri de kullanılmaktadır.

Grafik ölçüm yönteminde, yöneticilere her çalışanı için hazırlanan çeşitli ölçüm kriterlerinin yer aldığı listeler verilmektedir. Yöneticilerin listede yer alan kriterlere göre çalışanlarını ayrı ayrı puanlama usulüyle değerlendirmesi istenmektedir. Değerlendirme, yetkili amirin uygun yerleri işaretlemesiyle yapılmaktadır.[71] Daha sonra işaretlenen listeler tablolaştırılarak çalışanların performans düzeyleri grafikler ve şekiller yardımıyla karşılaştırılmaktadır.

Sıralama Yöntemi, kurum yöneticilerinin yapılan faaliyetler sonunda çalışanlarının performans durumlarını çeşitli kriterlere göre sıralayarak izlediği bir performans ölçüm tekniğidir. Bu yöntemde kurum çalışanları bireysel ya da ikili gruplar halinde karşılaştırılarak değerlendirilmektedir. [72] Değerlendirme sonuçlarına göre çalışanlara gerekli ödüllendirmeler ve yaptırımlar uygulanarak kurumsal performans artırılmaya çalışılmaktadır.

Kritik Olay Yöntemi, kurum çalışanlarının faaliyetleri esnasında ortaya koydukları aşırıya kaçan katkı ve olumsuzluklarının değerlendirildiği bir yöntemdir. Yönetici, kurumun başarısını etkileyen personel davranışlarını izleyerek çalışanları aşırıya kaçan davranışlarına göre bir değerlendirme sürecine tabi tutmaktadır.[73] Bu yöntemle, çalışanların kurum faaliyetlerini yerine getirirken yaptıkları olumlu veya olumsuz katkıları tespit edilmekte ve bu yönde gerekli yaptırım ya da ödüllendirmelere başvurularak bireysel ve kurumsal performans artırılmaya

---

[70]David Mayle, Matthew Hinton, Graham Francis, and Jacky Holloway, "What Really Goes On in The Name Of Benchmarking?" Ed: Andy Neely: **Business Performance Measurement Theory and Practice,** Cambridge University Pres 2004, s.211.
[71]Zeki Atıl Bulut, "İşletmelerde Performans Değerlendirme Çalışmaları ve Uygulanan Yöntemler", **Mevzuat Dergisi**, Yıl 7, Sayı 79, 2004.
[72]Erbaşı, **a.g.e**, s.55.
[73]Bulut, **a.y.**

çalışılmaktadır.

Kurumlarda uygulanacak olan performans ölçüm yönteminin seçimi kadar, seçilen yöntemin amacına hizmet edebilmesi için, performans ölçüm süreci içerisinde oldukça dikkatli olunması gereklidir.

Performans ölçümü kurumun başarısı için önemli olmakla beraber, değerleme süreci içerisinde yapılacak olan yanlışlıklar kurumun performansı üzerinde ciddi olumsuzluklara sebep olabilmektedir. Bu nedenle performans ölçümü yapılan birçok kurumda, performans ölçüm süreci çalışanların korkulu rüyası haline gelebilmektedir. Özellikle üstlerin astlarını değerlendirmesinin performans ölçümünde ağırlıklı yöntem olması, üst ast ilişkilerinde sorunlar ortaya çıkarmaktadır. Bu sorunlar çalışanları samimiyetten uzak üstlere karşı hoş görünme çabası içersine sokmakta, buda iş veriminin azalmasına neden olmaktadır.[74]

Performans ölçümünün istenilen nitelikte yerine getirilebilmesi için bu sürecin dikkatli bir şekilde izlenmesi gerekmektedir. Bu nedenle performans ölçümünde, aşağıdaki tabloda da gösterildiği üzere, dikkat edilmesi gereken bazı hususların söz konusu olduğu görülmektedir.

Tablo 1.1:Performans Ölçümlerinde Dikkat Edilmesi Gereken Noktalar

Dikkat Edilecek Hususlar	**Cevap Aranan Sorular**
Varılmak istenilen hedefle ilgili olarak neyin bilinmesi ve öğrenilmesi gerektiğine karar vermek	Neyi ölçeceğiz?
Performans hakkında en iyi bilgiyi gösterecek ölçü türü/setini belirleme	Ne ile ölçeceğiz?
Ne tür bilgilere ve verilere ihtiyaç duyulduğunu saptama	Hangi verileri toplayacağız?
Verilerin nasıl ve kim tarafından toplanacağını planlama	Verileri nasıl toplayacağız?
Ölçümün hangi sıklıkta yapılacağını tespit etme	Verileri hangi sıklıkta toplayacağız?
Ölçüm sonuçlarının nasıl analiz edileceğini belirlenme	Verileri nasıl yorumlayacağız?
Ölçüm sonuçlarının nasıl sunulacağını kararlaştırma	Kime hangi formatta raporlayacağız?

Kaynak: Sayıştay Başkanlığı, Sayıştay'ın Performans Ölçümüne İlişkin Ön Araştırma Raporu, 2003, s.23

Performans ölçümlerinde basit, anlaşılabilir, etkili ve kabul edilebilir kriterler kullanılmalıdır. Performans denetiminde düşülen büyük yanılgılardan biri, performansın sadece kişi ve birim çalışmalarıyla sınırlı bir şekilde

[74]Şentürk, **a.g.e**, s.35-36.

değerlendirilmesidir. Oysa kurumsal çalışmalar, kişi ve kurumun işleyişi bir süreç içerisinde gerçekleşmektedir. Kurum performansı değerlendirilirken kurumun mali, idari, yönetsel ve beşeri kaynaklarının kullanımının değerlendirme kapsamında bulunması gerektiği düşünülmektedir.[75]

1.5.Performans Değerlendirme Kavramı

Performans denetimi konusu içinde değerlendire bileceğimiz bir diğer olguyu performans değerlendirme kavramı oluşturmaktadır. Performans değerlendirme, kurumun ve kurum çalışanlarının belirli bir zaman diliminde belirli bir noktadaki etkinliğini ve performans düzeyini ölçmeye yönelik çalışmaları içerdiği gözlenmektedir. Genel anlamda performans değerlendirme, kurumun ve özellikle kurum çalışanlarının yeteneklerini, gizli güçlerini, iş alışkanlıklarını, davranışlarını ve benzeri niteliklerini diğer kişi ve kurumlarla karşılaştırmalı bir şekilde ele alan sistemli bir değerlendirme sürecidir.[76] Bu kapsamda performans değerlendirmenin performans denetiminin bir parçası bir aşaması olduğu rahatlıkla anlaşılmaktadır.

Performans denetim süreci hem zaman, hem de kaynak açısından örgütler üzerinde maddi ve manevi bir yük meydana getirmektedir. Performans denetiminin öncelikli amacı, sadece kurumun başarısının belirlenmesi ve ortaya çıkarılması değildir. Mevcut durumun tespit edilerek eksikliklerin giderilmesi hataların ortadan kaldırılması ve kurumun hedefleri doğrultusunda gerekli çalışmaların yapılması performans denetiminin asıl amacını oluşturmaktadır.

Kurumsal amaçlara ulaşırken bir araç olarak karşımıza çıkan performans denetimiyle kurumun hedefleri doğrultusunda çalışmalara yön verilmesi bu yönde hedeflere ulaşım derecesinin artırılması, elde edilen sonuçların ve bu sonuçlara neden olan etkenlerin belirlenmesi ve bu noktadan hareketle de gerekli düzenlemelerin yapılması amaçlanmaktadır. Kurumun performansının yüksek tutulması isteniyorsa, düşük performansa neden olan faktörler performans denetimi ile tespit edilerek gerekli önlemler ve müdahaleler zamanında yapılması gerekmektedir.

---

[75]Şentürk, **a.g.e**, s.36-37.
[76]Bingöl, **a.g.e**, s.322

Unutulmamalıdır ki performans düşüklüğünün neden kaynaklandığı bulunmadan performansın yükseltilmesi de söz konusu olmamaktadır.[77] Bu nedenle performans denetiminin önemli bir parçasını oluşturan performans değerlendirme süreci bu amaçların yerine getirilmesinde önemli görevler üstlenen bir süreci ifade etmektedir.

1.5.1.Performans Değerlendirme Süreci ve Aşamaları

Örgüt hedefleri doğrultusunda oluşturulacak performans değerlendirme sürecinin çıkış noktasını, hedeflenen ve planlanan amaçların belirlenmesi oluşturmaktadır. Belirlenen amaçlar çerçevesinde dönem sonu itibari ile yapılan performans değerlendirmeleriyle çalışanların ve kurumun performansı gözden geçirilir ve sonuçlara göre performans artırıcı önlem ve düzenlemelere gidilir.[78] Kısaca süreç yapılacak işlerin planlanması ile başlar. Planlar çerçevesinde uygulamaya geçilir. Elde edilen sonuçlara göre değerlendirme yapılır ve son olarak kurumun gelişimine yönelik iyileştirmeler yapılır.[79]

Performans değerlendirme sürecinde denetim dönemler itibari ile yapılmaktadır. Kurumun performans değerlendirmesi çalışanların üçer ya da altışar aylık durumlarının değerlendirmesi şeklinde yapılabileceği gibi on iki aylık veya üçer yıllık dönemler şeklinde de yapılabilir. Sürenin belirlenmesinde ya da birden fazla sürenin kullanılması kurumun amaçları ve kurumun yapısına göre değişmektedir. Yaygın olarak kullanılan süre on iki ayı kapsayan yıllık performans değerlendirmeleridir. Ancak denetim süreci içerisinde yöneticilerin etkin rol oynadığı ve kurumun çalışma süresince yöneticilerin çalışanları ve kurumu her zaman izlediği düşünüldüğünde periyodik dönemler dışında da yöneticilerin denetim konusunda görev aldıkları görülmektedir. Kısa dönemli yapılan bu tip değerlendirmelerin, kurumsal amaçlar çerçevesinde daha çok gayri resmi, anlık düzenleme ve değişiklikleri içerdiğinden söz edilebilir. Burada amaç, kurumsal hedeflerden sapmalara ve oluşabilecek sorunlara yerinde ve hızlı bir şekilde müdahale edilerek kurumun amaçlarına ve hedeflerine yönelik düzenlemeleri zamanında yapabilmesini

---

[77]Şentürk, **a.g.e.**, s.38.
[78]Bingöl, **a.g.e.**, s.332.
[79]Bilgin, **e.y.**, s.64.

sağlamaktır.

Örgütlerde performans değerlendirme süreci beş temel aşamadan oluşmaktadır. Bunlar sırasıyla;

Performans Planlama Aşaması; kamu kurumlarında hedefler çerçevesinde öncelikle kurumun stratejik amaçları belirlenmeye çalışılır. Daha sonra bu stratejik amaçlara ulaşmak için gereken çalışmaların planlanması aşaması başlar. Planlama aşaması da amaç belirleme kadar önemli ve üzerinde durulması gereken bir aşamadır. Planlama aşamasında; kurum performansından ne anlaşıldığı, kurum çalışanlarının anlayabilecekleri bir şekilde iş tanımlamasının yapılması, çalışanların yapacakları işlerin açıkça belirlenmesi, görevlerini yerine getiren çalışanların başarılı sayılacakları standartların belirlenmesi üzerinde durulması gereken konuları oluşturmaktadır.[80]

Performans Uygulama Aşaması; performans değerlendirme aşamalarından ikincisini performans uygulama aşaması oluşturmaktadır. Bu aşamada, mevcut performans hedeflerine yönelik hazırlanan planların uygulanması ve hedeflenen performans düzeyine ulaşılması istenmektedir. Performans planları kapsamında gelişen bu aşama da hazırlanan performans planları uzun soyut bir nitelik taşıyor ise uygulama kolaylığı sağlaması için bu planların taktik planlarla pekiştirilmesine de yer verilmelidir. Yine gerekli görülmesi halinde kurumun temel hedeflerine ulaşırken mevcut şart ve koşullar çerçevesinde ana hedefe ulaştıracak yeni yardımcı amaç ve hedeflerde belirlenmelidir. Daha sonra belirlenen hedef ve ölçülere göre üretim kaynakları harekete geçirilerek süreç devam ettirilmelidir.[81]

Performans Değerlendirme Aşaması; performans yönetimi sürecinin önemli bir aşamasıdır. Bu aşamada kurumun tutumluluk, üretkenlik, verimlilik ve etkililik gibi amaçlara ulaşıp ulaşamadığı değerlendirilmeye çalışılmaktadır. Bu amaçla kurumlarda öncelikle amaçların ve performans göstergelerinin belirlenmesi gerekmektedir. Bu belirleme işleminin tarafsız ve performans değerlendirmeye

---

[80]Çevik, Turgut Göksu, **Kamu Kurumlarında Performans Yönetimi**, s.66-67.
[81]Bilgin, **a.y.**, s.67.

elverecek şekilde yapılması gerekmektedir. Kurumun performansı hızla değişen rekabet ortamında çeşitli performans boyutlarına göre değerlendirilir. Bunlar arasında kalite, etkililik, müşteri tatmini, hesap verme sorumluluğu gibi boyutların yer aldığı görülmektedir.[82] Kısaca ifade etmek gerekirse performans değerlendirme aşamasında, kuruluşların kamusal performans hedeflerine göre yönetilip yönetilmediği değerlendirilmeye çalışılmaktadır.

Performans Geliştirme Aşaması; performans sonuçlarının yorumlanarak kurumun performansını olumsuz yönde etkileyen unsurların ortadan kaldırılması veya etkisinin azaltılması ve performans düzeyini artırmaya yönelik yeni düzenlemelerin yapılması amaçlanmaktadır. Yine bu aşamanın amacı, kurumlarda elde edilen sonuçlara göre gerekli düzenleme ve değişiklikleri zamanında hayata geçirerek kurumsal performansı geliştirmek oluşturmaktadır. Buradan hareketle performans değerlendirme sürecinde kurumun temel amaç ve hedefleri çerçevesinde kurumun performansını geliştirmek için üç tip denetime yer verilmesi gerektiği düşünülmektedir.[83] Bunlar; performans sonuçlarının olumsuz çıkmasını önleyici denetim, olumlu performans sonuçlarına ulaşmayı özendiren denetim ve olumsuz performans sonuçlarını düzeltici, rehber denetimden oluşmaktadır.

Yapılan bu denetimlerle kurumun hedefleri doğrultusunda performans düzeyi denetlenerek gerekli önlemler alınmakta ve yapılacak düzenlemelerle performans düzeyi geliştirilmeye çalışılmaktadır.

1.5.2.Performans Değerlendirme Yöntemleri

Performans kavramı yönetim biliminde bireysel ve kurumsal performans olmak üzere iki açıdan ele alınmaktadır. Bireysel anlamda performans denildiğinde, bir kurumda çalışanların başarıları ve örgütün amaçlarına yaptığı katkı anlatılmaya çalışılmaktadır. Öte yandan örgütsel anlamda performans denildiğinde, örgütün yerine getirdiği faaliyetlerin, ürettiği mal ve hizmetlerin tutumluluk, verimlilik ve

---

[82]Çevik, **Kamu Kurumlarında Performans Yönetimi**, s.70.
[83]Bilgin, **a.y.**, s.68.

etkinlik ölçülerine göre sunulması ifade etmektedir.[84]

Örgütlerde bireylerin performansları ile örgütün performansı birbirinden bağımsız olarak ele alınmamalıdır. Çalışanların performanslarının örgütün performansını doğrudan etkilediği unutulmamalıdır.[85] Örgütsel başarı, aynı zamanda çalışanların da başarısını içermektedir.

1.5.2.1.Bireysel Performans Değerlendirme

Genel anlamda bireysel performans kamu çalışanlarının görevlerindeki başarıları konusunda yargıya varmayı ifade eden bir kavramdır.[86] Öncelikli olarak çalışanların kurum içerisindeki performans durumlarını tespit etmek amacıyla yapılmaktadır. Bu değerlendirme süreci kişilerin çalışmaları üzerinden yapılmakla birlikte çalışanların yeteneklerini, eğitim durumlarını belirlemek ve çalışanların performanslarını artırıcı düzenlemelerin yapılması için gerekli önlemlerin alınmasını da kapsamaktadır.

İnsan kaynağı, örgütün diğer kaynaklarını birleştirici, üretime dönüştürücü, harekete geçirici ve kuruluşun hedefleri doğrultusunda mal ve hizmet üreten öncü rolü oynayan kaynağını oluşturmaktadır.[87] Örgütler planladıkları hedeflere sadece teknoloji ve sermaye kullanılarak ulaşmazlar. Örgüt çalışanlarına da en az bu teknik unsurlar kadar hedeflere ulaşmada önemli görevler düşmektedir. Kurumların artan rekabet şartları içerisinde nitelikli çalışabilmeleri kurumun beşeri sermayesini oluşturan çalışanlarına yeni yükler ve görevler yüklemeye devam etmektedir. Çalışanların yapması gerekenler ya da yapmaması gerekenler örgüt verimliliğini doğrudan etkilemektedir. Verimlilik ve dolayısıyla rekabet üstünlüğü sağlama açısından öneme sahip olan performans değerlendirme, çalışan personel açısından da büyük öneme sahiptir.[88] Bireysel performans örgütlerin hedeflerine ulaşmada lokomotif bir göreve sahiptir. Bu nedenle örgütsel başarı için ilk dikkate alınması

---

[84]Çiçek, **a.y.**, s.12.
[85]Çevik, **Kamu Kurumlarında Performans Yönetimi**, s.51.
[86]Birgül Ayman Güler, **Kamu Personeli Sistem ve Yönetim,** İmge Kitapevi Yayınları, Birinci Baskı, Ankara, 2005, s.284.
[87]Bilgin, **a.y.**, s.60.
[88]Bingöl, **a.g.e**, s.324.

gereken kaynak olarak görülmeli ve çalışanların performanslarını artırıcı önlemler alınmalıdır.

Kamu kurumlarında çalışanların performansları değerlendirilirken çeşitli değerlendirme yöntemlerine başvurulmaktadır. Bu değerlendirme yöntemleri genellikle, geleneksel ve çağdaş değerleme yöntemleri olarak iki grupta toplanmaktadır.[89] Geleneksel performans değerlendirme yöntemleri, kurumları sadece finansal boyutta ele alan ve değerlendiren yaklaşımlardan oluşmaktadır. Geleneksel yöntemlerde örgütlerin karlılık ve büyüme gibi niceliksel göstergelerinden yararlanılarak örgütlerin performanslarıyla ilgili değerlendirmelerde bulunulmaktadır.[90] Bunun yanında modern sayılan performans değerlendirme yöntemlerine de günümüzde sıklıkla başvurulduğu gözlenmektedir. Bunlar arasında, daha önce performans ölçümünde kullanılan yaklaşımlar konusunda değinilen, Dengeli Skort Kart (Balanced Scorecard), 360 Derece Performans Değerleme, Amaçlarına Göre Yönetim, Kıyaslama (Benchmarking) ve diğer yaklaşımlar gibi ölçüm ve değerleme araçları sayılabilir.

1.5.2.2.Kurumsal Performans Değerlendirme

Performans denetimi denildiğinde öncelikle akla insan kaynakları yönetimi içerisinde yer alan bireysel performans değerlendirme süreci gelebilir. Ancak, örgütlerin asıl amacının kurumsal hedeflere ulaşmak olduğu düşünüldüğünde, bu hedefe bireysel performanstan hareketle kurumsal performansın artırılmasıyla ulaşılabileceği düşünülmektedir. Kurumsal performans yönetimi, kurumun stratejik bir planlama yaparak, önceliklerini belirlemesi ve bu önceliklerini üst yönetimden alt yönetim birimlerine kadar ulaştırması ve istenilen hedeflere yönlendirmesi süreci olarak ifade edilmektedir.[91] Kurumsal performans, beşeri unsuru içerisinde bulundurmakla birlikte bireysel performans olgusunu da içeren daha kapsamlı bir konudur. Kurumsal performans ele alınırken, kamu kurumlarının; kaynakları

---

[89]Bingöl, **a.g.e**, s.338.
[90]Aysel Agca ve Ender Tunçer "Çok Boyutlu Performans Değerleme Modelleri ve Bir Balanced Scorecard Uygulaması" **Afyon Kocatepe Üniversitesi, İİBF Dergisi**, Cilt 8, Sayı1, 2006, s.176.
[91]Bilgin, **a.y.**, s.79.

ekonomik şekilde kullanıp kullanmadığına, sunduğu hizmetleri verimli ve etkili bir şekilde yerine getirip getirmediğine, müşterilerin sunulan hizmetler karşısında memnuniyet düzeylerini nasıl etkilendiğine yönelik ölçütlere öncelik verilmesi amaçlanmaktadır.[92]

Performans yönetiminin öncelikli amacını çalışanların ve kumrumun performansını en üst seviye çıkarmak oluşturmaktadır. Ancak bu durum kurumlar için çok kolay bir şekilde gerçekleşememektedir.[93] Hiç kuşkusuz bir kurumun başarısını etkileyen çok değişik faktörler söz konusu olabilmektedir. Bunlar arasında, kurumun yapılanma biçimi, yani örgütsel yapı, iş yapma şekli, yani sistem, bu sistemi oluşturan alt sistemler, yeni süreçler ve bu kurumda çalışanların ortaya koyacağı performans, kurumun başarısını etkileyecektir. Bunların yanında hukuki mevzuat, çevresel şartlar, mali yapı, kullanılan teknoloji, kurumların performansları üzerinde etkiye sahip olan diğer yapısal faktörler arasında yer almaktadır. [94]

Bu faktörlerin dışında kurumsal performansın artırılmasında ya da düşük düzeyde olması üzerinde belki de en büyük neden kurum çalışanları ve yöneticilerin kurum içerisindeki performans durumlarının niteliğidir. Kurumsal performansın yüksek olabilmesi kurumsal performansın bir parçasını oluşturan çalışanların performans durumlarına doğrudan bağlı olmaktadır. Her ne kadar bireysel performans kişisel nitelik taşıyor gibi gözükse de kurumda uygulanan yönetim anlayışından, örgütsel iklimden ve yöneticilerden doğrudan etkilenmektedir.[95] Bu nedenle kurumsal performansı etkileyen unsurlar dikkatlice değerlendirilmeli ve kurumun başarısı için etkin bir performansa dayalı yönetim şekli benimsenmelidir.

---

[92]Çevik, **Kamu Kurumlarında Performans Yönetimi**, s.59.
[93]Deanne N. Den Hartog, Paul Boselie And Jaap Paauwe ,"Performance Management: A Model and Research Agenda" **Applied Psychology: An International Review**, 2004, 53 (4), p.558.
[94]Şentürk, **a.g.e**, s.35.
[95]Nezih Metin Özmutaf, "Örgütlerde Bireysel Performans Unsurları ve Çatışma", **C.Ü. İktisadi ve İdari Bilimler Dergisi**, Cilt 8, Sayı 2, 2007, s.44.

İKİNCİ BÖLÜM

YENİ KAMU YÖNETİMİ ANLAYIŞI ÇERÇEVESİNDE TÜRKİYE'DE YEREL YÖNETİMLER ÜZERİNDE PERFORMANS DENETİMİ İHTİYACI

2.1. Türkiye'de Yerel Yönetimler

2.1.1. Türkiye'de Yerel Yönetimlerin Kısa Tarihçesi

Türkiye'de batılı anlamda bir yerel yönetim sisteminin kurulması 20. yüzyılın başlarına denk gelmektedir. Batı medeniyetlerine göre oldukça geriden takip edilen bu sürecin, Türkiye'nin farklı toplumsal yapılardan oluşuyor olması ve farklı toplumsal gerçekliklere sahip olmasından kaynaklandığı düşünülmektedir. Osmanlı İmparatorluğunun siyasi ve toplumsal yapısı dönemim şartları içerisinde düşünüldüğünde, yerel yönetimlere ihtiyaç duyulması, halkın içerisinden gelen bir istek sonucu değil de gayrimüslimlerin talepleri doğrultusunda şekillenmeye başladığı görülmektedir. Dolayısıyla Osmanlı imparatorluğunda ilk yerel yönetim birimlerinin kuruluşunda da ülke içerisinde yaşayan gayrimüslim tebaanın ve batılı ülkelerin baskısının ön planda olduğu görülmektedir.[1] Bu dönem içerisinde Türk kamu yönetimi disiplininin kıta Avrupa'sından ve özellikle de Fransız yönetim anlayışından etkilendiği, günümüz merkezi ve yerel yönetim anlayışının bu ülkenin uyguladığı idare hukuku kurallarına göre oluşturulduğu gözlenmektedir.

Türkiye'de batıdan farklı bir gelişim anlayışı izleyen yerel yönetim sistemi, biçimsel anlamda 1850'li yılardan itibaren yönetim alanında kendine yer bulmaya başlamıştır.[2] Bu dönemde modern anlamda belediyecilik anlayışının geliştiği ve ilk belediye teşkilatlarının oluşturulmaya çalışıldığı gözlenmiştir.[3] Türkiye'de resmi anlamda ilk belediyecilik girişiminin İstanbul'da 1855 yılında başlatıldığı

---

[1]Nuri Tortop, Burhan Aykaç, Hüseyin Yayman ve M. Akif Özer, **Mahalli İdareler**, Nobel Yayın Dağıtım, ikinci Baskı, Ankara, 2008, s.88.
[2]Burhan Aykaç, "Türkiye'de Kamu Yönetiminin Küçültülmesi, Yerel Yönetimler, Yerel Demokrasinin Amaçları", **Gazi Üniversitesi İİBF Dergisi,** Sayı1, 1999, s.3.
[3]Fuat Yörükoğlu,"Türk Belediyeciliğin Gelişim Süreci" **Mevzuat Dergisi**, Yıl:11 Sayı 135, 2009.

görülmektedir. Kurulmaya çalışılan belediyenin başında merkezi hükümetçe atanan bir şehremini ve hükümetin atadığı on iki kişiden oluşan bir şehir meclisi bulunmaktadır. Bu oluşumun amacı batılı ülkelerde görülen şehir yönetimlerinin yaptığı benzer görevlerin ülkemizde de yapılmasını sağlamaktır. 1858 yılında İstanbul'un Beyoğlu ve Galata bölgelerini içine alan Altıncı Belediye Dairesi'nin kurulmasıyla belediyecilik anlayışının hız kazandığı görülmüştür. Kurulan daire başında daire müdürü unvanıyla bir başkan ve yedi üyeli daire belediye meclisinden oluşmaktadır. Belediyenin başkan ve üyeleri hükümetçe atanmaktadır. Meclis toplantılarına ayrıca danışma amacıyla yabancı uyruklu bazı kişilerinde katılımı söz konusu olmaktadır. Bu meclise üye olabilmek için on yıldan fazla İstanbul'da yaşıyor olmak ve bu bölge sınırları içerisinde belli miktar değerde taşınmaza sahip olmak gibi şartların da söz konusu olduğu görülmektedir.[4] Modern anlamda batılı bir belediyecilik anlayışının kurulmaya çalışıldığı Galata ve Beyoğlu bölgesinde kurulan Altıncı Belediye Dairesi Osmanlıdaki ilk batılı belediye deneyimi olarak kabul edilmektedir.[5]

1869 yılına gelindiğinde belediyecilik anlayışının Dersaadet Belediye Nizamnamesiyle belediye teşkilatının bütün İstanbul'a yaygınlaştırılması sağlanmıştır. Bu dönem içerisinde İstanbul Şehremaneti teşkilatı da yeniden kurulmuş, İstanbul şehri 14 belediye dairesine bölünmüştür. Bütün dairelerin bağlı olduğu şehreminliği; şehremini, şehremaneti meclisi ve cemiyeti umumiye adı verilen bir örgüt yapısı ortaya çıkarılmıştır. 1868 yılından itibaren bu tarihte çıkarılan bir talimatla taşrada da belediye teşkilatı kurulması öngörülerek İstanbul dışında da belediyecilik anlayışının önü açılmıştır. Bu sayede vilayet, sancak ve kaza merkezinde de birer belediye kurulması öngörülmüştür. Başında mutasarrıf tarafından memurlar arasından atanacak valinin onayıyla göreve gelecek bir başkan ile mahalli ihtiyar kurullarının seçtiği bir meclisin görev yapacağı kararlaştırılmıştır.[6]

[4]Tortop, **Mahalli İdareler**, s.88-89.
[5]Yörükoğlu, **a.y.**, s.y.
[6]Tortop, **Mahalli İdareler**, s.89.

1876 Anayasası, İstanbul ve taşrada kurulacak belediyelerin seçimle iş başına gelecek meclisler tarafından yönetilmesini ve bunların kuruluş ve görevleri ile meclis üyelerinin seçim usulünün kanunla belirlenmesini öngörmüştür. 1877 yılında çıkarılan Dersaadet Belediye Kanunu, eski belediye koşullarını aynen korumuş, ancak İstanbul'daki 14 belediye dairesinin sayısını 20 ye çıkarmıştır.[7] 1912 yılında çıkarılan Dersaadet Belediyesi Hakkında Geçici Kanunla İstanbul'daki belediye daireleri modeline son verilerek şehremaneti tek bir belediye dairesine dönüştürülmüştür. Seçilmiş karar organına, kendine ait bütçeye sahip tüzel kişiliği bulunan yirmi belediye dairesinden oluşan model sonlandırılarak, yerine şehremaneti tüzel kişiliği içinde yer alan hiyerarşik bir kademe niteliğine sahip dokuz şube oluşturulmuştur. Daha sonra da belediye daire meclislerine son verilmiş, yeni kurulan şubelere müdürler atanarak encümen sistemi kurulmuştur. Şehremanetinin merkez yapısı da değiştirilerek şehremaneti meclisine son verilmiş, yerine encümen kurulmuştur. Belediye daire meclis üyelerinin katılımıyla oluşan Cemiyet-i Umumiye-i Belediye yeniden yapılandırılmıştır. Bu yapılanma 1930 da çıkarılan 1580 Sayılı Belediye Kanunu'na kadar yürürlükte kalmıştır.[8]

Bu sistem cumhuriyetin ilanından sonra 1930 yılında çıkarılan 1580 Sayılı Belediye Kanunu'na kadar değişmeden varlığını sürdürmüştür. Bununla birlikte 1924 yılında Ankara'ya özgü çıkarılan Ankara Şehremaneti Kanunuyla birlikte Ankara ayrı bir kapsamda değerlendirilmiştir. Ankara için çıkartılan kanundan kısa bir süre sonra 442 Sayılı Köy Kanunu 1924 yılında kabul edilmiştir. Yine 1930 yılında kabul edilen 1580 Sayılı Belediye Kanunuyla birlikte köy, kasaba, şehir ve büyükşehir ayrımı gözetilmeksizin nüfusu 2000'nin üzerinde olan yerleşim birimlerinde belediye kurulmasına izin verilmiştir.[9] 1580 Sayılı Kanunla; her türlü yerel hizmet belediyenin görevleri içerisine bırakılmış, belediyelere belde halkının ihtiyaçlarını karşılama ve kamu yararının sağlanmasına yönelik her türlü girişimde bulunma yetkisi verilmiştir.

---

[7]Tortop, **Mahalli İdareler**, s.89-90.
[8]Tarkan Oktay, "Belediye Kurumunun Tarihsel Gelişimi" **Türkiye'de Yerel Yönetimler**, Ed: Recep Bozlağan,Yüksel Demirkaya, Nobel Yayın Evi Ankara. 2008,s.142.
[9]Tortop, **Mahalli İdareler**, s.90

Buna yanında belediyeler üzerinde ağır bir vesayet denetimine de yer verilmiştir.[10]

1990'lı yıllar; başta Avrupa Birliği süreci olmak üzere Türkiye'nin de Avrupa Yerel Yönetimler Özerklik Şartını kabul ederek onayladığı, Avrupa Birliği süreci içerisinde politik söylemin etkinlik, verimlilik ve demokratikleşme olduğu, kamu yönetiminin yapısal değişime zorlandığı ve bu alanda çok sayıda yasa tasarısı hazırlıklarının yapıldığı yıllar olmuştur.[11]

2000'li yıllara gelindiğinde Türkiye de özellikle yerel yönetimlerde görülen beklenti ve sorunlara çözüm bulmak ve Avrupa Birliği süreci içerisinde Türkiye'den beklenen hukuki ve siyasi yeni yapılanmaları karşılamak için çok sayıda hukuki düzenlemeye gidildiği gözlenmektedir. Bu amaçla son dönemlerde yerel yönetimlere ilişkin olarak Kamu Yönetimi Temel Kanun Tasarısı, 5302 Sayılı İl Özel İdaresi Kanunu, 5393 Sayılı Belediye Kanunu ve 5216 Sayılı Büyükşehir Belediye Kanunlarının çıkarılmaya çalışılarak yerel yönetimlerle ilgili yeni düzenlemelere yer verilmeye çalışıldığı görülmektedir.

2.1.2. Türkiye'de Yerel Yönetimlerin Sınıflandırılması

Yerel yönetimler, yerel kamu hizmetlerinin sunumunda etkinliği ve verimliliği esas alan, halkın yönetime daha çok katılımının sağlanmaya çalışıldığı, demokratik değerlerin daha derin ve yaygın biçimde gelişmesine ortam sağlayan özerk kuruluşlardır.[12] 1982 Anayasasının 127. maddesinde de belirtildiği gibi "Mahalli idareler; il, belediye veya köy halkının mahalli müşterek ihtiyaçlarını karşılamak üzere kuruluş esasları kanunla belirtilen ve karar organları, gene kanunda gösterilen, seçmenler tarafından seçilerek oluşturulan kamu tüzel kişileridir" şeklinde tanımlanmış ve il özel idaresinin belediye ve köy yönetiminden oluştuğu vurgulanmıştır.

---

[10]Yörükoğlu, **a.y.**, s.y.

[11]Adalet Bayramoğlu Alada, "Türkiye'de Yerel Yönetimleri 'Özerklik Meselesi' Üzerinden Yeniden Düşünmek" **Çağdaş Yerel Yönetimler Dergisi**, Cilt 17, Sayı 4, 2008, s.37.

[12]Sefa Çetin, "Yerel Yönetim Birimi Olarak Türkiye'de İl Özel İdaresi" **Dumlupınar Üniversitesi Sosyal Bilimler Dergisi**, Sayı 25,2009, s. 249.

Bugünkü anlamında yerel yönetimlerin ortaya çıkışı 19. yüzyıla dayanmaktadır. Zaman içerisinde yerel yönetimler birçok aşamadan geçmiştir. Günümüzde demokrasinin ve siyasal katılımın beşiği olarak kabul edilen yerel yönetimlerin temel özelliklerine bakıldığında; tüzel kişiliğe sahip oldukları, kendilerine tahsis edilmiş ayrı bir bütçeye sahip oldukları, seçimle işbaşına gelen karar organlarının bulunduğuna ve belli bir özerkliğe sahip oldukları görülmektedir.[13]

Türkiye'de yerel yönetimler 1982 Anayasasında da belirtildiği gibi üç grup içersinde sınıflanmaktadır. Bunlar belediyeler, il özel idareleri ve köylerdir. Üçlü sınıflandırmaya rağmen hem toplumumuzda hem de uygulamada belediyelerin ön planda olduğu gözlenmektedir. Belediyeler diğer iki grup yerel yönetim birimi içinde lokomotif işlev üstlenmektedirler. Toplumda yerel yönetim denildiğinde öncelikle belediyeler akla gelmektedir.

2.1.2.1.Belediyeler

Türk yerel yönetim teşkilatının ana unsurunu belediyeler meydana getirmektedir. Tarihsel sürece de bakıldığında yerelleşmenin belediyecilik anlayışıyla geliştirilmeye çalışıldığı gözlenmektedir. 1985'lerden hatta beledi nitelikli hizmetlerin sunulmaya çalışıldığı, kadılık, lonca ve vakıf sistemleriyle temelleri atılmaya çalışılan yerel yönetim felsefesinin o günden bugüne çok fazla yol kat ettiği gözlenmektedir.

Türkiye'de belediyeler ve belediyecilik anlayışı 1930 tarihli 1580 Sayılı Belediye Kanunuyla uzun bir süre düzenlenmiş ve 2005 yılında yeni belediye kanunuyla revizyona gidilmiştir. Bu yasayla il ve ilçe merkezlerinde belediye kurulması zorunluluğu korunarak, nüfusu 5000 ve üzerinde olan yerleşim bölgeleri için belediye kurulabileceği kriteri getirilmiştir. Yasayla amaçlanan, yasanın birinci maddesinde de belirtildiği gibi, "Kanunun amacı, belediyenin kuruluşunu, organlarını, yönetimini, görev, yetki ve sorumlulukları ile çalışma usul ve esaslarını

---

[13]Tortop, **Mahalli İdareler**, s.90.

düzenlemektir"[14] denilerek belediyenin yapı ve işleyiş koşullarına değinilmektedir.

Belediyeler, belediye başkanı, belediye meclisi ve belediye encümeni şeklinde teşkilatlanarak kendilerine aktarılan kaynaklar ve imkanlar çerçevesinde yerel halkın eğitimden sağlığa, çevre düzenlemesinden alt yapıya kadar birçok ihtiyacına cevap vermeye çalışan yerel yönetim birimlerdir.

Türkiye'de 1980'li yıllara gelindiğinde belediyelerin, özellikle büyük kent belediyelerinin aşırı nüfus artışına bağlı olarak hizmet sunumunda yetersiz kaldıkları, birçok sorunla karşı karşıya geldikleri ve organizasyon bozukluklarına bağlı olarak performans kayıplarının söz konusu olduğu görülmüştür. Bu durum belediyelerin büyüklükleri açısından yeniden sınıflandırılmasını gündeme getirmiş ve 1984 yılından itibaren belediyelerin hizmet sunumunda etkinliği artırmak amacıyla büyük nüfuslu kentlerde büyükşehir belediyesi yapılanmasına gidilmiştir.

Bakanlar kurulunca 08.03.1984 tarihinde Büyükşehir Belediyelerinin Yönetimi Hakkında Kanun Hükmünde Kararname ile İstanbul Ankara ve İzmir de büyükşehir belediyesi adıyla ana kent belediyesi kurulmasına karar verilmiştir.[15] Türkiye'de 1980'li yıllarda 1727 belediye mevcutken, bu sayı 2007 yılı sonu itibariyle 3200'ün üzerine çıkmıştır ve günümüzde 16 büyükşehir belediyesi mevcuttur.[16] Büyükşehir belediye sayılarının artırılması yönünde çalışmaların devam ettiği gözlenmektedir. Yaklaşık 20 yıl kadar, 3030 sayılı Büyükşehir Belediyesi Kanunu yürürlükte kalarak büyükşehir belediyelerinin görev, yetki ve sorumlulukları düzenlenmiştir. 2004 yılına gelindiğinde yerel yönetim reformu kapsamında 10.07.2004 tarihli 5216 sayılı yeni yasayla büyükşehir belediyesi kanunu tekrar gözden geçirilerek modernleştirilmeye çalışılmıştır.

---

[14]2005 Tarihli 5393 Sayılı Belediye Kanunu

[15]Bilal Eryılmaz, **Kamu Yönetimi**, Erkam Matbaası, İstanbul, 2004, s.147.

[16]Hüseyin Gül "Yerinden Yönetim Kavramının Gelişimi, Tanımı, Türleri ve Özellikleri" **Türkiye'de Yerel Yönetimler**, Ed. Recep Bozlağan,Yüksel Demirkaya, Nobel Yayınevi, Ankara, 2008, s.91.

2.1.2.2.İl Özel İdareleri

İl özel idaresi il adı verilen coğrafi alan içersindeki yerel hizmetlerin sunulmasını sağlayan bir diğer yerel yönetim birimidir. İl özel idareleri belediye ve köylerden farklı olarak ilin sınırları içersinde kalan tüm alana hitap etmektedir. Belediye ve köyler belli bir alana hizmet sunarken il özel idareleri daha geniş bir alana yerel hizmet sunan yerel yönetim birimleridir.[17]

İl özel idareleri, kanunda belirtilen görev, yetki ve sorumluluklarını vali, il genel meclisi ve il daimi encümeninden oluşan teşkilat yapısıyla yerine getirmektedir. İl özel idarelerini temel görevleri belediye ve köy yönetiminin görev sahası dışında kalan alanlar içerisinde ilgili yasada belirtilen bayındırlık, sağlık, eğitim, tarım, hayvancılık, sosyo-ekonomik nitelikli yerel halkın ihtiyaçlarına cevap veren her türlü yerel hizmetten oluşmaktadır.

5302 Sayılı İl Özel İdaresi Kanunu incelendiğinde il özel idarelerinin görev ve yetkilerinin sağlıktan eğitime, sosyal hizmetlerden altyapı hizmetlerine kadar birçok alanı ilgilendirdiği, çok fazla görev yoğunluğuna sahip olduğu dikkat çekmektedir. Ancak buna rağmen il özel idarelerinin görevlerini yerine getirebilmeleri için ayrılan gelir kalemlerinin bu görevleri karşılamaktan uzak olduğu da gözlenmektedir. Bu nedenle il özel idarelerine görevlerini başarılı bir şekilde yerine getirebilmeleri için il özel idarelerine yeterli kaynak sağlanması ve kaynak yaratma kapasitelerinin genişletilmesi gerektiği düşünülmektedir.18

5302 Sayılı İl Özel İdaresi Kanunuyla, il özel idareleri örgütlenmesinin yeni kamu yönetimi yaklaşımındaki etkinlik ve verimlilik temeline dayandırılması gerektiği vurgulanmıştır. İl özel idarelerinin; esnek, rekabete açık, küçük ancak işlevsel, yatay örgüt yapısına sahip olan ve geleceği gören stratejik bir vizyona sahip, aşırı merkeziyetçi bürokratik yapılardan arındırılmış bir nitelik sergilemesi adem-i merkeziyetçilik anlayışının da bir gereğini oluşturmaktadır.[19]

---

[17]Eryılmaz, **a.g.e**, s.127.
[18]Çetin, "Yerel Yönetim Birimi Olarak Türkiye'de İl Özel İdaresi", s.254.
[19]Alada, **a.y.**, s.37.

Türkiye'de il özel idaresinin tarihsel gelişimine bakıldığında 1864 tarihli Vilayet Nizamnamesiyle il genel yönetiminin temellerinin atıldığı görülmektedir. Bu nizamnameyle, her ilde valinin başkanlık ettiği ve her sancaktan seçilen dörder üyeden oluşan bir genel meclise yer verilerek özel bir yönetim kurulmaya çalışılmıştır. 1870 yılında çıkarılan Genel İdare Vilayet Nizamnamesi'nde de bu durumun sürdürülmeye çalışıldığı gözlenmiştir.[20]

1913 yılında İdare-i Umumiye-i Vilayet Kanunu Muvakkati ile il özel idaresinin organları, görevleri ve çalışma esasları düzenlenmiştir.[21] 1987 yılına gelindiğinde kendi adıyla anılan 3360 Sayılı İl Özel İdaresi Kanunuyla yeniden düzenlenmiştir. Son olarak 2005 yılında çıkarılan 5302 sayılı yasayla il özel idarelerine son şekil verilmeye çalışılmıştır.

2.1.2.3.Köyler

Köyler yerel yönetim birimlerinin nüfus ve coğrafi alan olarak en küçük birimleridir. Türkiye'de köy denilince 442 Sayılı Köy Kanununda belirtildiği gibi nüfusu 2000'nin altında olan küçük yerleşim birimleri kastedilmektedir. Köylerin ekonomik yapısı büyük ölçüde tarım ve hayvancılığa dayanmaktadır. Köyler yerel halkın sayıca az olmasından dolayı karşılıklı ilişkilerin daha sıcak olduğu yerleşim birimleridir. Köy yönetiminde köyün ortak ihtiyaçlarının karşılanması için muhtar, ihtiyar heyeti ve köy derneği görev yapmaktadır.

Köylerin eskiden beri var olmasına rağmen esas olarak 1864 tarihli Vilayet Nizamnamesi'nde yer aldığı hukuki ve siyasi yapısının belirlenmeye çalışıldığı gözlenmektedir. Buna göre iller, livalar, ilçelere bölünmekte, ilçelerde köylere ayrılmaktadır. Köyün organları da muhtar ve ihtiyar kurulundan meydana gelmektedir. 1870 yılında bu örgütlenmeye bucaklarda eklenmiştir. Ancak bucak uygulaması günümüzde işlevini kaybetmiştir. Köylerin tüzel kişilikleri söz konusudur. 1913 yılında çıkarılan Umumi İdare Vilayet Kanunu 1864 ve 1870 tarihli tüzükleri yürürlükten kaldırmıştır. Bu nedenle köylerin 1924 yılında 442 Sayılı Köy

---

[20]Tortop, **Mahalli İdareler**, s.91.
[21]Eryılmaz, **a.g.e.**, s.127.

Kanunu çıkıncaya kadar 1913-1924 yılları arsında hukuksal dayanakları bulunmamaktadır.[22] Halen günümüzde 442 Sayılı Köy Kanunu kapsamı içersinde köyler değerlendirilmektedir.

2.2.Yerel Yönetimlerde Denetim Olgusu ve Denetim Çeşitleri

Yerel yönetimler, devletin sınırlı bir bölgesinde faaliyet gösteren, karar organları yerel halk tarafından seçilen, merkezi idareye karşı bir dereceye kadar bağımsız karar alma yetkilerine sahip, tüzel kişiliği, ayrı bütçesi, gelir ve mal varlığı olan yönetim birimleridir. Yerel yönetimlerin taşıdığı bu özellik onların merkezi yönetimin etkisi altında olmamasını gerektirmektedir. Ancak yerel yönetim birimlerinin de, ülke yönetiminin bir parçası olarak ele alındığında, merkezi yönetimden bağımsız kendilerine buyruk hareket etmemeleri gerekmektedir. Yerel hizmetlerin ülke bütünlüğü ilkesine uygun olarak yürütülmesi, kamu görevlerinde birliğin sağlanması, kamu yararının korunması ve yerel ihtiyaçların gereği gibi karşılanmasını sağlamak için yerel yönetimlerin kendileri dışındaki organlar tarafından denetlenmeleri gerekmektedir.[23] Yerel yönetimlerin işlevsel açıdan sağlıklı çalışabilmeleri için üzerlerindeki denetim yapısının dikkatli bir şekilde oluşturulması, denetimin sınırlarının ve tüm içeriğinin dikkatli bir şekilde belirlenmesi oldukça önemlidir. Denetim önemli bir yönetsel fonksiyondur. Ancak etkili kullanıldığında işlerlik kazanır. Aksi halde yarardan ziyade çok sayıda sorunu meydana getirebilir.

Türkiye'de de, Avrupa birliği ve küreselleşme kapsamında, merkezi ve yerel yönetimlerin yeniden yapılanması çabası içerisinde denetim konusunda da yasal düzenlemelere gidildiği görülmektedir.

Kamunun yeniden yapılanması kapsamında, kamusal kaynakların daha verimli ve yerinde kullanımının sağlanması için, idari faaliyetlerin amaç ve politikalara, kalkınma planlarına, programlara, stratejik planlara, performans programlarına ve mevzuata uygun olarak yeniden planlanması ve yürütülmesi, kaynakların etkili,

---

[22]Tortop, **Mahalli İdareler**, s.91.

[23]Ahmet Ulusoy, Tekin Akdemir, **Mahalli İdareler Teori-Uygulama-Maliye**, Seçkin Yayınevi, 5. Baskı, Ankara, 2007, s.25-26.

ekonomik ve verimli kullanılması, idarenin öncelikli amacını oluşturmaktadır.[24] Bu amaçların etkin bir şekilde yerine getirilmesi için de kurumsal denetimin yerinde ve uygun şartlar içerisinde yapılması gerekmektedir. Bu amaçla Türkiye'de birçok yasal düzenlemeye gidildiği görülmektedir. Yerel yönetimlere ilişkin çıkarılan kanunlarda bunların örneklerine rastlanılmaktadır.

Yerel yönetim reformu kapsamında hazırlanan 5393 Sayılı Belediye Kanunu'nda denetimle ilgili önemli düzenlemelere yer verildiği görülmektedir. Denetim konusu 1580 sayılı eski belediye kanununda yer almakla birlikte, 5393 sayılı kanunun Türkiye Cumhuriyeti Anayasasının 98. ve devamındaki maddelerinde yer alan TBMM'nin Bilgi Edinme ve Denetim Yollarına ilişkin düzenlemelerden hareketle belediye meclisinin belediye üzerindeki denetimi konusunu yeniden düzenlemiştir. [25]

5393 Sayılı Belediye Kanunun 26. maddesinde de belirtildiği gibi[26] belediye meclisinin bilgi edinme ve denetim yetkisini faaliyet raporunu değerlendirme, denetim komisyonu, soru, genel görüşme ve gensoru yoluyla kullanarak TBMM'nin Bilgi Edinme ve Denetim Yollarına ilişkin düzenlemelerinin bir benzerini kullandığı görülmektedir.

Yine yerel yönetimlerin denetimiyle ilgili değinilmesi gereken bir konu da belediye kanunuyla gündeme gelen, belediye meclisleri içerisinde oluşturulan denetim komisyonlarıdır. Bu komisyonlar, yerel yöneticilerin eylem ve işlemlerini

---

[24]Ümit Şahin, "5018 Sayılı Kamu Mali Yönetimi ve Kontrol Kanununda İç Denetim Sistemi", **KMU İİBF Dergisi,** Yıl:10 Sayı:15 Aralık/2008, s.289.

[25]Yasin Sezer ve Tancu Söyleyici, "Belediye Meclisinin Bilgi Edinme ve Denetim Yolları",**Yerel Siyaset Dergisi**, Sayı 29, 2008, s.59.

[26]Belediye kanunu 26. Md. de TBMM'nin siyasi denetim araçlarına benzer bir durumun izlendiği ilgili madde de açıkça şu şekil de belirtilmiştir."Meclis üyeleri, meclis başkanlığına önerge vererek belediye işleriyle ilgili konularda sözlü veya yazılı soru sorabilir. Soru, belediye başkanı veya görevlendireceği kişi tarafından sözlü veya yazılı olarak cevaplandırılır. Meclis üyelerinin en az üçte biri, meclis başkanlığına istekte bulunarak, belediyenin işleriyle ilgili bir konuda genel görüşme açılmasını isteyebilir. Bu istek meclis tarafından kabul edildiği takdirde gündeme alınır. Belediye başkanınca meclise sunulan bir önceki yıla ait faaliyet raporundaki açıklamalar, meclis üye tam sayısının dörtte üç çoğunluğuyla yeterli görülmezse, yetersizlik kararıyla görüşmeleri kapsayan tutanak, meclis başkan vekili tarafından mahallin mülkî idare amirine gönderilir. Vali, dosyayı gerekçeli görüşüyle birlikte Danıştay'a gönderir. Yetersizlik kararı, Danıştay'ca uygun görüldüğü takdirde belediye başkanı, başkanlıktan düşer. Meclis üye tam sayısının en az üçte biri oranındaki üyenin imzasıyla belediye başkanı hakkında gensoru önergesi verilebilir. Gensoru önergesi, meclis üye tam sayısının salt çoğunluğunun oyu ile gündeme alınır ve üç tam gün geçmedikçe görüşülemez" (5393 Sayılı Belediye kanunu md. 26)

yürüttükleri faaliyetlerin denetiminde önemli görevler üstlenmektedir.

Denetim komisyonu; belediyenin bir önceki yıl gelir ve giderleriyle ilgili hesap ve kayıtları inceleyen, belediyenin mali faaliyetlerini denetleyen yasada belirtilen şartlar çerçevesinde oluşturulan belediye içindeki denetim birimidir. Komisyonun oluşumu ve işleyişiyle ilgili düzenleme belediye kanununun 25. maddesinde şu şekilde belirtilmiştir.[27]

"İl ve ilçe belediyeleri ile nüfusu 10.000'in üzerindeki belediyelerde, belediye meclisi, her ocak ayı toplantısında belediyenin bir önceki yıl gelir ve giderleri ile bunlara ilişkin hesap kayıt ve işlemlerinin denetimi için kendi üyeleri arasından gizli oyla ve üye sayısı üçten az beşten çok olmamak üzere bir denetim komisyonu oluşturur. Komisyon, her siyasî parti grubunun ve bağımsız üyelerin meclisteki üye sayısının meclis üye tam sayısına oranlanması suretiyle oluşur."

Bir diğer yerel yönetim birimi olan il özel idarelerinin denetiminde, 5018 sayılı yasa kapsamı içerisinde iç denetim ve dış denetim şeklinde ikili bir anlayışın benimsendiği görülmektedir. İç denetim, özel idareler bünyesindeki denetçiler tarafından idarelerin tutumluluk, etkililik ve verimlilik esaslarına göre yönetilip yönetilmediğini değerlendirmek suretiyle ilgili birimlere rehberlik ve danışmanlık yapma faaliyetidir. Dış denetim ise, esas olarak Sayıştay tarafından mali işlemlerle ilgili olarak yapılan denetimdir. Ayrıca il özel idarelerinin mali işlemler dışında kalan idari işlemleri, idarenin bütünlüğüne ve kalkınma planı ve stratejilerine uygunluk açısından İçişleri Bakanlığı, vali veya görevlendireceği elemanlar tarafından denetlenmektedir. Ayrıca il genel meclisleri de belediye meclislerindekine benzer bir denetim yetkisine sahiptir. İl genel meclisleri, kendi üyeleri arasından seçeceği üç ile beş kişiden oluşan bir komisyon aracılığıyla iç denetim faaliyetlerini yürütmektedir.[28]

---

[27]5393 Sayılı Belediye Kanunu md. 25

[28]Çetin, "Yerel Yönetim Birimi Olarak Türkiye'de İl Özel İdaresi", s.253.

2.2.1.Denetim Kavramı, Amacı, Önemi ve Gerekliliği

Denetim kavramı kamu yönetiminde önemli yere sahip bir yönetim fonksiyonudur. Yönetim süreci içerisinde son aşamayı oluşturan denetimin, benzer anlamlar taşıyan çok sayıda kavramla birlikte kullanıldığı görülmektedir. Bu kavramlar arasında[29] teftiş, kontrol, denetleme, değerlendirme, izleme gibi kavramların sıklıkla kullanılıyor olduğu görülmektedir. Birçok benzer kavramla ele alınan denetimin temel unsurunu, yönetim süreci içerisinde bir araç olarak kullanılması oluşturmaktadır. Denetimle yönetim faaliyetlerinin istenilen düzeyde ve nitelikte yerine getirilip getirilmemesinin kontrolü sağlanmaya çalışılmaktadır. Bu sayede idare, yapılması doğru olmayan ve yapılmasında sakınca görülen eylem ve işlemlerin yapılmasına engel olabilmekte ve yönetime müdahale edebilmektedir.[30]

Denetim kavramının çok sayıda tanımının yapıldığı görülmektir. Kamu Yönetimi Temel Kanunu Tasarısında denetim "Kamu kurum ve kuruluşlarının faaliyet ve işlemlerinde hataların önlenmesine yardımcı olmak, çalışanların ve kuruluşların gelişmesine, yönetim ve kontrol sistemlerinin geçerli, güvenilir ve tutarlı hale gelmesine rehberlik etmek amacıyla; hizmetlerin süreç ve sonuçlarını mevzuata, önceden belirlenmiş amaç ve hedeflere, performans ölçütlerine ve kalite standartlarına göre; tarafsız olarak analiz etmek, karşılaştırmak ve ölçmek; kanıtlara dayalı olarak değerlendirmek, elde edilen sonuçları rapor haline getirerek ilgililere duyurmaktır" şeklinde tanımlanmaktadır. [31]

---

[29]Teftiş, inceleme, kontrol kavramlarının köken olarak farklılıklar içerse de benzer anlamlar taşıdığını görmekteyiz. Teftiş "fetş" kökünden gelen Arapça bir sözcüktür. Bir şeyin aslını, doğrusunu veya işlerin iyi yürütülüp yürütülmediğini anlamak için yapılan inceleme anlamında kullanılmaktadır. Yine Latince "specere" bakmak, in-specere içine bakmak anlamında olmak üzere yakından incelemek, resmen araştırmak ve soruşturmak anlamlarına geldiği de görülmektedir. Kontrol, Latince "contra" ve "rotulus" kelimelerinden türemiş olup, karşıt veya diğer bir kayıt ve/veya belge aracılığıyla bir şeyin doğruluğunu incelemek, araştırmak ve soruşturmak anlamına gelmektedir. Kontrol en geniş anlamıyla "arzulanan bir amaca varılıp varılmadığını veya hangi ölçüde varılmış olduğunu inceleyip araştırmaktır. Kontrol kavramı çok geniş ve kapsamlı bir terim olup bakıp gözetme, gözaltında bulundurma anlamını da taşıdığı da gözlenmektedir. (Erdal Kenger, "**Denetçi Yardımcıları Eğitim Notu**", 2001,s.4.) (çevrimiçi),(http://www.ydk.gov.tr/egitim_notlari/denetim.htm), 03.03.2010.

[30]Hüsamettin İnanç ve Feyzullah Ünal, "Türkiye'de Kamu Yönetiminin Denetlenmesinde Yönetimde Açıklığın Önemi ve Uygulanma Düzeyi", **Dumlupınar Üniversitesi Sosyal Bilimler Dergisi**, Sayı 18, 2007, s.42.

[31]Erdal Kuluçlu, "Yönetimin Denetiminden Denetimin Yönetimine" **Sayıştay Dergisi**, Sayı 63, 2006, s.5.

Tanımdan da anlaşılacağı gibi denetim, yönetim faaliyetlerinin yerine getirilmesinde kullanılan bir fonksiyonu ve bu fonksiyonun kullanıldığı süreci ifade etmektedir. Yönetimin temel hedef ve amaçları çerçevesinde alınan-alınabilecek kararların amaçlanan hedeflere ve bu hedefin tesis edilmesinde uygulanacak kurallara uygunluğunun kontrolü denetim fonksiyonunun temel amacını oluşturmaktadır.

Denetimin en önemli amacı idarenin eylem ve işlemlerinin hukuka uygun bir şekilde yerine getirilmesinin sağlanmasıdır. Bunun yanında denetimin bir diğer amacı, idarenin yaptığı işlemlerde ortaya çıkabilecek hataların önlenmesidir.[32] Denetim, idarenin karar ve eylemlerinin hukuka uygunluğunun sağlanması, kamu kaynaklarının etkin kullanılması, kamu yararının temini konularında önemli bir araç olarak ele alınmaktadır.[33]

İdarenin denetlenmesi, yönetimin işleyişinde süreklilik arz eden bir fonksiyonu ifade etmektedir. Yönetim anlayışının gelişimiyle ortaya çıkan yeni beklentilerin karşılanması için idarenin sürekli ve daha etkin şekilde denetlenmesi gerekmektedir. İdarenin klasik anlamda denetimi yanında yönetilenler eliyle denetlenmesi de büyük önem taşımaktadır. Yönetilenlerin, idarenin faaliyetlerinden haberdar olmaları, bilgi ve belgelere kolayca ulaşabilmeleri, yönetime karsı duydukları güvenin artmasını yanında yönetilenlerin idarenin eylem ve işlemlerine müdahil olmalarıyla yürütülen denetim anlayışının daha etkin bir hale gelebileceği düşünülmektedir.[34]

İdarenin işlevsel anlamda iş ve eylemlerinin denetime tabi tutulmasının ilgili yasalarda ve anayasada düzenlenerek güvence altına alınması bireyler adına önemli bir kazanımdır. Denetim faaliyetinin, kişiler ve kurumlar üzerindeki etkilerinden yönetimin önemli bir unsuru olduğu anlaşılmaktadır.[35] Diğer bir ifadeyle denetim, kamu yönetiminde olmazsa olmaz öneme sahip bir yönetim fonksiyonudur.

---

[32]Doğan Kestane, " Çağdaş Bir Denetim Organizasyonu Olarak Ombudsmanlık (Kamu Denetçiliği), **Maliye Dergisi**, Sayı 151, 2006, s.130.
[33]Kuluçlu, **a.y.**, s.6.
[34]İnanç, **a.y.**, s.42.
[35]Kuluçlu, **a.y.**, s.33.

2.2.2.Denetim Çeşitleri

Denetim türleri birçok faktöre göre farklı sınıflandırmalara tabi olmaktadır. Kimin denetleneceği, nasıl denetleneceği, hangi kriterlere göre denetleneceği, kim tarafından denetleneceği gibi çok sayıda faktör denetim çeşitlerinin sınıflandırılmasında etkendir.

Hukuksal anlamda denetim, öncelikli olarak yargısal denetim ve yargı dışı organlar aracılığı ile denetim şeklinde sınıflandırılabilir. Yargı denetimini bağımsız mahkemeler yerine getirirken yargı dışı denetimde birçok kurum görevli olabilmektedir. Yine yargı denetiminde hukuka uygunluk temel alınırken yargı dışı denetimde hukuka, mevzuata uygunluk dışında yerindelik, etkinlik, verimlilik gibi faktörlerin de dikkate alındığı gözlenmektedir.

Bir diğer sınıflandırma da denetimin tarafları açısından yapılmaktadır. Buna göre denetim; idari kuruluşlarca yapılan idari denetim, yasama organınca yapılan siyasal denetim ve vatandaşlar tarafından yapılan kamuoyu denetimi olmak üzere üçe ayrılmaktadır.[36]

Denetim konusunda genel bir sınıflamanın yapılması gerekliliği düşünüldüğünde, siyasi denetim, idari denetim, yargı denetimi, ombudsmanlık denetimi, kamuoyu denetimi, seklinde bir sınıflamaya gidilmesinin yerinde olabileceği düşünülmektedir.[37] Denetim, sadece merkezi idareyi, merkezi idarenin faaliyetlerini kapsamamaktadır. Merkezi idare yanında yerel yönetimlerin de işleyişinde önemli bir fonksiyona sahiptir. Denetim, gerek kurum içi gerekse kurum dışı denetim mekanizmalarına başvurularak yerine getirilen bir fonksiyondur.

2.2.2.1.Siyasi Denetim

Türkiye'de anayasal bir denetim şekli olan siyasal denetim, yasama organı tarafından yerine getirilen, anayasada belirtilen şekliyle soru, meclis araştırması, genel görüşme, meclis soruşturması ve gensoru gibi araçlarla yürütülen bir denetim

[36] A. Şeref Gözübüyük ve Turgut Tan, **İdare Hukuku Cilt 2 İdari Yargılama Hukuku,** Üçüncü Baskı, Turhan Kitapevi, Ankara, 2008, s.5.
[37] Eryılmaz, **a.g.e,** s.302.

biçimidir.[38]

Bunların ilk üçü hükümetin düşmesine yol açmayan bilgi mahiyetindeki denetleme yolları oldukları için etkileri de sınırlı olmaktadır. Ancak meclis soruşturması yöntemi, başbakanın ya da ilgili bakanın düşmesine neden olabilecek siyasi denetimden ziyade cezai sorumluluklarını ön planda tutan bir denetim şekli olarak daha ağır bir yaptırım öngörmektedir.[39] Hükümetin siyasi anlamda denetiminde en etkili yolun sonuçları itibariyle hükümeti düşürecek niteliğe sahip olabilen gensorunun olduğu söylenebilir.

Siyasal denetim mekanizmaları merkezi yönetim yapısı içinde gördüğü gibi yerel yönetim yapısı içinde de görülmektedir. Kısaca bu denetim metotlarını şu şekilde açıklanabilir;

Soru: Siyasi denetim mekanizmaları içinde etkisi en az olan ilk yöntem soru yöntemidir. Bu yöntem ile hükümetten belli bir konuda bilgi alınmak istenmektedir. Soru tekniği, yazılı veya sözlü seklinde olabilir. Yazılı sorular yazılı bir şekilde cevaplanarak tutanak dergisinde yayınlanırken sözlü soru meclis kürsüsünden karşılıklı diyalog şeklinde cevaplanır.[40]

Soru sadece bilgi alma mahiyetindedir. Soru yönteminde cevap dışında bir oylama veya farklı bir yaptırım söz konusu değildir.

Yerel yönetimlerde de, 5393 Sayılı Belediye Yasası'nda da görülebileceği gibi[41], TBMM deki uygulamaya benzer bir şekilde soru yoluna yer verilerek belediye başkanının faaliyetleri denetlenmeye çalışılmaktadır.

Genel Görüşme: 1982 Anayasası (md. 98) de tanımlandığı gibi "Genel görüşme, toplumu ve devlet faaliyetlerini ilgilendiren belli bir konunun, Türkiye Büyük Millet Meclisi Genel Kurulunda görüşülmesidir."[42] Anayasal tanımdan da anlaşıldığı gibi genel görüşmeyle birlikte hükümetin ve muhalefet partilerinin

---

[38]Kuluçlu, **a.y.**, s.6.
[39]İnanç, **a.y.**, s.44.
[40]A.Şeref Gözübüyük, **Anayasa Hukuku**, Turhan Kitapevi, 10. Baskı, 2002, s.222.
[41]Ayrıntılı bilgi için bkz., 5393 Sayılı Belediye Yasası'nda madde 26.
[42]TC. 1982 Anayasası

toplumu ilgilendiren bir konuyla ilgili görüşlerini karşılıklı konuştuğu, tartıştığı meclis toplantıları kastedilmektedir.

Yerel yönetimlerde de benzer bir uygulamanın söz konusu olduğu görülmektedir. Genel görüşmelerle belediye başkanı üzerinde doğrudan bir yaptırım söz konusu olmamaktadır. Ancak görüşülen konuların kamuoyunun dikkatini çekmesi ve buradan hareketle gensoru verilmesi söz konusu olabilir. [43]

Meclis Araştırması: Genel görüşmenin bir sonraki adımını meclis araştırması oluşturmaktadır. Burada mecliste görüşülen konularla ilgili ayrıntılı bilginin gerekli görülmesi durumunda oluşturulacak komisyon aracılığıyla gerekli bilginin araştırılarak bir rapor eşliğinde meclise sunulması istenmektedir. Yerel yönetim birimlerinde de denetim kapsamı içerisinde benzer uygulamalara yer verilmektedir.

Meclis Soruşturması: Siyasi denetim mekanizmalarının yaptırım açısından en güçlüsü meclis soruşturmasıdır. Meclis soruşturmasıyla, bakanların hem siyasi sorumluluklarının hem görevleriyle ilgili cezai sorumluluklarının denetlenmesi amaçlanır. Bu yöntemle başbakan ve bakanlar görevden alınabildiği gibi, gerekli görülürse görevleriyle ilgili suçlarından ötürü Anayasa Mahkemesi'nde Yüce Divan sıfatıyla yargılanmalarının önü de açılabilmektedir.

Soruşturma süreci, TBMM toplam üye sayısının en az onda birinin vereceği soruşturma önergesiyle başlamaktadır. Soruşturma açılmasına karar verilmesi durumunda mecliste grubu bulunan partilerden güçleri oranında 15 kişiden oluşan bir komisyon oluşturulmaktadır. Komisyonun raporu doğrultusunda TBMM ilgili başbakan ya da bakanı yüce divana gönderme ya da göndermeme yönünde karar vermektedir. Yüce divana gönderme kararında da TBMM üye tamsayısının salt çoğunluğunun oyu gerekmektedir. [44]

Gensoru: bakanlar kurulunun genel politikası ya da bakanların izledikleri politikalar karşısında siyasal sorumluluklarının denetlenmeye çalışıldığı bir siyasal denetim mekanizmasıdır. Gensoru, sonunda güvenoyu yoklamasının yapılacağı genel

---

[43]Sezer, **a.y.**, s.61.

[44]Mustafa Erdoğan, **Anayasa Hukukuna Giriş**, Adres Yayınları, 2 Baskı, Ankara, 2004, s.264.

bir görüşme olarak kabul edilebilir.[45] Gensoru ile bakanlar kurulunun ya da ilgili bakanın düşürülmesi hedeflenir. Bu sürecin başlayabilmesi için siyasi parti gruplarının ya da en az 20 milletvekilinin gensoru önerisine ihtiyaç duyulur. Bakanlar kurulunu ya da bakanı düşürmek için TBMM üye tamsayısının salt çoğunluğunun oyuna ihtiyaç vardır.[46] 1982 Anayasası'nın, hükümetin kurulması esnasında güvenoyuna başvurulmasında sadece üye tam sayısının salt çoğunluğunu ararken gensoru sonucunda hükümetin düşürülebilmesi için yapılacak güvenoyu yoklamasında üye tam sayısının salt çoğunluğunu arayarak hükümetin kurulmasını kolaylaştıran düşürülmesini zorlaştıran bir anlayış benimsediği gözlenmektedir.[47]

Gensoru benzer bir şekilde yerel yönetim birimlerinde de belediye başkanının görevden el çektirilmesi sonucunu doğurabilecek şekilde kullanılabilen bir denetim şeklidir. TBMM'de uygulanan modele benzeyen bir şekilde belediyenin yürütme organı olan belediye başkanının, belediyenin genel karar organı olan belediye meclisince düşürülmesine yönelik yetersizlik kararı alınması yöntemiyle denetlenmesi amaçlanmaktadır.[48] 5393 Sayılı Belediye kanununda da belirtildiği gibi, meclis genel kurulunun meclis tam sayısının 4 /3 çoğunluğuyla alınan kararlar bölgenin mülki idare amirinin gerekçeli raporuyla birlikte Danıştay'a gönderilir ve Danıştay'ın vereceği karara göre belediye başkanının görevinden uzaklaştırılması söz konusu olabilmektedir.

2.2.2.2.İdari Denetim

Vatandaşların temel hak ve hürriyetlerinin birbirlerine karşı korunması kadar vatandaşların hizmet aldığı idare karşısında da korunması ve haklarının güvence altına alınması demokratik ve hukuk devleti anlayışını benimseyen ülkelerin birinci görevidir.[49] Kişiler arasında doğabilecek hukuksal sıkıntılar kadar kişiler ve idare arasında da hukuksal sıkıntıların ortaya çıkması doğaldır. Bu durumda idarenin eylem ve işlemlerinin hukuka uygunluğunun denetlenmesi de son derece doğal bir süreçtir.

---

[45]Gözübüyük, **Anayasa Hukuku**, s.224.
[46]Erdoğan, **a.g.e.**, s.263-264.
[47]Gözübüyük, **Anayasa Hukuku**, s.225.
[48]Sezer, **a.y.**, s.61.
[49]Kestane, **a.y.**, s.129.

İdari denetim, idarenin kendi örgüt yapısına bağlı olarak gerçekleştirilebileceği gibi kendi örgüt yapısından bağımsız özel statülü kuruluşlar tarafından da yerine getirilebilmektedir. İdarenin kendi organları tarafından yapılan denetimlere örnek olarak hiyerarşik denetim ve vesayet denetimini; kendi yapısı dışında yapılan denetimlere örnek olarak Danıştay, Sayıştay, Devlet Denetleme Kurulu[50], Yüksek Denetleme Kurulu gibi kuruluşlar aracılığıyla gerçekleştirilen denetimler gösterebilir.[51] İdarenin eylem ve işlemlerinin hukuka uygunluğunu sağlamak için, çeşitli denetim yollarına başvurulmaktadır.[52] Bu yollar arasında idarenin kendini kendi iç teşkilatlanması içerisinde yer alan görevliler eliyle denetlemesine iç denetim, idarenin kendisinden bağımsız bir şekilde örgütlenen bir başka idare tarafından denetlenmesine ise dış denetim adı verilmektedir.[53]

2.2.2.2.1.İç Denetim

İç denetim, özel sektörlerde örgütlerin, kamu yönetiminde kamu kurumlarının faaliyetleri esnasında ortaya çıkabilecek ya da çıkan her türlü durumun, kurumun örgüt yapısı içerisinde yer alan görevliler eliyle hukuka, örgüt amaçlarına, örgütün belirlediği kıstaslara uygun yerine gelip gelmediğinin denetlenmesi ve üst yöneticilere raporlanması sürecini ifade eden denetim sistemidir.

İç denetim bağımsız bir değerlendirme fonksiyonu olarak kurumlara hizmet etmek amacını güden, kurumun faaliyetlerini incelemek, kontrol etmek sureti ile kurumun etkin denetimini hedefleyen bir denetim şeklidir.[54] İç denetim, idarenin

[50]Türkiye'de dış denetim konusunda sadece Sayıştay ve Yüksek Denetleme Kurulu bir makamın veya kamu ve siyasi otoritesinin emri veya onayı olmaksızın denetim faaliyetinde bulunan iki yüksek denetim organı olarak görevlendirilmişlerdir. Yasal mevzuat gereğince TBMM hariç olmak üzere her iki yüksek denetim organına herhangi bir makam, herhangi bir kamu veya siyasi otorite, denetsel talimat veya telkinde bulunamaz ve görevlerini sürekli bir biçimde yerine getirirler. Yine her iki yüksek denetim organı da, denetimlerine tabi olan kuruluşlarda hiçbir konuda denetim faaliyetleri sınırlamaya tabi tutulmamıştır. Anayasa veya Anayasanın verdiği yetkiye dayanarak denetim faaliyetinde bulunan Sayıştay ile Yüksek Denetleme Kurulu, TBMM adına görev yapmaktadırlar. Yine her iki yüksek denetim organı denetimine tabi kuruluşların denetim raporlarını yıllık olarak düzenlerler ve bu düzenlenen yıllık denetim raporları TBMM'de görüşülerek sonuçlandırılır. Türkiye'de sadece Sayıştay ve Yüksek Denetleme Kurulu yüksek denetim organı olup, tartışmasız dış denetim organı olarak kabul edilmektedir. (Kenger, a.y., s.65)
[51]Kestane, **a.y.**, s.130.
[52]Gözübüyük, **İdare Hukuku Cilt 2**, s.3.
[53]Kuluçlu, **a.y.**, s.6.
[54] Celal Kepekçi, **Bağımsız Denetim**, Beşinci Baskı, Avcıol Basın Yayın, İstanbul, 2004, s.4.

örgütsel faaliyetlerinin, faaliyette görev alan kişilerin yaptıkları işlerin, kurum tarafından görevlendirilen kuruma bağlı denetçiler eliyle mevzuata, verimliliğe, mali yeterliliğe ve diğer tüm yönetsel faktörlere uygunluğunun araştırılıp, incelenmesi amacıyla örgüt içinde bağımsız bir değerleme fonksiyonudur. Kısaca iç denetim finansal, mevzuata uygunluk ve performans boyutları olan bir denetim şeklidir.[55] Cowans'un da belirttiği gibi, yönetsel hizmet sunumunda iç denetim önemli bir role sahiptir. Yöneticiler örgütsel yapılarına, örgütün ihtiyaçlarına göre iç denetim fonksiyonundan çeşitli şekillerde yararlanabilirler. Yetenekli iç denetçiler aracılığıyla yönetim, örgütsel kontrolü sağlayarak örgütün amaçlarına ulaşma konusunda iç denetçilerden örgütsel faaliyetlerin şeffaf, hesap verilebilir, verimli bir şekilde yerine getirilmesinde yararlanmaktadır.[56]

Son dönemlerde kamu yönetiminde etkinliğin artırılmasına yönelik faaliyetlerin özel sektörde uygulanan teknik ve metotların örnek alınarak sağlanmaya çalışıldığı gözlenmektedir. Buna bağlı olarak iç denetim anlayışında da gelişmeler yaşanmıştır. İç denetimin ilk dönemlerde mali boyutunun ön planda olduğu gözlenmekle birlikte günümüzde mali boyut dışında örgüt yönetiminin tamamını kapsayacak nitelikte bir değişime uğradığı görülmektedir.[57] Özel sektör kuruluşları tarafından yoğun olarak kullanılan iç denetim faaliyeti, son yıllarda özellikle kamu yönetiminde hesap verilebilirliğin ve mali saydamlığın sağlanması amacıyla çok sık kullanılan bir denetim unsuru olarak gündeme gelmektedir.[58] İç denetim kamu yönetiminde, uygunluk denetimi, performans denetimi, mali denetim, sistem denetimi ve bilgi teknolojisi denetimi başlıkları altında beş boyut içerisinde incelenmektedir.[59]

Küreselleşme ve Avrupa Birliğinin devletler üzerindeki etkisi göz önüne alındığında devletlerin, kamu yönetimlerinin işleyişlerini tekrar gözden geçirmeleri yönünde bir beklentinin söz konusu olduğu görülmektedir. Devletlerin bu anlamda

---

[55]Kenger, **a.y.**, s.7.
[56]Ayrıntılı bilgi İçin bkz., Neil Cowans, ön sözü, K. H. Spencer Pickett, **The Internal Auditing Handbook**, Second Edition 2003, s.xııı.
[57]İbrahim Atilla Acar, "İç Denetim - Stratejik Plan - Performans Yönetimi Çerçevesinde Kavramsal Değerlendirmeler", **Yerel Siyaset Dergisi**, Sayı 14, 2007, s.78.
[58]Şahin, **a.y.**, s.290.
[59]Uzun, "İç Denetim ve Fransa Uygulaması", **Yerel Yönetim ve Denetim Dergisi**, Eylül 2007,Cilt 12, Sayı 9, s.3-4.

hesap verebilirliğin ve mali saydamlığın sağlanması amacıyla etkili bir iç denetim sisteminin kurulması yönünde teşebbüste bulunmaları zorunlu hale gelmektedir. Devletler bu çerçevede yasal düzenlemelere gitmek zorunda kalmışlardır. Bu kapsamda Türkiye'de iç denetim kavramıyla ilgili 2003 Tarihli 5018 Sayılı Kamu Mali Yönetimi ve Kontrol Kanunu ile beklentilere cevap vermeye çalışmıştır.[60]

5018 Kamu Malî Yönetimi ve Kontrol Kanunu 63. maddesinde[61] "İç denetim, kamu idaresinin çalışmalarına değer katmak ve geliştirmek için kaynakların ekonomiklik, etkililik ve verimlilik esaslarına göre yönetilip yönetilmediğini değerlendirmek ve rehberlik yapmak amacıyla yapılan bağımsız, nesnel güvence sağlama ve danışmanlık faaliyetidir. Bu faaliyetler, idarelerin yönetim ve kontrol yapıları ile malî işlemlerinin risk yönetimi, yönetim ve kontrol süreçlerinin etkinliğini değerlendirmek ve geliştirmek yönünde sistematik, sürekli ve disiplinli bir yaklaşımla ve genel kabul görmüş standartlara uygun olarak gerçekleştirilir" şeklinde ele alınarak tanımlanmıştır.

Yine ilgili kanuna göre; iç denetçi, nesnel risk analizine dayanarak kamu idarelerinin yönetim ve kontrol yapılarını, kaynakların verimli, etkin ve ekonomik kullanılıp kullanılmadığını değerlendirir. Harcama sonrası yasal uygunluk denetimi yapar, idarenin mali işlemlere ilişkin tasarruflarının plan, program ve politikalara uygunluğunu denetler, iyileştirmelere yönelik önerilerde bulunur. Soruşturma açılmasını gerektirecek bir duruma rastladığında denetim birimi aracılığıyla üst yöneticiye bilgi verir. İç denetçinin görevi, denetim esnasında tespit ettiği yolsuzluk ve usulsüzlüklerin üst yöneticiye veya duruma göre diğer yetkili mercilere bildirilmesiyle son bulur.[62]

Türkiye'de iç denetim konusunda son yıllarda çıkarılan yasal düzenlemelere ve uygulama örneklerine bakıldığında iç denetimin, kamu kurumlarının iç örgüt yapısı içerisinde ele alınarak yerine getirilmeye çalışılan bir yönetim fonksiyonu olduğu görülmektedir. Kamu kurumları, kendilerine verilen yetki ve görevler çerçevesinde

---

[60]Uzun, **a.y.**, s.1.
[61]2003 Tarihli 5018 Kamu Malî Yönetimi ve Kontrol Kanunu
[62]Şahin, **a.y.**, s.294.

kurumsal hedefleri doğrultusunda bu görevi yerine getirmeye çalışmaktadırlar.

2.2.2.2.1.1.Hiyerarşik Denetim

Kamu kurum ve kuruluşlarında yaygın şekilde uygulanan bir denetim çeşidi olan hiyerarşik denetim, iç denetim sistemi içerisinde yer almaktadır. Bu denetimle aynı kamu tüzel kişiliği içerisinde yer alan görevlilerin ast-üst şeklinde örgütlenmesinden kaynaklanan, ast durumundaki görevlinin eylem ve işlemlerinin üstlerince denetlenmesinden ve kontrol edilmesinden oluşan bir denetim kastedilmek istenmektedir.[63] Bu denetim sisteminde hiyerarşik yapı içerisinde üstlerin astları üzerinde, atama, sicil verme, yükseltme, disiplin cezası uygulama ve görev yerlerini değiştirme gibi araçları kullanarak denetleme yetkileri bulunmaktadır.[64] Denetim faaliyetiyle amaçlanan yöneticilerin belirlediği ve takip ettiği kurumsal amaçlara etkili bir şekilde ulaşılmasıdır. Bu nedenle denetim süreci boyunca üst yöneticiler çalışanlarının eylem ve işlemlerini izleyerek ve kontrol ederek, belirlenen amaçlara ulaşılıp ulaşılamadığını yerinde tespit ederek, gerekli düzenlemelere ve kontrollere hızlı bir şekilde müdahale ederek başvurmaktadırlar.

2.2.2.2.1.2.Vesayet Denetimi

Vesayet denetimi, yerel yönetimlerin merkezi yönetimle olan ilişkilerinden kaynaklanan bir denetim biçimidir. Bu denetimde merkezi yönetim kuruluşları yerel yönetimlerin ilgili organlarını denetlemektedir. Bu denetime idari vesayet adı da verilmektedir.[65]

1982 Anayasasının 127. maddesinde, "Merkezî idare, mahallî idareler üzerinde, mahallî hizmetlerin idarenin bütünlüğü ilkesine uygun şekilde yürütülmesi, kamu görevlerinde birliğin sağlanması, toplum yararının korunması ve mahallî ihtiyaçların gereği gibi karşılanması amacıyla, kanunda belirtilen esas ve usuller dairesinde idarî vesayet yetkisine sahiptir" hükmüne yer verilerek merkezi idareye

---

[63]İsmail Kayar ve İlhan Üzülmez, **Hukukun Temel Kavramlar**, Detay Yayıncılık, Dördüncü Baskı, 2007, Ankara, s.86.
[64]İnanç, **a.y.**, s. 44.
[65]Nuri Tortop, **Mahalli İdareler**, Yargı Yayınları, 6. Baskı, 1999, s.12.

anayasal bir denetim hakkı tanınmıştır.[66]

Merkezi yönetim yerel yönetimler üzerinde vesayet denetimine, merkezi yönetim ile yerel yönetim birimleri arasında doğabilecek çelişkileri engellemek, yönetimde birliği ve hizmette devamlılığı sağlamak amacıyla başvurmaktadır.[67] Ancak vesayet yetkisi, üst yönetimler tarafından yerel yönetimlerin, mali kaynak kullanım koşulları, performanslarının değerlendirilme biçimi, hizmet standartlarının belirlenme düzeyi gibi faktörlerle yerel yönetimlerin özerklik durumları baskı altına alınmaktadır.68 Merkezi idarenin anayasal gerekçelerle yerel idareler üzerinde kullandığı vesayet yetkisinin kötüye kullanımı yerel yönetimler için büyük bir tehdit oluşturmaktadır.

Son yılarda Türkiye'de yerel yönetimler alanında çıkarılan yasalarda yerel özerkliği savunan ve bu yönde vesayet denetimini kısıtlamaya çalışan yasal düzenlemelere yer verilmeye çalışıldığı görülmektedir. Örneğin 2005 yılında çıkarılan 5302 Sayılı İl Özel İdaresi Yasası ile merkezi yönetimin il özel idaresi üzerindeki vesayet yetkisini azaltmaya yönelik düzenlemelere yer verilmiştir. Vesayet yetkisinin azaltılmasının yanında, Türkiye'nin içinde bulunduğu koşullar ve yerel yönetimlerin görev yükü düşünüldüğünde, vesayet denetiminden ziyade performansa dayalı bir denetim yapısının geliştirilmesinin daha fazla yararlı olacağı beklenmektedir. Aksi halde mevcut denetim sisteminin günü kurtarmaya yönelik, kişilerin sorumluluk almaktan kaçınmalarını teşvik eden, kişilerin kendilerini ve kurumun gelişimini destekleyici yenilikleri arka plana iten bir yapıda olacağı düşünülmektedir.69

2.2.2.2.1.3.Performans Denetimi

Performans denetimi, idarenin eylem ve işlemlerinin denetiminde kullanılan bir diğer denetim çeşididir. Performans denetimi idari denetim konusu içerisinde iç denetim kısmında yer almakla birlikte, dış denetim faaliyetlerine de konu olmaktadır.

[66]1982 T.C. Anayasası
[67]Tortop, **Mahalli İdareler**,1999, s.14.
[68]Alada, **a.y.**, s.16.
[69]Çetin, **a.y.**, s.255.

Daha önceki bölümlerde performans denetimi konusu ayrıntılı olarak anlatıldığı için bu kısımda kısaca tanımlanarak geçilecektir.

Performans denetimi örgütlerin amaçları ve hedefleri doğrultusunda kullandıkları fiziki ve beşeri kaynakların ve örgüt faaliyetlerinin tutumluluk, etkinlik ve verimlilik açısından istenilen sonucu ortaya koyup koymaması açısından değerlendirilmesini ifade eden bir denetim türüdür.

Kısaca performans denetimi, idarenin eylem ve işlemlerinin etkinlik, verimlilik ve tutumluluk kriterlerine göre yerine getirilip getirilmediğinin denetlenmesi sürecinden oluşan bir denetim biçimi olarak tanımlanabilir.

Performans denetimiyle arzulanan, kurumların önceki performans düzeyleri ile mevcut performans düzeylerinin karşılaştırılarak ortaya çıkan olumlu ya da olumsuz açığın belirlenmesi ve buradan hareketle kurumun hedefleri doğrultusunda beklenen performans düzeyine ulaşılmasını sağlamaktır.[70]

2.2.2.2.2.Dış Denetim

Örgütlerin kendi iç teşkilatı içerisinde yer almayan, örgütle herhangi bir bağı bulunmayan, örgütten bağımsız bir şekilde karar alabilen ve bağımsız bir şekilde hareket eden farklı bir tüzel kişiliği olan denetim organı, grubu veya kişisi tarafından denetlenmesi dış denetimi oluşturmaktadır.[71] Dış denetim örgütlerin dışında yer alan bağımsız uzmanlarca yerine getirilen, genellikle kamu kurumlarının mali açıdan incelendiği bir denetim şeklidir.[72] Dış denetim, eskiden sadece mevzuata uygunlukla sınırlı iken, 1980'li yıllardan itibaren verimlilik, etkinlik ve tutumlulukla ilgili değerlendirmelerin de dış denetimin kapsamı içerisinde yer almaya başladığı görülmektedir.[73] Bu ifadeden de anlaşılacağı gibi performans denetimi konusu iç

---

[70]M. Akif Özer, "Performans Yönetimi Uygulamalarında Performansın Ölçümü ve Değerlendirilmesi" **Sayıştay Dergisi,** Sayı 73, 2009, s.19.
[71]Kenger, **a.y.**, s.7.
[71]2003 Tarihli 5018 Kamu Malî Yönetimi ve Kontrol Kanunu
[72]Brenda Porter, Jon Simon and David Hatherly, **Principles of External Auditing, Somerset**, NJ, USA: John Wiley, 2003. p. 7.
[73]Fikret Gülen,"Dış Denetim Sistemi Nasıl Tasarlanmalı", **2. Kamu Mali Yönetim Arenası Kamu Harcamalarında Hesap Verilebilirlik ve Şeffaflık için Denetim**, Ankara, 2-3 Nisan 2003, (çevrimiçi),(http://www.sayistay.gov.tr/yayin/elek/elekicerik/38ikmyra_fg.pdf),16.04.2010 s.2.

denetim içerisinde olduğu gibi dış denetim kapsamı içerisinde de kendine yer bulmaya çalışmaktadır.

Türkiye'de kamu kurumlarının dış denetimi konusunda yetkili kurumun Sayıştay olduğu kabul edilmektedir. Sayıştay genel ve katma bütçeli idarelerde, genel ve katma bütçeli idareler tarafından sermayesinin yarısından fazlasına katılmak suretiyle kurulan sabit ve döner sermayeli kurumlar, il özel idareleri, belediyeler, bazı fonlar ve bazı özel bütçeli idareler de TBMM adına denetim görevini yapan anayasal bir denetim kurumudur.[74]

Türkiye'de anayasaya göre parlamento adına denetim yapma yetkisi Sayıştay ve Başbakanlık Yüksek Denetleme Kurulu tarafından yerine getirilmektedir. Anayasal sisteme göre genel ve katma bütçeli idareler Sayıştay tarafından, sermayesinin yarısından fazlası doğrudan doğruya veya dolaylı olarak devlete ait olan kamu kuruluş ve ortaklıkları, Başbakanlık Yüksek Denetleme Kurulu tarafından denetlenmektedir. Bu kuruluşlar dışında[75] bağlı bulunduğu tüzel kişiliğe rapor sunan ancak iç denetimden ziyade dış denetim niteliğinde görev yapan Devlet Denetleme Kurulu, Başbakanlık Teftiş Kurulu ve Maliye Teftiş Kurulu gibi kuruluşlarında görev yaptığı gözlenmektedir.[76] İdare işleyişini denetlerken, yukarıda belirtilen yollar dışında kendi bünyesinde yer alan ve müfettiş olarak adlandırılan görevlilerden faydalanabileceği gibi idare dışındaki bazı kuruluşlardan da denetim konusunda yardım alarak idari denetimini gerçekleştirebilmektedir.[77]

---

[74]Kepekçi, **a.g.e.**, s.6.

[75]"Türkiye'de Denetim organlarının önemli bir kısmının (teftiş kurullarının tamamı) bağlı olduğu makamın (kamu veya siyasi otorite) emri veya onayı olmadan denetim faaliyetinde bulunamadıkları görülmektedir. Bu tür denetim organlarının denetim faaliyetleri sonucunda düzenledikleri raporlar da genellikle bağlı olunan makamın onayı ile yasal işleme konulabilmektedir. Bir kamu veya siyasi otoritenin emri veya onayı ile denetim faaliyetinde bulunan denetim organlarını, adı ne olursa olsun, hangi makama bağlı olurla olsun iç denetim organı olduklarını, en azından uluslararası standartlara göre kabul etmek gerekir. Bu nedenle bu tür denetim organlarını yüksek denetim organı olarak da değerlendirilmemesi gerektiği düşünülmektedir". (Kenger, a.y., s.y.)

[76]Gülen, **a.y.**, s.4.

[77]Kayar, **a.g.e.**, s.86.

2.2.2.3.Ombudsmanlık Denetimi

İdarenin denetiminde kullanılan ve Türkiye'de de kendine ilgili yasayla yer bulmaya çalışan diğer bir denetim çeşidini ombudsmanlık denetimi oluşturmaktadır. İsviçre'de doğduğu düşünülen ombudsmanlık denetimin diğer denetim usullerinin eksikliklerini tamamlayıcı ve denetimin etkinliğini artırıcı bir fonksiyon üstlenmektedir.[78] İdare ile halk arasında bir tür ara buluculuk kurumu olarak gelişen ombudsmanlık denetiminde ombudsman, bağımsız bir kamu görevlisi olarak halkın idareyle ilgili olan şikayetlerini dinlemekte, bundan hareketle gerekli olan araştırma ve soruşturmayı yaparak elde edilen sonuçları ilgililere ve kamuoyuna duyuran görevlilerden oluşmaktadır.[79] Ombudsmanın, devlet ile halk arasında köprü görevi görmesi beklenmektedir. Vatandaşlardan rahatsız oldukları konularda Ombudsmanı harekete geçirip, idarenin denetimine katkıda bulunmaları istenmektedir.[80]

2006 yılında kabul edilen 5548 Sayılı Kamu Denetçiliği Kurumu Kanunuyla Türkiye'de "Kamu Denetçiliği Kurumu" kurulmaya çalışılmıştır. Kanunun 2. Maddesinde belirtildiği gibi kanunun içeriğini "Kamu Denetçiliği Kurumunun kuruluş, görev ve çalışma usullerine ilişkin ilkeler ile kamu baş denetçisi ve kamu denetçilerinin niteliklerine, seçimlerine, özlük haklarına ve kurum personelinin atanmaları ile özlük haklarına ilişkin hükümleri kapsadığı"[81] görülmektedir. Bu kanuna göre kamu denetçiliği kurumu, anayasada belirtilen nitelikler çerçevesinde gerçek ve tüzel kişilerin idarenin eylem ve işlemlerinden kaynaklanan şikâyetlerini, adalet anlayışı içinde, insan haklarına saygı, hukuka ve hakkaniyete uygunluk yönlerinden incelemek, araştırmak ve idareye önerilerde bulunmak üzere oluşturulmuştur.[82]

[78]Kestane, **a.y.** , s.128.
[79]İnanç, **a.y.**, s.45.
[80]Kuluçlu, **a.y.**, s.8.
[81]5548 Sayılı Kamu Denetçiliği Kurumu Kanunu
[82]İnanç, **a.y.**, s.46.

2.2.2.4.Yargı Denetimi

İdarenin eylem ve işlemlerinin hukuk kurallarına uygun olup olmamasının bağımsız mahkemelerce denetlenmesi yargı denetiminin konusunu oluşturmaktadır.[83] Türkiye Cumhuriyeti Anayasa'nın 125. maddesindeki "İdarenin her türlü eylem ve işlemlerine karşı yargı yolu açıktır" hükmü hukuk devleti olmanın bir gereği olan yargı denetimine vurgu yapmaktadır. İdarenin yargısal denetimiyle amaçlanan yönetimin keyfi davranışlar içine girmesinin önlenmesi, keyfi davranışlar içinde bulunması halinde bunların giderilmesidir. İdarenin yargısal denetimi yapılırken hukukun dışına çıkılarak idarenin ne yapması gerektiği yönünde; yani idarenin yaptığı eylem ve işlemlerin yerinde olup olmadığı şeklinde hükümler verilemez. Yapılan denetim sadece hukuka uygun eylem ve işlemlerin gerçekleştirilip gerçekleştirilmediğine ilişkin olmalıdır. Yargı yerlerinin kararlarının, idarenin takdir hakkını ortadan kaldıracak nitelik taşımaması gerekmektedir.[84]

2.2.2.5.Baskı Grupları ve Kamuoyu Denetimi

Sivil toplum kuruluşları (STK) ve baskı grupları; toplumsal konularda hükümetleri ve kamuoyunu yaptıkları çalışmalarla bilgilendirerek karar vericilerin karar ve eylemleri üzerinde etkilerde bulunmaya çalışan, devlet dışında örgütlenen yapılardır. Sivil toplum kuruluşlarının son yirmi yıl içinde birçok ülkenin politik söylemleri üzerinde etki alanı ve genişleme konusunda çok büyük mesafe kat ettikleri gözlenmektedir.[85] Sivil toplum kuruluşlarının etki düzeyi, STK'nın gelişimi ve faaliyet yapıları incelendiğinde daha kolay anlaşılacaktır. STK'nın faaliyet alanları ve faaliyet sürelerinin farklılığı yanında sahip oldukları çok büyük bütçeler ya da bütçesi olmayan çok küçük yerel bir örgütlenme düzeyinde de bir araya gelerek faaliyette bulunabildikleri gözlenmektedir.[86] Çok farklı düzeyde örgütlenebilen STK'nın etki düzeyleri de örgütsel yapılarına bağlı olarak değişiklik arz etmektedir.

---

[83]Kayar, **a.g.e.**, s.86.
[84]İnanç, **a.y.**, s.47.
[85]S. Sai Krishnan, "Ngo Relations With The Government and Private Sector", **Journal of Health Management**, 9, 2, 2007, p.237.
[86]David lewis, **The Management of Non-Governmental Development Organizations An Introduction**, The Taylor & Francis e-Library, London and New York, 2005. s.3.

Yönetim sürecinde idarecilerin aldıkları kararlar üzerinde baskı gruplarının ve STK'nın etkisi oldukça önemli bir yere sahiptir. Özellikle basın günümüzde bu konuda önemli bir işleve sahiptir.[87] Toplumda oluşan kamuoyu kitle iletişim araçlarının etkisiyle idarecilerin kararları üzerinde bir baskı unsuru oluşturmaktadır. Sivil toplum kuruluşları, sendikalar dernekler vb örgütlenmeler yönetsel kararların alınmasında ve uygulanmasında son derece önemli bir denetim faaliyeti yürütmektedirler. Baskı grupları, ya doğrudan ya da kamuoyunu harekete geçirerek kendilerini ilgilendiren konularla ilgili siyasal kararların alınmasını sağlamaya çalışmaktadır. Doğrudan etkileme yöntemi genellikle seçim dönemlerinde baskı grubunun istekleri yönünde karar almaya dönük partilerin desteklenmesi şeklinde gerçekleştirilirken; doğrudan olmayan etkileme yöntemi de baskı gruplarının kendilerini ilgilendiren konularda kamuoyunda bir tepki oluşturarak siyasal iktidar üzerinde baskı kurması ve böylece amaçlarını gerçekleştirmesi şeklinde olur.[88]

İktidarı etkileme sürecinde baskı grupları ile siyasi partilerin karşı karşıya geldiği görülmektedir. Siyasi partiler de iktidar üzerinde etkilerde bulunmaya çalışmaları konusunda baskı gruplarıyla aynı rolü üstlenmektedirler. Ancak baskı gruplarını siyasi partilerden ayıran bazı farklar söz konusudur. Kışlalı'nın da belirttiği üzere baskı grupları, siyasi partiler gibi, iktidarı ele geçirmek için değil de yönlendirmek ve kendi çıkarları doğrultusunda karar almaya zorlamak için çeşitli araçlardan yararlanarak etkilemek isterler.[89]

Bir diğer fark da baskı grupları bir konu üzerinde yoğunlaşan bir grup kişiye yönelik tutum izlerken; siyasi partilerin belli konularda bir araya gelen, ülke çapına yayılmış tüm seçmenleri ilgilendiren bir tutum izlemesidir. Son olarak, siyasi partilerin faaliyetleri politik bir eylemken baskı gruplarınınki kısa süreli bir olayı ilgilendiren faaliyetlerdir. [90] Buradan da anlaşıldığı gibi STK, baskı grupları ve çıkar gruplarının temel işlevi, belli konularda kamuoyunu harekete geçirerek iktidarı kendi amaçları doğrultusunda hareket etmeye zorlamaktır. Bu amaca hizmet ederken de

---

[87]Kestane, **a.y.**, s.131.
[88]Ahmet Taner Kışlalı, **Siyaset Bilimi**, 8. Baskı İmge Kitapevi, Ankara, 2000, s.301-302.
[89]Kışlalı, **a.g.e**, s.295.
[90]Duncan Watts, **Pressure Groups**, Edinburgh University Press, Edinburg, 2007, s.10-11.

iktidarın politikalarını ve çalışmalarını oluşturdukları kamuoyu ile denetlemekte ve yönlendirmektedirler.

2.2.3. Türkiye'de Yerel Yönetimlerin Denetimsel Sorunları

Yerel yönetimlerin denetimden kaynaklanan sorunlarını sağlıklı bir şekilde anlaya bilmek için öncelikle bu sorunların da kaynağını oluşturan Türk kamu yönetimi ve yerel yönetimlerin temel sorunlarını incelemek gerekmektedir. Bu kapsamda Türkiye'de yerel yönetimlerin temel sorunlarını inceleyen, onlara çözüm üreterek, yerel yönetimlerin yeniden yapılandırılmasını amaçlayan çok sayıda yasal çalışmanın, plan ve projenin hazırlandığı/hazırlanmaya çalışıldığı görülmektedir. Bu çalışmaların özellikle 1960'lı yıllardan itibaren Planlı Kalkınma dönemiyle birlikte başladığı[91] ve günümüze kadar birçok düzenlemeyle devam ettiği görülmektedir.

Özellikle bu çalışmalar arasında; 1960'lı yılların ilk yarısında gerçekleştirilen ve kısaca MEHTAP olarak adlandırılan, Merkezi Hükümet Teşkilatı Araştırma Projesi, 1966 yılında yayınlanan Türk Mahalli İdarelerinin Yeniden Düzenlenmesi Üzerine Bir Araştırma, İçişleri Bakanlığı'nca başlatılan 1971 yılında sonuçlandırılan İç Düzen Projesi, 1978 yılında kurulan yirmi iki ay görev yapabilen Yerel Yönetim Bakanlığı, 1973 yerel seçimlerini müteakip ortaya çıkan Yeni Belediyecilik Yaklaşımı, 1991 yılında yayımlanan Kamu Yönetimi Araştırma Projesi (KAYA), Yerel Yönetimler Yasa Tasarısı ve Kamu Yönetimi Temel Kanun (KYTK) Tasarısı yanında, 2004-2005 yıllarından itibaren kanunlaşma imkanı bulan, Büyükşehir Belediyesi Kanunu, Belediye Kanunu ve İl Özel İdaresi Kanun'larını görmek mümkündür.

İlgili çalışmalarda, yerel yönetimlerin temel sorunlarının tespit edilerek bu sorunlara çözüm üretmeye dönük önerilerin geliştirildiği görülmektedir. Bu kapsamda yerel yönetimlerin içinde bulunduğu durumun yeniden gözden geçirilerek bu birimlerin yeniden yapılandırılması ihtiyacının söz konusu olduğu gündeme gelmiştir.

---

[91]Ruşen Keleş, **Yerinden Yönetim ve Siyaset**, Cem Yayınevi,7. Basım, Ankara, 2011, s.465.

Bu amaç doğrultusunda hazırlanan/hazırlanmaya çalışılan düzenlemeler incelendiğinde öncelikle karşımıza, Merkezi Hükümet Teşkilatı Araştırma Projesi'nin çıktığını görmekteyiz.

Merkezi Hükümet Teşkilatı Araştırma Projesi (MEHTAP) 1962 yılında bakanlar kurulu kararıyla hazırlanmaya başlamıştır. Bu projeyle planlı dönemde yönetim yapısında hızlı ekonomik gelişmeyi gerçekleştirmeye elverişi değişiklik yapmak ve araştırma sonucunda "Merkezi kuruluşlar ile merkezi hükümet teşkilatının taşra birimleri ve mahalli idare arasında görev dağılımı, mahalli idarelerin yetkileri, kaynakları, teşkilatlanması konuları çok önemli bir inceleme alanı teşkil etmektedir. Bu konular ayrı ayrı ele alıp incelenmelidir" şeklinde nihai bir öneri ortaya konmuştur[92]. Bu ifadelerden de anlaşılacağı üzere, kamu yönetiminin asli unsurunu oluşturan merkezi idare ve mahalli idarelerin yapılandırılması ve mahalli idarelerle merkez arasındaki ilişkilerin incelenmesi projenin özünü oluşturduğu görülmektedir.

Bu proje kapsamında değerlendirilecek ve bu projenin tamamlayıcısı olarak algılanan bir başka çalışma ise 5 Haziran 1964 günü Bakanlar Kurulu kararıyla kurulan İdareyi ve İdari Metotları Düzenleme Komisyonu'nun çalışmalarıdır.[93] Komisyon yerel yönetimler konusunda araştırma yapılması için Prof. Dr. Fehmi Yavuz'a görev vermiştir. İlgili araştırma 1966 yılında, Türk Mahalli İdarelerinin Yeniden Düzenlenmesi Üzerine Bir Araştırma adıyla Türkiye ve Orta Doğu Amme İdaresi Enstitüsü (TODAİE) tarafından yayımlanmıştır. Bu araştırmanın sonucunda yerel yönetimlerle ilgili başlıca şu tespitlerin yapıldığı görülmektedir.[94] Yerel yönetimleri ilgilendiren yasa tasarılarının, bir görüş ve felsefeye göre değerlendirilmesi gerekmektedir. Özeksel vesayet yetkisini kullanacak yönetimler arasında uyum sağlanmalıdır. Devletin denetimi etkisiz yöntemlerden kurtarılarak denetim ve gözetim yetkileri Bakanlar Kurulu'ndan çok bakanlıklarda toplanmalıdır. Yerel yönetimlerin personel sorunu, devlet memurlarınınkine koşut olarak giderilmeli ve meslek içi eğitimlerine yer verilmelidir. Bu öneriler çerçevesinde dönem

[92]Mustafa Sakal, "Türkiye'de Yerel Yönetimlerde Yeniden Yapılanma Sorunu: Tarihsel Perspektiften Bir Değerlendirme", **Süleyman Demirel Üniversitesi İİBF Dergisi**, 2000, C.5,S.1,s.129.
[93]Bekir Parlak ve Zahid Sobacı, **Kamu Yönetimi**, Alfa Aktüel Yayınları, Bursa, 2005, s.330-331.
[94]Keleş, **a.g.e.**, s.466.

hükümetlerinin çok sayıda tarsı ve plan hazırladığı ancak MEHTAP raporunda olduğu gibi bunların çok çok azının hayata geçirilebildiği görülmüştür.

Yine İçişleri Bakanlığı'nca 1967 yılında başlatılan 1971 yılında sonuçlandırılan İç Düzen (İçişleri Hizmet ve Teşkilatını Yeniden Düzenleme) Projesi bir diğer yeniden yapılanma çalışması olarak karşımıza çıkmaktadır. Bakanlar Kurulu'nun 2 Eylül 1967 gün ve 6/8247 sayılı kararında bu projenin amacı şöyle özetlenmiştir. " İçişleri hizmet ve teşkilatını yeniden düzenlemek amacıyla İçişleri Bakanlığı teşkilatına dahil bütün kuruluşların merkez ve taşra kademeleri ile Bakanlığa bağlı veya denetimi altındaki kuruluşlar ve Mahalli İdareler üzerinde; amaç, görev ve yetkilerin dağılışı, hizmetlerden sorumlu personel, teşkilat yapıları ve işleyişi; İçişleri Bakanlığı'nın görev ve hizmetleriyle ilgili faaliyetlerde bulunan diğer kuruluşlar üzerinde, İçişleri Bakanlığı ve teşkilatı ile ilişkiler, aralarındaki görev karışımları ve koordinasyonu araştırılacaktır."[95] Bu projeyle İçişleri Bakanlığı kendi örgüt hizmetlerini yeniden düzenlemek için örgüt içerisinde yer alan bütün kuruluşların merkez ve taşra kademeleri ile yerel yönetimler arasındaki ilişkilerini düzenlemeyi amaçlamaktadır. Anacak bu amaca rağmen ilgili proje kapsamında on iki kanun teklifinin hazırlandığı, fakat hiçbirinin kanunlaşma imkanı bulmadığı görülmüştür. İç Düzen Projesi'nin tamamlandığı 1971 yılında, İdari Reform Danışma Kurulu tarafından hazırlanan İdarenin Yeniden Düzenlenmesi İlkeler ve Öneriler isimli rapor ile başta yerel yönetimlerde otokontrol sisteminin geliştirilip güçlendirilmesi, vesayet yetkisi konusunda söz sahibi olan makamların azaltılması ve aralarında eşgüdümün sağlanması olmak üzere birçok yapısal önerinin ortaya konduğu görülmektedir.[96]

Yerel yönetimler alanında Türkiye'de 1978 yılı başlarında kurulan ve 22 ay kadar görev yapabilen Yerel Yönetim Bakanlığı denemesi de yerel yönetimlerin yapılandırılması sürecinde üzerinde önemle durulması gereken bir diğer çalışmayı oluşturmaktadır. Bu zaman zarfında bu bakanlığın kurulmasındaki amacın, "Hızlı

---

[95]Mustafa Tekmen ve Ali Çetinkaya, "Yetki Devri", (çevrimiçi), www.mulkiyeteftis.gov.tr/userfiles/Yetki_Devri.doc, 10.12.2011.

[96]Mehmet Aktel ve Dilek Memişoğlu,"Yerel Yönetim Reformlarının Başarısızlık Nedenleri", Ed: Hüseyin Özgür ve Muhammet Kösecik, **Yerel Yönetimler Üzerine Güncel Yazılar-1**, Nobel Yayın Dağıtım, Ankara, s.28-29.

değişim sürecindeki toplumumuzda yepyeni bir gerçek olarak gelişen yerel yönetimlerin yönetsel ve mali tıkanıklıkları gidermek, böylece bu yönetimlere etkinlik ve işlerlik kazandıracak düzenlemeleri yapmak"[97] misyonunu hakim kılmanın amaçlandığı ifade edilmektedir.

Yerel Yönetim Bakanlığı'nın görev yaptığı yirmi iki aylık süre içerisinde faaliyetleri incelendiğinde,[98] yerel yönetimleri başkente temsil eden, onlara sahip çıkan bir özeksel örgüt olduğu, hükümet karşısında yerel yönetim birimlerinin pazarlık gücünü artırdığı, ödenek, kadro başta olmak üzere devlet yardımlarını yerel yönetimlere kanalize eden bir işlev gördüğü, bunun yanında devletin yerel yönetimler üzerindeki denetimi ve gözetimini makul ölçülere indirmek için çaba harcadığını ve yere yönetim birimlerinin birlikler kurarak güçlenmesi için faaliyetler yürüttüğü görülmektedir. Ancak bu katkılar yanında Yerel Yönetim Bakanlığı'nın yerel yönetimleri özerk kılmaya çalışırken yine onları denetleyen bir yapıya dönüşmesi, büyük ölçüde sadece belediyelerle ilgili faaliyet yürütmesi ve zamanla devlet yönetiminde partizanca bir anlayışı yayınlaştırması nedeniylede eleştirilere maruz kaldığı da görülmüştür. Olumlu ya da olumsuz katkıları bir yana bırakıldığında dönemin şartları içerisinde denenmeye çalışılan bu girişimin, yerel yönetimlerin önemini vurgulama fırsatı vermesi açısından önemli olduğu düşünülmektedir.[99]

Türkiye'de 1973 yerel seçimlerini izleyen yıllarda özellikle Cumhuriyet Halk Partisi tarafından benimsenen yerel sorunlara eğilme konusunda yeni bir bakış açısının ortaya çıktığı gözlenmektedir. "Yeni Belediyecilik Anlayışı" olarak adlandırılan bu görüşün, yerel yönetimlerde halkı daha etkin duruma getirmeyi, yönetime katkısını artırmayı, yönetimi halka yakınlaştırmayı içerdiği, bunun yanında yerel yönetimlerin kapitalist düzeni değiştirmede bir araç olarak kullanma

[97]Vahide Feyza Urhan, "Türkiye'de Yerel Yönetimlerin Yeniden Yapılandırılması", **Sayıştay Dergisi**, Sayı 70, 2008, s.88.
[98] Keleş, s.473-474.
[99]Mustafa Ökmen, "Türkiye'de Merkezi Yönetim – Yerel Yönetim İlişkileri ve Yerel Yönetimlerin Yeniden Yapılandırılması", **Türkiye'de Yerel Yönetimler**, ed. Recep Bozlağan ve Yüksel Demirkaya, Nobel Yayınevi, Ankara, 2008,s.54.

düşüncesine dayandığı görülmektedir.[100]

Yine ilerleyen yıllarda, Devlet Planlama Teşkilatı'nın isteği üzerine 1988-1991 yılları arasında yürütülen bir diğer proje de, kısaca KAYA olarak adlandırılan, Kamu Yönetimi Araştırma Projesi'dir. Bu projeyle yönetim sisteminin daha etkili ve verimli kılınmasına yardımcı olacak çalışma ve araştırmaların yapılması amaçlandığı görülmektedir.[101] Buna durum raporda şu şekilde ele alınmaktadır. Projenin amacının, "kamu hizmeti gören merkezi yönetimin merkez ve taşra örgütü ile yerel yönetimleri etkili, süratli, ekonomik, verimli ve nitelikli hizmet görecek bir düzene kavuşturmak; kamu yönetiminin gelişen çağdaş koşullara uyumunu sağlamak; kamu kuruluşlarının amaçlarında, görev, yetki ve sorumluluklarında ve bunların bölünüşünde, örgüt yapılarında, personel sistemlerinde, kaynaklarında ve bu kaynakların kullanılış biçimlerinde, yöntemlerinde, mevzuatında, haberleşme ve halkla ilişkiler sistemlerinde var olan aksaklıkları, bozuklukları ve eksiklikleri saptamak ve bu konularda yapılması gerekenleri incelemek ve önermektir."[102] şeklinde ifade edildiği görülmektedir. Projenin MEHTAP raporuna göre çok daha geniş ve kapsamlı bir şekilde merkezi yönetim - yerel yönetim ilişkilerini ele aldığı, bu birimler arasında görev, yetki ve sorumluluk alanlarını belirlemeye dönük açıklama ve öneriler geliştirmeye çalıştığı görülmektedir.

KAYA raporunda yerel yönetimlerin mevcut iki temel sorunu üzerinde durulduğu görülmektedir.[103] Bunlardan ilkini, Türk toplumunun demokrasi yönündeki tercihleri ve özlemleri; ikincisi ise, yerel yönetimlerin topluma, daha nitelikli, ekonomik ve verimli hizmet üretmelerine yönelik durum oluşturmaktadır. İlgili rapor incelendiğinde, merkezi yönetimim işleyişinden kaynaklanan sorunlar başta olmak üzere bürokrasi odaklı bir yönetimin ortaya konmasından kaynaklanan sorunlar yanında, merkezi yönetim - yerel yönetim ilişkileri, personel rejimi ve denetim sorunlarına yönelik görüş ve önerilerin değerlendirildiği göze çarpmaktadır. Denetim

---

[100] Keleş, s.476.
[101] Nuri Tortop,Eyüp G. İsbir ve Burhan Aykaç, **Yönetim Bilimi,** Yargı Yayınları, 4. Baskı, Ankara, 2005, s.165.
[102]TODAİE; **Kamu Yönetimi Araştırması (KAYA) Genel Raporu**, TODAİE Yayınları, Ankara,1991.
[103]KAYA, **a.g.e.**

konusunda mevcut denetim kanallarının yeterli olmadığı bu denetim unsurlarının yanında etkinlik ve verimliliği de hesaba katan sorumluluk ve şeffaflık anlayışını taşıyan bir denetim anlayışına yer verilmesi gerekliliği konusu üzerinde durulduğu gözlenmektedir. Raporda denetimle ilgili öneriler kısmında kurumlarda etkinlik denetimine önem verilmeli ve iç denetim organları etkililik denetimi yapabilecek bir düzeye yükseltilmelidir önerisine yer verilmektedir. Yine yerel yönetimlerin denetiminde vesayet denetimin etkili ve amacına uygun bir şekilde gerçekleştirilemediğine değinilmektedir. Denetimi sağlayacak personelin seçimi niteliği sınıflandırılması konusunda da düzenlemelerin yapılması gerekliliği vurgulanmaktadır.[104]

Raporda yerel yönetimlerin üç nedenden dolayı yeniden yapılandırılması gereği vurgulanmıştır.[105] Bunlar, yerel yönetimlerin yeterince demokratik niteliğe sahip olmaması, yerel yönetim birimlerinin aldıkları kararlarda özgürce tercihler yapamamalarıdır. Bunun sebebi, merkezi yönetimin ağır vesayeti ve halkın katılımına yeteri kadar yer verememesinden kaynaklanmaktadır. Bir diğer neden, yerel yönetimlerin yeterli güçlerinin olmamasıdır. Bunun anlamı yerel yönetimlere bırakılan yetki ve sorumluluk alanının dar olması ve karar alam güçlerinin merkezi yönetimin izin ve onayına bağlı olarak gerçekleşmesi yerel yönetimlerin güçlerini azaltmaktadır. Son neden, yerel yönetimlerin toplumun beklentilerine uygun etkili ve verimli hizmet üretememeleridir. Bunun arkasında çağdaş yönetim anlayışlarına yer verilememesinden merkezi yönetimin merkez ağırlıklı felsefeden kurtulamamasına kadar çok sayıda sorunun yattığı düşünülmektedir.

Raporda bu sıkıntılara öneri olarak, yerel yönetimlerin; yerel demokrasiyi güçlendirici, yerel toplulukça denetlenen, etkili katılımın sağlandığı, saydam, kaynaklar ve özellikle öz kaynaklar açısından güçlü, kendi yerel toplumu ile ilgili kararları kendi organları aracılığı ile alıp kendi birimleri aracılığı ile uygulayabilen, merkezi yönetimden destek ve nesnel koşullarda yardım alan, genel yönetim sistemi ile yönetimin birliği ilkesi ve planlama disiplini içerisinde bütünleşen, yönetsel

---
[104] KAYA, **a.g.e.**
[105] **A.y.**

etkililiği ve verimliliği gerçekleştiren, bir yerel yönetim kurumu niteliklerine sahip olması öngörmektedir.[106]

KAYA raporunda personel rejimi de ele alınarak Türk personel rejiminin personelin işe alınmasından, personelin denetimine kadar birçok açıdan sorunlarla karşı karşıya kalındığına vurgu yapılmıştır.[107] Personel sınıflamada ve denetimlerinde yaşanan sıkıntılar karşısında başta personel değerlemede objektif değerleme kriterlerinin gerekliliği ve çağa uygun denetim metotlarından yararlanılması kamu kurumlarında öncelik verilmesi gereken konular olarak düşünülmektedir. MEHTAP raporunda[108] da benzer bir durum ifade edilerek personel rejiminde görülen aksaklıklara değinilmiştir. Özellikle personelin teftişinde ve denetiminde karşılaşılan güçlükler vurgulanarak, idarede etkili bir personel denetiminin olmadığı, teftiş mekanizmasının oldukça karışık bir yapıya sahip olduğu konularında eleştirilere yer verilmektedir. Bu nedenle Türk personel rejiminin yeniden yapılandırılması konusuna yer verildiği gözlenmektedir. Yine MEHTAP raporunda yerel yönetimler konusunun ayrı bir raporla incelenmesi gerekliliğine vurgu yapılırken, İçişleri Bakanlığı'nın ilgili idaresince yerel yönetimler üzerinde merkezi kontrol görevini iyi yapabilecek bir yapılandırmaya ve bu konularda nitelikli personel takviyesine yer verilmesi önerisinin yer aldığı da görülmektedir.

1990'lı yıllardan günümüze kadar yerel yönetimlerin yeniden yapılandırılmasına yönelik çok sayıda yasa tasarısının hazırlandığı, özellikle 2000'li yıllara kadar yerel yönetim birimlerinin ayrı ayrı düşünüldüğünü; 2000'li yılardan sonra ise tüm yerel yönetim birimlerini ilgilendiren bir çerçeve yasa tasarısının hazırlanmaya çalışıldığı görülmektedir.[109]

2001 yılında bu kapsamda meclis başkanlığına sunulan ancak yasalaşamayan kısaca Yerel Yönetimler Yasa Tasarısı olarak adlandırılan Yerel Yönetimlere İlişkin Çeşitli Yasalarda Değişiklik Öngören Yasa Tasarısı'nın, 60'lı yıllardan beri devam

---

[106]A.y.
[107]KAYA, a.g.e.
[108]TODAİE, **Merkezi Hükümet Teşkilatı Kuruluş ve Görevleri, Merkezi Hükümet Teşkilatı Araştırma Projesi Raporu, (MEHTAP),** TODAİE Yayınları, Ankara,1966.
[109]Keleş, s.500-501.

eden yerel yönetimlerin yeniden yapılandırılması amacıyla hazırlanmaya çalışılan bir çerçeve yasa tasarısı olduğu görülmektedir. 70 maddeden oluşan tasarının, merkezi yönetim ile yerel yönetimler arasında görev bölüşümü ve hizmet ilişkilerini yeniden düzenleme amacını güttüğü tasarının genel gerekçesinde ifade edilmektedir.[110]

Tasarının genel gerekçesinde öncelikle yerel yönetimlerin temel sorunlarına yer verildiği görülmektedir. Buna göre, idari sistemin aşırı merkeziyetçiliği, mahalli idarelerin kaynak yetersizliği içinde olmaları, görev ve yetki konularındaki tereddüt, mahalli idareler üzerindeki aşırı vesayet uygulamaları, rasyonel olmayan hizmet alanları, mahalli idare gelirlerinin hizmetleri yerine getirme bakımından yetersiz kalması gibi sorunlar yerel yönetimlerin başlıca sorunları olarak ifade edilmiştir. Bu sorunların nedeni ise, mahalli idare hizmetlerinin etkin, verimli, ekonomik, mahalli imkan, ihtiyaç ve tercihlere uygun biçimde yürütülememesinden, merkezi idare ile mahalli idareler arasında görev, yetki ve kaynak paylaşımı konusunda diğer çağdaş ülkelerde uygulamaya konulan reformların ülkemizde hayata geçirilememesinden kaynaklandığı düşünülmektedir.[111]

Bu tasarıyla mahalli idare birimlerinin uygulamada karşılaştıkları meselelere çözüm getirilmekte, mahalli idareler işleyişi basitleştirilmekte, mahalli idarelerin kendi aralarında ve merkezi idare ile işbirliği ve yardımlaşma imkanları geliştirilmekte, halkın hizmetlere kolay ulaşımı ve sorunların mahallinde çözümü sağlanmakta, yönetimde açıklık ve katılım ile mahalli idarelerin demokratik kültüre katkısı artırılmakta, mahalli idarelerin hızlı karar alma ve uygulama kabiliyetlerini olumsuz yönde etkileyen vesayet uygulamaları kaldırılmakta, mahalli idareler mali kaynaklar, hukuki yapı ve personel bakımlarından mevcut ve artan sorunları ile başa çıkabilecek bir kapasiteye ulaştırılmaktadır. Tasarının kanunlaşmasıyla mahalli idare hizmetlerinin verimliliğinde gerçek bir artış ve iyileşme sağlanacağı düşünülmektedir. Bu iyileşmenin kendisini, sadece mahalli hizmetlerin nicelik olarak artışı, daha hızlı ve daha ekonomik yerine getirilmeleri olarak değil, aynı zamanda

---

[110]**Yerel Yönetimlere İlişkin Çeşitli Yasalarda Değişiklik Öngören Yasa Tasarısı** , (çevrimiçi) http://www.belgenet.com/belge/yerelyonetim3.html, 12.12.2011.
[111] Yerel Yönetimlere İlişkin Çeşitli Yasalarda Değişiklik Öngören Yasa Tasarısı, **a.g.e.**

demokrasi kültürünün gelişmesi, halkın karar alma ve icra süreçlerine katkı ve katılımının artması biçiminde ortaya çıkacağı vurgulanmaktadır. Yine tasarıyla aynı zamanda Türkiye'nin idari yapılanmasının geleceğin şartlarına uygun hale gelmesini sağlayacak müteakip reformların zeminini oluşturulacağı düşünülmektedir.[112]

Bu doğrultuda hazırlanan ancak Yerel Yönetim Yasa Tasarısı'nda olduğu gibi kanunlaşma fırsatı bulmayan bir diğer çalışma 2003 yılı içerisinde TBMM'nin gündemine gelmiş olan ancak yine yasalaşamayan 5227 Sayılı Kamu Yönetimi Temel Kanun (KYTK) Tasarısı'dır. Bu tasarıda da merkezi yönetim - yerel yönetim teşkilatı örgütlenmesi, ilişkileri, idari sınırları, sorumluluk alanları ve görevleri konusunda yasal anlamda oldukça kapsamlı bir adım atılmaya çalışıldığı görülmektedir.

Bu durum tasarının amacının yer aldığı birinci maddesinde şöyle ifade edilmektedir. "Bu kanunun amacı, katılımcı, saydam, hesap verebilir, insan hak ve özgürlüklerini esas alan bir kamu yönetiminin oluşturulması; kamu hizmetlerinin adil, süratli, kaliteli, etkili ve verimli bir şekilde yerine getirilmesi için merkezi idare ile mahalli idarelerin görev, yetki ve sorumluluklarının belirlenmesi; merkezi idare teşkilatının yeniden yapılandırılması ve kamu hizmetlerine ilişkin temel ilke ve esasları düzenlemektir."[113] Bu ifadende anlaşıldığı gibi merkezi yönetim - yerel yönetim teşkilatın örgütlenmesinden ve işleyişinden kaynaklanan sorunlara çözüm üretmek tasarının temel hedefi olarak görülmektedir.

Tasarının; idarenin bütünlüğü, yerel yönetimlere görev ve sorumluluklarıyla orantılı mali kaynak sağlanması, sürekli gelişim, katılımcılık, hesap verebilirlik, şeffaflık, müşteri odaklılık, hizmette yerellik, performans ölçümü ve denetimi, kaynakların etkili ve verimli kullanımı, gibi ilkelerin daha çok işletme yönetimini anımsatan ve yeni kamu yönetimi anlayışına paralel bir içeriğe sahip olduğunu görülmektedir.[114] Bu durumun tasarının 5. maddesinde de, kamu yönetimini kuruluş

---

[112] **A.y.**

[113] T.C. Başbakanlık; **Kamu Yönetimi Temel Kanunu Tasarısı**, T.C. Başbakanlık Yayını, Ankara.2003.

[114] Abdullah Yılmaz, "AB'ye Uyum sürecinde Türk Kamu Yönetiminin Dönüşümü Üzerine Notlar", **Dumlupınar Üniversitesi Sosyal Bilimler Dergisi**, s.17 yıl 2007,s.232.

ve işleyişinin temel ilkeleri arasında sayılan kamu hizmetlerinin yerine getirilmesinde, sürekli gelişim, hesap verebilirlik, hizmetlerde sonuç odaklılık, anlayışının yeni kamu yönetimi anlayışının somut bir şekilde kamu yönetiminde hakim kılınmaya çalışıldığını göstermektedir.[115] Yine tasarının 8. maddesinde " Mahalli müşterek ihtiyaçlara ilişkin her türlü görev, yetki ve sorumluluklar ile hizmetler mahalli idareler tarafından yerine getirilir. Mahalli idareler görev, yetki ve sorumluluk alanlarına giren hizmetleri, idarenin bütünlüğüne, kanunlarla belirlenen esas ve usullere, kalkınma planının ilke ve hedeflerine, kendi stratejilerine, amaç ve hedeflerine, performans ölçütlerine uygun olarak yürütür."[116] ifadesine yer verilerek yerel yönetim birimlerinde performansa dayalı bir yönetim anlayışın benimsendiği gözlenmektedir.

Yine tasarıda kamu yönetiminin denetimi konusuna yer verilen 38. maddesinde "denetim; kamu kurum ve kuruluşlarının faaliyet ve işlemlerinde hataların önlenmesine yardımcı olmak, çalışanların ve kuruluşların gelişmesine, yönetim ve kontrol sistemlerinin geçerli, güvenilir ve tutarlı hale gelmesine rehberlik etmek amacıyla; hizmetlerin süreç ve sonuçlarını mevzuata, önceden belirlenmiş amaç ve hedeflere, performans ölçütlerine ve kalite standartlarına göre; tarafsız olarak analiz etmek, karşılaştırmak ve ölçmek; kanıtlara dayalı olarak değerlendirmek, elde edilen sonuçları rapor haline getirerek ilgililere duyurmaktır."[117] şeklinde tanımlandığı ve yine 39. maddesinde "kamu kurum ve kuruluşlarının iç ve dış denetimi; hukuka uygunluk, mali denetim ve performans denetimini kapsar" şeklinde nitelenerek performans denetiminin; "yönetimin bütün kademelerinde gerçekleştirilen faaliyet ve programların planlanması, uygulanması ve kontrolü aşamalarında ekonomikliğin, verimliliğin ve etkililiğin, denetlenmesini ifade eder."[118] şeklinde tanımına yer verildiği görülmektedir.

Yine tasarının 43. maddesinde, "bu kanun kapsamındaki kurum ve kuruluşların her kademedeki yöneticileri, görevlerini mevzuata, stratejik plan ve programlara,

---

[115]Kamu Yönetimi Temel Kanunu Tasarısı, **a.g.e.**
[116]Kamu Yönetimi Temel Kanunu Tasarısı, **a.g.e.**
[117]**A.y.**
[118]**A.y.**

performans ölçütlerine ve hizmet kalite standartlarına uygun olarak yürütmekten üst kademelere karşı sorumludur."[119] İfadesine yer verilerek kurum yöneticilerinin performansa dayalı sorumluluklarının altının çizildiği görülmektedir.

Son olarak tasarının 46. maddesinde personel rejimi; "kamu hizmetleri memurlar, tam zamanlı veya kısmi zamanlı çalışan diğer kamu görevlileri ve işçiler eliyle yürütülür. Memurlar ve diğer kamu görevlilerinin işe alınmaları ve görevde yükselmeleri ehliyete dayalı seçme sınavı ve liyakat esasına göre yapılır. Diğer kamu görevlileri ile işçilerden tam zamanlı veya kısmi zamanlı olarak ve kadro şartına bağlı olmaksızın sözleşmeli statüde istihdam edileceklerin sözleşmelerinde, ilgili personelin görevleri, hak ve yükümlülükleri ile performans ölçütleri yer alır. Memurlar ve diğer kamu görevlileri, performans ölçütlerine göre değerlendirilir ve ödüllendirilir."[120] Denilerek personelin performans denetimine tabi tutulan bir anlayışla denetleneceği vurgusu yapıldığı görülmektedir.

Tasarıyla, Türk kamu yönetiminin en önemli sorununu oluşturan, merkez ve yerel yönetim teşkilatlarının yetki, görev ve sorumluluk çerçevesinin çizilerek, karşılıklı ilişkilerinin sınırlarının belirlenmeye çalışıldığı, özellikle personel rejimi ve denetimleri konusunda yeni kamu yönetimi adı verilen anlayışın örgütlerde hakim kılınmaya çalışıldığı belirgin bir şekilde görülmektedir.

Bu tasarının kanunlaşamamasının rağmen 2004-2005 yıllarında başta Büyükşehir Belediyesi Kanunu, Belediye Kanunu ve İl özel İdaresi Kanunu'nun yasalaşması bir nebzede olsa ilgili tasarının amaç ve hedeflerine ulaşma konusunda somut adımların atıldığını göstermektedir. Yasalaşan bu kanunlar çalışmanın ilerleyen kısmında ayrıntılı bir şekilde açıklandığı için burada tekrar açıklanmayacaktır.

Tüm bu düzenlemelerde de görüleceği gibi yerel yönetimlerin temel sorun kaynağının idari yapı ve işleyişinden kaynaklandığı rahatlıkla anlaşılmaktadır. Yerel yönetimlerin yeniden yapılandırılmasını gerekli kılan nedenler sadece merkezi

---

[119]**A.y.**

[120]Kamu Yönetimi Temel Kanunu Tasarısı, **a.g.e.**

yönetim-yerel yönetim ilişkileri çerçevesindeki yapısal sorunlarla sınırlı değildir. Bunun yanında örgüt kültürü, yönetim teknikleri vb. konulardaki kamu yönetiminin örgütlenmesini ve işleyişini etkileyen bir takım iç ve dış faktörlerin farklı boyutlardaki etkileri de yeniden yapılanma ihtiyacını gerekli kıldığı düşünülmektedir.[121] Bunların yanında kamu yönetiminin genel sorunları arasında yer alan; merkeziyetçilik, örgütsel büyüme, yönetimde gizlilik ve dışa kapalılık, yönetimde tutuculuk, kuralcılık ve sorumluluktan kaçma, yönetimde siyasallaşma, kayırmacılık, yolsuzluk ve rüşvet gibi[122] sorunların yerel yönetimlerde de etkisini görmek mümkündür. Yine yerel yönetimlerin karşılaştıkları sorunlar arasında demokrasi ve verimli hizmet üreteme durumlarından kaynaklanan sorunların ön plana çıktığı görülmektedir. Bunların yanında katılım, denetim temsil gibi açılardan da kaynaklanan sorunların olduğu görülmektedir. Yine merkezi yönetimin mali kaynak sıkıntısı çekmesi ve bu anlamda merkezi yönetime muhtaç bir pozisyonda olması da önemli sorunları arasında değerlendirilebilmektedir.[123]

Kısaca yerel yönetimlerde yeniden düzenlemeyi gerekli kılan nedenlerin üç temel sorun grubunda değerlendirildiği görülmektedir. Bunlardan birincisini, örgütsel bozukluklar ve yapısal sorunlar oluşturmaktadır. İkincisini, çalışanlarla ilgili olup sorunun ana öğesini oluşturmaktadır. Üçüncüsü ise, yer, araç-gereç, yöntem ve bürokratik kültür sorunundan kaynaklandığını düşünülmektedir.[124]

Yerel yönetimlerde yeniden yapılanma çalışmalarına neden olan yerel yönetimlerin karşı karşıya kaldığı bu temel sorunların yanı sıra, yerel yönetimlerin denetimlerinden kaynaklanan sorunları da şu şekilde ele almak mümkündür.

Türkiye de tarihsel süreç içerisinde yerel yönetimlerin denetsel yapılarından kaynaklanan sorunlar incelendiğinde, sorunun kaynağı olarak merkez - yerel yönetim ilişkisinin çok sıkı olması ve yerel yönetimlerin merkezi yönetimin müdahalesine açık bir yapıya sahip olmasından kaynaklandığı görülmektedir. Son yıllarda

---

[121]Yılmaz,**a.g.e.**,s.218-219.
[122]Ali Acar, İsmail Sevinç ,"1980 Sonrası Türk Kamu Yönetiminin Merkez Örgütünde Yapılan Reform Çalışmaları", **Selçuk Üniversitesi Sosyal Bilimler Enstitüsü Dergisi**, Sayı 13, 2005,s.22-23.
[123]Aktel ve Memişoğlu, **a.g.y.**, s.25-26.
[124]Yılmaz,**a.g.e**, s.219.

çıkarılmaya çalışılan yasal düzenlemelerle merkezi yönetim-yerel yönetim ilişkilerinin yeniden gözden geçirilmesi, merkezi yönetimin daha optimal, verimli, katılımcı, ademi merkeziyetçi kılınarak yerel yönetimlere, hatta sivil toplum örgütlerini de içerecek şekilde kaynak, sorumluluk ve görev aktarımına gidilmeye çalışılması, sorunlara yol açan bu durumun farkında olunduğunu göstermektedir.[125]

Yerel yönetimlerin merkezi yönetimle olan sıkı ilişkilerinin ve merkezi yönetimlerin yerel yönetimlerin eylem ve işlemleri üzerinde sıkı bir kontrol mekanizmasına sahip olmaları, beraberinde birçok sorunun da ortaya çıkmasına neden olmaktadır. Merkezi yönetim - yerel yönetim ilişkilerinden kaynaklanan yetki ve görev dağılımının, sorumluluk sınırlarının belirlenmesinde merkezi yönetimin üstün ve egemen bir anlayışa sahip olması, merkezi yönetimin sahip olduğu anayasal dayanaklar çerçevesinde bu yetkileri kullanarak yerel yönetimler üzerinde güç temin etme çabası, yerel yönetimlerin denetiminde vesayetçi bir anlayışın hakim olması önemli bir denetim sorununu ortaya çıkarmaktadır.

Merkezi yönetim, yerel yönetimler üzerinde sahip olduğu mali ve idari vesayet yetkisini siyasal bir baskı aracı olarak görmektedir. Hatta bu yetkiyle, yerel yönetimleri merkezin hiyerarşik bir uzantısı gibi görerek denetlemeye çalışmaktadır. Bu da yerel yönetimlerin özerklikleri üzerinde olumsuz bir durumun oluşmasına neden olmaktadır.[126] Yerel yönetimlerin karar verme ve görevlerini yerine getirmelerinde kullandıkları personel, araç-gereç ve örgütsel temel ilkelerin, yerel yönetimin dışında yer alan üst kamu yönetimi tarafından şekillendirilmesi yerel yönetimlerin karar ve eylemlerinin dolaylı olarak etkilenmesine neden olmaktadır.[127] Bu durumun birçok konuda yerel yönetimleri merkezi yönetimin emri altına soktuğu görülmektedir. Yerel yönetimlerin mali anlamda merkezi yönetime bağlı olmaları, merkezi yönetimin yerel yönetimlerin karar alma süreçleri üzerinde önemi bir etkiye

---

[125]Hüseyin Gül ve Hüseyin Özgür, "Ademi Merkeziyetçilik ve Merkezi Yönetim - Yerel Yönetim İlişkileri" **Çağdaş Kamu Yönetimi II: Konular, Kuramlar, Kavramlar**, Ed: Muhittin Acar, Hüseyin Özgür, Nobel Yayın Dağıtım. Ankara, 2004, s.162.

[126]Fatih Yüksel, "Yerel Özerklik Kavramı Üzerine Bir İnceleme", **Yerel Yönetimler Üzerine Güncel Yazılar-1 Reform,** Ed: Hüseyin Özgür, Muhammet Kösecik, Nobel Yayın Dağıtım. Ankara, 2005, s.294.

[127]Mehmet Özel, "Kamu Yönetiminde Kriz ve Türk Yerel Yönetimlerinde Yeniden Yapılanma", **Niğde Üniversitesi İİBF Dergisi**, 2010, Cilt 3, Sayı 1, s.18.

sahip olmasına neden olmaktadır. Merkezi yönetimin politik yapısı ile yerel yönetimlerin siyasi yapılarının farklı ya da benzer olması, merkezin kaynak sağlaması ve vesayetçi denetimi üzerinde de farklı uygulamalara gidebilmesi, yerel yönetimlerin eylem ve işlemlerine dolaylı olarak müdahale etme tehlikesini ortaya çıkarmaktadır.

Türkiye'nin merkezi ve yerel anlamda karışık bir denetim sistemine sahip olması ve denetim konusunda denetim birimleri arasında ortaya çıkan yetki-görev karmaşası yerel yönetimler üzerindeki bir diğer denetsel sorunu oluşturmaktadır. Yerel yönetimler üzerinde birden çok sayıda benzer denetim yapan örgütün bulunması, denetim karmaşasının ortaya çıkmasındaki ön büyük nedeni oluşturmaktadır. Yerel yönetimlerin iç denetim-dış denetim konusunda benzer görevleri üstlenen kurumlar yanında bakanlık müfettişleri tarafından yapılan teftişler ve diğer ilgili mercilerin yapmaya çalıştığı denetimlerin çeşidi ve karmaşık yapısı düşünüldüğünde, yerel yönetimlerin faaliyetlerini hangi kriterler çerçevesinde ortaya koyacakları konusu bir başka sorunu oluşturmaktadır.

Yine yerel yönetimlerin denetimi konusunda uygulanmaya çalışılan performans denetimi gibi yeni denetim türlerinin içeriğinin ve kapsamının tam olarak belirlenememesi, kamusal hizmetlerin performansa dayalı ölçümü konusunda tümünün ölçüme uygun nitelikte olmaması,[128] bu denetimi uygulayacak personelin ve hukuki çerçevenin tam olarak oluşturulamaması benzer sorunları oluşturmaktadır.

Tüm bu sorunlar karşısında özellikle 1960'lı yıllardan beri uygulanmaya çalışılan yerel yönetimlerin yeniden yapılandırılması faaliyetlerinin amacına ulaşması konusunda üzerinde durulması gereken bazı noktalar söz konusudur. Öncelikle yerel yönetimlerde uygulanmaya çalışılan yeniden yapılandırma faaliyetlerinin merkezi idareye yönelik yapılandırılma faaliyetlerinin de hayata geçmesine bağlı bir şekilde işlerlik kazanacağı aksi halde uygulamalardan kaynaklanan sorunların devam edeceği düşünülmektedir.[129] Yine yeniden düzenleme faaliyetlerinin etkisiz kalmasında

[128]Ateş, **a.y.**, s.260.
[129]Ahmet Ulusoy ve Tekin Akdemir, **Mahalli İdareler**, Seçkin Yayıncılık, 6. Baskı, Ankara,2010, s.401.

başlıca neden olarak siyasi istenç eksikliği, stratejik bir yol ve model izlenmemesi, uygulanma ve izleme eksikliklerinin ön planda olduğu görülmektedir.[130] Bunların yanında teknik bir mesele olarak görülebilecek bir durum ise hazırlanan tasarı ve yasaların mevcut Anayasa'yla örtüşmeyen bir durum ortaya koyması sorunudur. Yerel yönetimlerin yeniden yapılandırılması sürecinde merkezi yönetim – yerel yönetim mukayesesinde, devletin ikincil yerel yönetimlerin ise asıl yetkili duruma gelmesi mevzusu, Anayasa'nın 127. maddesinde yer alan yerel yönetimlerin devletin ikincil yönetim kademeleri olduğunu vurgusuyla çelişmektedir. Bu durumun Anayasa'ya da aykırı bir sonuç doğuracağı ortadadır.[131] Bu ve benzeri problemlerin bir araya gelmesi 1960'lı yıllardan beri uygulanmaya çalışılan yerel yönetimlerin yeniden yapılandırılması faaliyetlerinin amacına ulaşmasını, dolayısıyla etkilemekte ve bu sürecin uzamasına neden olmaktadır. Yerel yönetimlerin yeniden yapılandırılarak çağın gereklerine uygun bir yapıya kavuşturulabilmesi için öncelikle ortay çıkan bu sorunlara kaynaklık yapan sıkıntıların giderilmesi gerekmektedir.

2.3.Yeni Kamu Yönetimi Anlayışı ve Ortaya Çıkış Gerekçesi

Yirminci yüzyılın sonuna doğru klasik kamu yönetimi anlayışının temelini oluşturan Weber'in bürokrasi modeli, Wilson'un siyaset ve yönetim ayrımı ve Taylor'un bilimsel yönetim yaklaşımı yerini post-bürokratik bir anlayışı içeren yeni bir paradigmaya bırakmıştır.[132] Kamu yönetiminde gözlenen bu paradigma değişikliği, etkisini hem kamu yönetiminde hem de kamu yönetiminin bir parçasını oluşturan yerel yönetimler üzerinde göstermiştir. Kamu yönetimindeki değişimin yönüne bakıldığında kamu yönetimi sisteminin, Liberalizm, Keynescilik, Refah devleti, Neo-liberalizm gibi yaklaşımların etkisi altında kalarak şekillendiği görülmektedir.[133]

[130]Parlak ve Sobacı, **a.g.e.**, s.334-335.
[131]Keleş, **a.g.e.**, s.510.
[132]Janine O'flynn, "From New Public Management to Public Value: Paradigmatic Change and Managerial Implications", **The Australian Journal of Public Administration**, Vol. 66, No. 3, 2007, p.354.
[133]Recep Bozlağan, "Geleneksel Kamu Yönetimi Yaklaşımı, Yeni Kamu Yönetimi Yaklaşımı ve Yerel Yönetimlere Etkileri", **Türkiye'de Yerel Yönetimler**, Ed: Recep Bozlağan, Yüksel Demirkaya, Nobel Yayın Dağıtım, Ankara, 2008, s.1.

1970'li yıların sonuna doğru, kamu yönetiminde görülen klasik kamu yönetimi anlayışının değişen koşullar karşısındaki yetersizliği kamu yönetiminde yeniden yapılanma çalışmalarının başlamasına neden olmuştur. Yeniden yapılanmayı savunan yeni sağ iktidarların, refah devleti anlayışı yerine piyasaya önem veren bir anlayışı savunarak mevcut klasik yönetim anlayışında bir paradigma değişikliğine gitmeye başladıkları gözlenmektedir.[134] İlerleyen dönemlerde yönetim bilimi ve işletme yönetiminde oraya çıkan yeni teknik ve metotların da kamu yönetiminin, dolayısıyla yerel yönetim sistemlerinin şekillenmesinde kullanıldığı görülmektedir. Küreselleşmenin de etkisiyle yaygınlık kazanan bu yaklaşımlardan bir tanesini özellikle 1980'li yıllarda tartışmalarla gündeme gelen ve tartışmaları günümüzde de devam eden, "Yeni Kamu Yönetimi "anlayışı oluşturmaktadır.[135]

Yeni kamu yönetimi anlayışı, klasik anlayıştan bir kopuşu, yönetimde bir yeniliği ifade etmeye çalışmaktadır. Yeni anlayışla birlikte kamu yönetiminde, yöneticilerin kişisel sorumluluklarına ve başarılarına ağırlık verilmesinin yanında kurumun çalışma koşullarının, personel niteliğinin ve esnek yönetim anlayışının ön plana çıkartılmaya çalışıldığı gözlenmektedir. Yeni yaklaşımın, örgüt yönetiminde kurumsal ve kişisel hedeflerin yerine getirilmesinde performans kriterleriyle başarı ölçümleri yapılması gibi ilkelere yer vermeye çalıştığı görülmektedir.[136]

Yeni kamu yönetimi yaklaşımının kurumlarda düzenli uygulanmasıyla bireysel ve kurumsal performans, motivasyon konularına öncelik verilmek suretiyle kurumsal verimliliğin artırılması hedeflenmektedir.[137] Yaklaşımının temel mantığını, özel sektörün birincil amacını oluşturan kar hedefini elde etmede kullandığı araç ve

---

[134]Yörükoğlu, **a.**y.,s.y.

[135]İngilizce karşılığı "New Public Management" ve "New Public Administration" olan kavramı benzer birçok terimlerle birlikte yönetim bilimi alanında kendine teorik ve uygulama alanı bulan bir kavram olduğu görülmektedir. Bu kavramlar arasında, "Yeni kamu yönetimi işletmeciliği yaklaşımı", "yeni kamu yönetimi hareketi", "yeni kamu işletmeciliği yaklaşımı" gibi kavramların öne çıktığı gözlenmektedir. Yeni kamu yönetim yaklaşımı çeviri olarak farklı terimlerle ifade edilerek açıklanmaya ve yorumlanmaya çalışılmaya devam etmektedir. Bu konu ile ilgili ayrıntılı bilgi için bakınız: Hüseyin Özgür, "Yeni Kamu Yönetimi Hareketi" **Çağdaş Kamu Yönetimi I: Konular, Kuramlar, Kavramlar**, Ed: Muhittin Acar, Hüseyin Özgür, Nobel Yayın Dağıtım, 2003, s.184.

[136]Owen E. Hughes "Public Management and Administration " **Palgrave Macmillan,** Third Edition 2003, New York. p.44.

[137]Thomas Diefenbach, "New Public Management in Public Sector Organizations: The Dark Sides of Managerialistic 'Enlightenment'" **Public Administration,** Vol. 87, No. 4, 2009, p.899.

yöntemlerin kamu yönetiminde de sosyal fayda hedefini elde etmede kullanması oluşturmaktadır. Yani kamu yönetimi yaklaşımıyla, özel çıkarın bilimi olan işletme ile kamu çıkarını düşünen kamu yönetiminin ortak bir zeminde buluşması amaçlanmaktadır. Klasik yaklaşıma alternatif olarak ortaya çıkan yaklaşımın çıkış gerekçesini, önceki yaklaşımın ortaya çıkardığı problemlere daha gerçekçi çözümler sunabileceği düşüncesi oluşturmaktadır.[138] Bununla beraber yeni kamu yönetimi yaklaşımının ortaya çıkmasında ve gelişiminde dönemin sosyo-ekonomik ve siyasal şartlarının toplumun sosyo-ekonomik ihtiyaçlarına istenilen düzeyde cevap verememesinden kaynaklandığı düşünülmektedir. Yine 1980'li yıllardan itibaren gelişen ve kamu yönetiminde kendine bir yer bulmaya başlayan yeni kamu yönetiminin bir diğer çıkış kaynağını 1970'li yıllarda görülen ağır ekonomik sıkıntılar oluşturmaktadır.

1980'li yılardan itibaren başta gelişmiş ülkeler olmak üzere birçok ülkenin yönetim yapısında geleneksel kamu yönetimi anlayışından yeni kamu yönetimi anlayışına yönelik bir değişimin söz konusu olduğu görülmektedir. Yeni kamu yönetimi anlayışının ortaya çıkardığı yönetim paradigmasının; küçük devlet anlayışını benimseyen, politik söylemi ve sıkı ekonomi politikasıyla hükümetlerin verimliliğini maksimize ederek hükümetlerin başarısızlıklarını gidermeyi amaçlayan, etkinlik olgusunu ön plana çıkaran bir felsefeye sahip olduğu görülmektedir.[139] Yönetim sürecinde gözlenen bu değişim, basit bir değişim olarak ele alınmamalıdır. Bu süreçte devletin toplumdaki rolünün yanı sıra devlet-vatandaş ilişkilerinin de bu değişimden etkilendiği gözlenmektedir. Kısaca değişimin kamu yönetiminde kamu yönetiminde yeni bir paradigmanın ortay çıkması anlamına geldiği düşünülmektedir.[140]

Yeni kamu yönetimi yaklaşımı; özel sektörün performans kriterlerini ve pratiklerini kamu yönetimine aktaran, hükümetler tarafından kamu sektörünün modernizasyonunda ve dönüşümünde yaygın bir şekilde kullanılabilecek çok çekici

---

[138]Hughes, a.y., p.45.
[139]O'flynn, a.y., p.357.
[140]Hughes, a.y., p.1.

bir yaklaşım olarak ele alınmaktadır.[141] Yeni kamu yönetimi yaklaşımı analiz edildiğinde yönetim sürecinde beş unsurun ön plana çıkartıldığı gözlenmektedir. Bu unsurlara bakıldığında; iş ortamı ve stratejik hedefler, organize yapılar ve süreçler, performans yönetimi ve ölçüm sistemleri, yöneticiler ve yönetim, çalışanlar ve son olarak kurum kültürünün ön plana çıktığı gözlenmektedir.[142] Kamu yönetiminde yeni bir eğilim olarak ortaya çıkan yaklaşımın dünya çapında yaygın bir şekilde hükümetlerin uğraştığı bir fenomen olarak reformlara konu olduğu gözlenmektedir. Hükümetler bu reform sürçleriyle, ekonomik, sosyal, teknolojik değişim ve küreselleşmeyle baş etmeye çalışmaktadırlar.[143] Kamu sektörünün küçültülmesi ve daha etkin hala getirilmesi fikrinin ön planda tutulduğu yaklaşımda, kamu sektörünün küçültülürken kaynakların nasıl daha etkin kullanılabileceği sorusu üzerinde odaklanılmıştır. Bu durum ise küçülen kamu sektörüne uygun yeni pratikler, yapılar, teknikler ve fikirler sisteminin araştırılmasını zorunlu kılmıştır. Bu noktada da işletme yönetiminde uygulanan teknik ve metotların kamuda kullanılarak küçülen kamu sektörünün etkinleştirilmesi istenmektedir. Tüm bu durum ise yeni kamu yönetimi yaklaşımı adı verilen sistemin genel çerçevesini meydana getirmektedir.[144]

2.3.1. Yeni Kamu Yönetimi Düşüncesinin Ortaya Çıkışı

İkinci dünya savaşını takip eden ve 1970'li yıllara kadar uzanan dönemde altın çağını yaşadığı düşünülen dünya kapitalizmi, 1970'li yıllarla birlikte ekonomik ve toplumsal yapıyı derinden etkileyen bir kriz sürecine girmiştir. Kapitalist sistemi etkisi altına alan bu kriz; gelişmiş ülkelerde Keynesci ekonomik politikalar ve refah devleti anlayışına, azgelişmiş ülkelerde ise ulusal kalkınmacı devlet politikalarına ve bunları uygulayan kurumlara karşı Neo-liberal politikalarla dünya çapında yeni bir siyasal ve ideolojik hegemonyanın kurulmasına vesile olmuştur. Bu durum devletlerin, Neo-liberal politikalar çerçevesinde yeniden yapılanmaları gerekliliğini

---

[141]Irvıne Lapsley, "New Public Management: The Cruellest Invention Of The Human Spirit?" **ABACUS**, Vol. 45, No. 1, 2009, p.1.
[142]Dıefenbach, **a.y.**, p.893.
[143]Naim, Kapucu "New Public Management and Governance Perspectives in Understanding Public Management", **Public Administration Review**, Volume 69, Issue 6, November-December, 2009, p.1187.
[144]M. Akif Özer, **Yeni Kamu Yönetimi Teoriden Uygulamaya**, Platin Yayınları, Ankara, 2005, s.220.

ortaya çıkarmıştır.[145] 1970'li ve 1980'li yıllarda devlet yönetiminde bürokrasiden kaynaklanan sıkıntıların ön planda olduğu görülmektedir. Bürokrasi, kurumların hiyerarşik yapısını oluşturarak kontrol mekanizması görevi görmekteydi. Ancak bürokrasiden kaynaklanan yavaş işlerlik, yeniliklere kapalı yapılanma, girdi-çıktı karşılaştırmasına elvermemesi gibi sıkıntılar verimlilik sorununun ortay çıkmasına neden olmuştur.[146] 1970'lerde yaşanan "petrol krizi" kaynaklı ekonomik bunalım, İkinci Dünya Savaşı sonrası "Keynezyen ekonomi politikaları" ve "refah devleti anlayışı", liberal-muhafazakâr siyasal hareketlerin etkisiyle birlikte, devletlerin ekonomik ve sosyal hayattaki rollerini 1980'li ve 1990'lı yıllarda yeniden tartışma konusu haline gelmiştir.[147] Özellikle batılı refah devletlerinin sosyal refah hizmetlerini yerine getirebilmek amacıyla yaptıkları kamu harcamalarındaki hızlı ve sürekli artışlar, bu devletlerde mali krizleri de beraberinde getirmiştir. Bu krizler karşısında, siyasi ve akademik çevrede küçük bir devlet anlayışıyla beraber, daha etkin kamu hizmeti sunumu sağlayabilecek kurum ve mekanizmaları içeren bir yönetsel yapı arayışı başlamıştır.

20. yüzyıl öncesine kadar siyasal iktidar, sürekli olarak sorunların çözüm yeri olarak düşünülmüş, siyasal iktidardan geleneksel kamu yönetimi yaklaşımları çerçevesinde sorunlara müdahale etmesi beklenmiştir. Ancak 1970'lerin ortalarından itibaren yaşanan mali krizlerle karşı karşıya kalan siyasal iktidarların bu krizlerle etkili bir şekilde baş edemedikleri gözlenmiştir. Bu durum üzerine tüm dünyada devletlerin klasik sınırlarına dönmelerine devletlerin verimlilik esasına göre örgütlenmelerine, özel sektörün kullandığı etkinlik unsurlarının kamu yönetimine aktarılmasına, öncelik veren yeni kamu yönetimi anlayışı olarak adlandırılan sisteme yönelik düşünceler ve tartışmalar ortaya çıkmıştır.[148]

---

[145]Selime Güzelsarı, "Kamu Yönetimi Disiplininde Yeni Kamu İşletmeciliği ve Yönetişim Yaklaşımları", **A.Ü. SBF-GETA Tartışma Metinleri**, Mart 2004. (çevrimiçi), (http://www.politics.ankara.edu.tr/WP/SBF_WP_66.pdf), 28.01.2010.
[146]Hughes, **a.y.**, p.32.
[147]Uğur Ömürgönülşen, "Kamu Sektörünün Yönetimi Sorununa Yeni Bir Yaklaşım: Yeni Kamu İşletmeciliği", **Çağdaş Kamu Yönetimi I,** (Ed: .M. Acar ve H. Özgür), Ankara: Nobel, 2003.s.3.
[148]Özer, **Yeni Kamu Yönetimi Teoriden Uygulamaya**, s.221.

Özetle,1980'li ve 1990'lı yıllar batılı ülkelerin kamu yönetimi alanlarında önemli dönüşümlerin görüldüğü yıllar olmuştur. Bu yıllar içerisinde devletlerin yönetsel yapılarında; katı, hiyerarşik ve bürokratik "geleneksel kamu yönetimi" anlayışından esnek, piyasa temelli ve müşteri odaklı "kamu işletmeciliği" anlayışına doğru bir geçiş yaşanmaya başlanmıştır. Yaşanan bu değişim sıradan bir değişiklik olarak algılanmamalıdır. Çünkü yaşanan değişimle birlikte klasik kamu yönetimi anlayışı yeni kamu yönetimi yaklaşımının bir meydan okuması ile karşı karşıya kalmıştır.[149]

2.3.2.Yeni Kamu Yönetiminin Yaklaşımın Teorik Çerçevesi

Yeni Kamu yönetimi yaklaşımının, iktisat biliminin teorileri ile işletme biliminin işletmecilik anlayışının kamu yönetimi disiplininde bir araya gelmesinin ve siyasal anlamda yeni sağ ideolojiyle desteklenmesinin bir sonucu olarak doğduğu söylenebilir. Yeni kamu yönetiminin ortaya çıkışında, Hood'un da öne sürdüğü gibi, iki kuramın bir araya gelmesinden oluşan bir birliktelik söz konusu olduğu görülmektedir. Bunlardan ilkini "yeni kurumsal iktisat" adı verilen içerisinde kamu tercihi, işlem maliyeti ve sorumluluk teorisinin yer aldığı kısım, diğerini de özel sektör eğilimli bir kamu yönetimi işleyişinin gerçekleştirmesini öngören "işletmecilik" anlayışı oluşturmaktadır.[150]

Yeni kamu yönetimi yaklaşımının ilk ayağını ekonomi boyutu meydana getirmektedir. 1980'li yıllarda neo-klasik yaklaşımların etkisiyle hükümetlerin kamu tercihi, işlem maliyeti teorisi, piyasaya dayalı yapılanma gibi yaklaşımların etkileri altına girdikleri ve kararlarında bu politikalara yer verdikleri görülmektedir. Teorinin ikinci ayağını oluşturan özel yönetim anlayışı, Weber'in bürokrasi yaklaşımından kaynaklanan sıkıntıları önlemek için özel sektöre uygulanan esnek yönetim anlayışının ön planda olduğu bir yaklaşımı ifade etmektedir.[151] Yeni kamu yönetimi yaklaşımıyla klasik kamu yönetimi anlayışından "kamu işletmeciliği" adı verilen işletme yönetimi ağırlıklı teknik ve metotların ön planda olduğu yönetim modeline

---

[149]Ömürgönülşen, "Kamu Sektörünün Yönetimi Sorununa Yeni Bir Yaklaşım: Yeni Kamu İşletmeciliği", s.5.
[150]C.Hood,"A Public Management For All Seasons?", **Public Administration**, 69,1991, p.5-6.
[151]Hughes, **a.y.**, . s.61.

doğru bir eğilim söz konusu olmuştur. Bu eğilim kamu yönetiminde hem işlevsel hem de kuramsal bir değişimi de beraberinde getirmiştir. Bu değişim olgusu, devletin rolünün bir bütün olarak yeniden ele alınmasını gerektirmiştir. Bunun nedeni; geleneksel kamu yönetimiyle eklemlenen ve hatta onun yerine önerilen yeni kamu yönetimi yaklaşımının önem kazanışının, neo-liberal yeniden yapılanma sürecinde devletin rolünün sorgulandığı bir döneme rastlıyor olmasıdır. Bu nedenle, küresel kapitalizm koşullarında, "evrensel" bir paradigma olarak önerilen yeni kamu yönetimi yaklaşımı, ülkelerin kamu sektörlerini yapısal, örgütsel, personel sistemleri ile birlikte dönüştürerek küresel rekabete ve küresel eklemlenmeye hazırlayacak bir model olarak ele alınmaktadır.[152]

Ayman'ın da ifade ettiği gibi, yeni sağ adı verilen yeni kamu yönetimi yaklaşımının siyasi alt yapısını; 20. yüzyılda çok hızlı büyüyen devletin hem toplumsal hem de bireysel özgürlükleri kısıtlayıcı yapısının kırılmasında hakim olan, içerisinde serbest piyasa-demokrasi ilişkisini barındıran, temel ilkesini anti-devlet anlayışıyla ifade eden 20. yüzyıl liberalizminden beslenen bir siyasal düşünce oluşturmaktadır.[153] Ancak yeni sağ yaklaşımının asıl amacının demokrasiyi canlandırmaktan ziyade piyasayı gerçekleştirmek olduğu düşünülmektedir.[154] Yeni kamu yönetimi yaklaşımının, yeni sağ düşüncenin etkin ama küçük devlet yapısı anlayışı çerçevesinde ve piyasanın ön planda olduğu siyasal bir zeminde gelişimini gerçekleştirdiği görülmektedir. Yeni sağ kavramı; ekonomide bireyciliği ve serbest piyasa anlayışını öne süren, politik felsefede gelenek ve hiyerarşi gibi eski sağın otoriter muhafazakâr düşüncelerini temsil eden, hem yeni liberalizmi hem de yeni muhafazakârlığı ifade eden bir kavramdır.[155] Ülkelerin 1970'li yıllarda yaşadığı ekonomik sıkıntılarına bir çıkış yolu olarak başvurdukları yaklaşım, ekonomi politikalarından siyasal ve yönetsel yapılarına kadar bir dizi değişikliliği beraberinde getirmiştir. Bu kapsamda yeniden yapılanma faaliyetlerini oluşturan yeni sağ akımı

---

[152]Güzelsarı, **a.y.**, s.y.
[153]Birgül Ayman Güler, **Yeni Sağ ve Devletin Değişimi**, 2. Baskı, İmge Kitapevi, Ankara, 2005, s.97.
[154]Hasan Engin Şener, "Yeni Sağ'ın Yerellik Söylemindeki Değişimi Anlamlandırmak", **Kamu Yönetimi Dünyası Dergisi**, No.16, Aralık 2003, s.7.
[155]Gökhan Kalağan,"1980 Sonrası Geleneksel Bürokratik Yönetim Paradigmasında Değişim ve Yönetsel - Siyasal Yeniden Yapılanma Arayışları" **SDÜ Vizyoner Dergisi**,Cilt1, Sayı 1, 2009, s.96.

ve bu doğrultuda kavramlaştırılan yeni kamu yönetimi yaklaşımı, ülkelerin karşı karşıya kaldığı kriz durumunu aşmak için geliştirilmiş düşünsel mekanizmalar olarak değerlendirilmektedir.[156]

2.3.3. Yeni Kamu Yönetimi Anlayışının Getirdikleri

Yeni kamu yönetimi anlayışı, kamu yönetimine yeni yaklaşımlar kazandıran bir paradigma değişikliği olarak kabul edilmektedir. Bu değişim sadece basit bir yönetsel sitil değişikliği değildir. Kamu yönetiminde gözlenen paradigma değişikliğiyle klasik kamu yönetiminin sınırlayıcı doğasına, kültürüne ve temel ilkelerine meydan okumaya çalışılmaktadır. Yeni yaklaşımla kamu yönetiminde; hiyerarşik bürokrasiden çok piyasa mekanizmasına, müşteriye karşı sorumluluk bilincine, süreçlerden çok sonuçlara, hesap verme sorumluluğuna, kamu yönetimden ziyade işletme yönetiminin esaslarına, etkinlik, verimlilik, ekonomiklik gibi değerlere yer verilerek klasik anlayışın eksiklerinin giderilmesi hedeflenmiştir.[157]

Yeni kamu yönetimi anlayışıyla, klasik anlayışın benimsediği devletin hesap sorma anlayışı yerine halkın devletten hesap sorduğu bir yönetim anlayışının benimsenmeye başlandığı gözlenmektedir.[158] Bu kapsamda devletin işleyişinde, yeni kamu yönetimi yaklaşımıyla özel sektörün yönetsel felsefesini oluşturan; performans değerlendirmesi, verimlilik, rekabet anlayışı, çıktıya dönük amaçlar üzerinde odaklanma, bilgi teknolojilerine yer verme, maliyetlerin düşürülmesi ve verimliliğin artırılması gibi konularda özel sektör örnek alınmıştı.[159] Kamu hizmeti sunumunda görülen verimlilik ve etkinlik ihtiyacı, kamu yönetiminde özel sektörün ve serbest piyasa düzeninin temel değerlerini esas alan katılımcılık, girişimcilik, rekabetçilik, karlılık, verimlilik ve kalite ilkeleri temelinde kamu yönetiminin yeniden yapılandırılmasını öngörerek bireyin ve devletin toplum içindeki rolünün değişmesine neden olmuştur.[160]

---

[156] Özel, **a.y.**, s.15.
[157] Özer, **Yeni Kamu Yönetimi Teoriden Uygulamaya**, s.225.
[158] Hatice Özkan Sancak ve Sevcan Güleç, "Kamu Yönetiminde Hesap Verebilirliğin Önündeki Yapısal Engeller: Türkiye Açısından Bir İnceleme", **Uluslararası Davraz Kongresi,** 24-27 Eylül 2009, s.1201.
[159] Özer, **Yeni Kamu Yönetimi Teoriden Uygulamaya**, s.236.
[160] Sancak, **a.y.**, s.1202.

2.3.4. Yeni Kamu Yönetimi Düşüncesinin Eleştirel Analizi

Yeni kamu yönetimi yaklaşımına yönelik eleştiriler ağırlıklı olarak siyasal, kültürel, toplumsal, yönetsel ve ekonomik kaynaklıdır. Yeni kamu yönetimi yaklaşımının, sihirli bir değnek gibi devletleri bulundukları ekonomik ve yönetsel zafiyetten kurtaracak bir nitelik taşımadığı ve bu durumu engelleyebilecek çok sayıda faktörün olduğu yönünde çeşitli düşünceler bulunmaktadır. Öncelikle devleti oluşturan bireylerin, siyasilerin, bürokratların, yaklaşımın ileri sürdüğü rasyonel insan fikrindeki gibi, her koşulda ve durumda rasyonel hareket edebilecek konumda olunamayacağına yönelik bir düşünce söz konusudur. Bunun yanında kamu sektörünün siyasal çevre analizinde ekonomik araçları kullanırken eksiklerinin ve sınırlarının olabileceği düşünülmektedir.[161]

Yeni kamu yönetimi yaklaşımı, kamu yönetiminin temel hedeflerine, kamu yararı ilkesinden hareketle etkin, verimli bir yönetim anlayışının benimsenmesiyle ulaşılacağını düşünülmektedir. Sunulan hizmetlerin de bu ilkeden hareketle yerine getirilmesi istenilmektedir. Ancak özel sektörün kabul ettiği rekabet, müşteri memnuniyeti gibi değerlerin kamu yönetiminin eşitlik, sosyal devlet, kamu yararı ilkelerine paralel sunulması, vatandaşın müşteri olarak görülmesi savunulması zor bir durum olarak değerlendirilmektedir.[162] Yeni kamu yönetimi anlayışı kapsamında kamu hizmeti geleneğine ve değerlerine ters düşen özel sektör yönetim değer, ilke ve tekniklerinin gerektiği gibi sorgulamadan kamu yönetiminde kullanılmaya çalışılması, beraberinde birçok potansiyel sorunu ortaya çıkaracağı gerekçesiyle eleştirilmektedir.[163]

Yeni kamu yönetimi yaklaşımına yapılan eleştiriler arasında kamu-özel sektörün farklığı önemli bir yer teşkil etmektedir. Kamu hizmeti sunan kuruluşlar, özel sektörde olduğu gibi, amaçlarını açık ve istikrarlı bir şekilde belirleyememektedir. Yine önceden belirlenen amaç ve hedefler çerçevesinde

---

[161] Özer, **Yeni Kamu Yönetimi Teoriden Uygulamaya**, s.296.
[162] M. Akif Çukurçayır, "Yerel Yönetimde Değişim: Bürokratik Örgütten Hizmet İşletmesine Doğru", **Sayıştay Dergisi**, Sayı 73, 2009, s.46.
[163] Ömürgönülşen, "Kamu Sektörünün Yönetimi Sorununa Yeni Bir Yaklaşım: Yeni Kamu İşletmeciliği", s.31.

yürütülen hizmetlerin denetim şeklide özel sektördeki gibi değildir.[164] Tüm bu durumlar kamu-özel sektör arsındaki farklılığın kaynağını oluşturmaktadır. Bu nedenle kamuda, özel sektörün kullandığı araç ve tekniklerin örnek alınmasını öngören yeni kamu yönetimi yaklaşımı uygulamalarında ortaya çıkabilecek yetersizlikleri kamu yönetiminin doğasından kaynaklanacağı düşünülmektedir.

Yeni kamu yönetimi, kamu yönetimini hesap verilebilir kılan, kamu hizmetlerinin meydana getirilmesinde kişilerin ve kurumun daha sorumlu olduğu bir yaklaşımı ifade etmektedir. Ancak bu yeni yaklaşıma, sorumluluk düzeyi ve uygulamadan kaynaklanabilecek sıkıntıların olabileceği yönünde eleştiriler yapılmaktadır. Nitekim kurum yöneticileri ve siyasi liderler sorumluluklarını sadece seçimden seçime halka karşı sunmaktadır. Oysa özel sektör yöneticileri, müşterilerine sürekli bir şekilde hesap vermekte ve bu yönde kendilerini yönlendirmektedir. Bu anlayışta kamu yöneticileri yalnızca kurallara ve mevzuata uygun davranmakla sorunluluklarını yerine getirmiş sayılmamaktadır. Yaptıkları işlerin sonuçlarından da sorumlu tutulmaktadır.[165]

Yeni yönetim anlayışının performans geliştirmeye ve merkezde toplanan yönetim yetkisini dağıtmaya yönelik çabası, dolayısı ile bu unsurların nasıl sağlanacağı ve birbiri üzerindeki etkilerinin nasıl saptanacağı sorusu hala belirsizliğini korumaktadır. Bu sorunların yanında yeni kamu yönetimi yaklaşımın temel dayanaklarını oluşturan kamu tercihi teorisi gibi teorilerin bu yaklaşımı ideolojik kıldığı, sonuçların test edilmesinin zor olmasından dolayı teorilerin uygulamaya aktarılamayacağı düşünülmektedir.[166]

1980'li yılardan itibaren kamu yönetiminde sıklıkla yer bulmaya başlayan yeni yaklaşımların aslında yeni bir teori ortaya çıkarmadığı, tıpkı diğer yönetim yaklaşımlarında olduğu gibi sadece bazı unsurlarının ön plana çıkarılarak başına yeni ibaresi eklenerek tekrar uygulama ve denenmeye çalışıldığı yönünde düşünceler söz

---

[164]Özer, **Yeni Kamu Yönetimi Teoriden Uygulamaya**, s.297.
[165] **A.e.**, s.299.
[166]M. Akif Özer, "Ekonomi, Siyaset ve Yönetimin Yeniden Yapılandırılması Üzerine" **Kamu-İş** Cilt 8, Sayı 3, 2005. s.191-192.

konusudur.[167] Bu nedenle yeni kamu yönetimi yaklaşımı, daha önce uygulanan ancak sorunlara neden olan planlama, bütçeleme, amaçlarına göre yönetim gibi ekonomi ve özel yönetime ait ilke ve teorilerin tekrarlandığı ve önceden gözlenen başarısız uygulamalara yol açacağı düşünülmektedir. Bu yönde olumsuz düşünenler, yaklaşımın klasik yönetime alternatif katkılar getirmediğinden kamu hizmetlerinin yerine getirilmesinde beklenileni karşılayamayacağını ileri sürerek yeni kamu yönetimi yaklaşımını eleştirmektedirler.[168]

2.4.Yeni Kamu Yönetimi Anlayışının Yerel Yönetimler Üzerindeki Etkisi

Yerel yönetimler, kamu hizmetlerinde etkinliğin, verimliliğin demokratik değerlerle paralel bir şekilde sunulmasını amaçlayan ve bütün ülkeler tarafından vazgeçilmez olarak kabul edilen yönetim birimleridir.[169] Bu yönetim birimlerinin de, tıpkı merkezi yönetim birimleri üzerinde olduğu gibi, zamanın getirdiği değişimden etkilenmesi kaçınılmazdır. Değişimin yönetim birimleri üzerinde hem olumlu hem de olumsuz yönde birçok etkiyi meydana getirdiği gözlenmektedir. Değişimin yönüne bakıldığında; sanayi toplumundan bilgi toplumuna, fordist üretimden esnek üretime, ulus devletler dünyasından küreselleşmiş dünyaya ve modernist düşünceden post modernist düşünceye geçişler, şeklinde seyrettiği gözlenmiştir. Yaşanan değişimle beraber toplumların bu süreçte ortaya çıkan yıpranmalar karşısında sürekli bir beklenti ve arayış içerisinde olduğu gözlenmektedir.[170] Bu beklenti ve arayışlardan yerel yönetimlerin de nasibini aldığı görülmektedir. Yerel halkın isteklerine daha etkin ve yerinde cevap verme beklentisi, kamu yönetimi alanında benimsenmeye başlanan yeni yönetim yaklaşımlarından yerel yönetimlerin de faydalanması gerekliliğini ortaya çıkarmıştır.

---

[167]Hasan Tutar, "Yeni Yönetim Yaklaşımları Ne Kadar Yeni? Kuramsal Bir İnceleme" **Uluslararası Davraz Kongresi**, 24-27 Eylül 2009, s. 1799.

[168]Özer, "Ekonomi, Siyaset ve Yönetimin Yeniden Yapılandırılması Üzerine", s.192.

[169]Muhammet Kösecik, Hüseyin Özgür, " Yerel Yönetimlerde Reform: Geleneksel Modelin Değişim Süreci", Ed: Hüseyin Özgür ve Muhammet Kösecik, **Yerel Yönetimler Üzerine Güncel Yazılar-1**, Nobel Yayın Dağıtım, Ankara, 2005,s.1.

[170]Özer, "Ekonomi, Siyaset ve Yönetimin Yeniden Yapılandırılması Üzerine", s.188.

Yeni kamu yönetimi anlayışının kamu yönetimi üzerindeki etkileri yanında yerel yönetimler üzerinde de önemli etkilere sahip olduğu düşünülmektedir. Kamu yönetiminin genel işleyişinde etkinlik, verimlilik kriterlerinin esas alınmaya çalışılması, yerel yönetimlerde de bu değerlerin ön plana çıkartılmasını gerektirmektedir. Bu yönde de işletme yönetiminin araç ve tekniklerinin yerel yönetimlerin hizmet sunumunda da kullanılması beklenmektedir.

Yeni kamu yönetimi yaklaşımıyla yerel yönetimlerde de güçlü bir değişim felsefesi ortaya çıkmıştır. Değişimle birlikte merkezi yönetim karşısında yerel yönetimlerin sorumluluklarının ve öneminin artması yönünde gelişmelerin söz konusu olduğu gözlenmektedir.[171] Bozlagan'a göre yerel yönetimler üzerinde yeni kamu yönetimi yaklaşımının etkileri, özellikle yerinden yönetimler, yerel hizmet kavramı, genel yönetim uygulamaları, kentler, kamu kurumlarının varlığı, kurumsal yönetim uygulamaları, mali yönetim, hizmet sunumu ve yönetim-birey ilişkileri üzerinde gerçekleşmektedir.[172] Yerel yönetimler üzerindeki etkiler incelendiğinde yerel yönetimlerin temel sorunlarını oluşturan merkezi vesayet ve merkeze bağlılık anlayışından uzaklaşılarak, yerel yönetimlerin demokratik ve özerk bir yapıya kavuşturulması istenmektedir. Yeni yönetim yaklaşımıyla yerel halkın beklentilerine en etkili şekilde cevap verilmesi, hizmet kalitesinin artırılması, kaliteli bir yerel yönetim anlayışının ortaya çıkarılması hedeflenmektedir.

Yeni kamu yönetimi anlayışının yerel yönetimlerde uygulanmasıyla halkın beklentilerine daha iyi cevap verilebileceği düşünülmektedir. Ancak unutulmaması gereken yeni kamu yönetimi yaklaşımın kamu sektörünün kendisine özgü doğasını göz önüne alarak uygulanması gerekliliğidir.[173]

---

[171]Kösecik, **a.y.**, s.4.
[172]Bozlağan, **a.y.**, s.16-17.
[173]Ömürgönülşen, "Kamu Sektörünün Yönetimi Sorununa Yeni Bir Yaklaşım: Yeni Kamu İşletmeciliği", s.32.

2.4.1. Yerel Yönetimlerde Performans Denetiminin Gerekliliği Tartışmaları

2.4.1.1. Olumlu Görüşler ve Gerekçeleri

Klasik yönetim teorileri uzun zaman uygulanmış başarılı teoriler olarak görülmektedir. Ancak günümüzde klasik yönetim teorilerinin hızla değişen toplumsal beklentilere tam olarak cevap veremez duruma geldiğinin kamuoyunda yoğun bir şekilde de tartışıldığı görülmektedir.[174] Tartışmaların, yeni yaklaşımlardan hareketle yerel yönetimlerin sorunlarına çözümler üretilmesi konularında yapıldığı görülmektedir. Bu tartışmalar arasında dünyada uygulama örnekleri her gecen gün azalan yerel yönetimlerin temel sorununu oluşturan katı vesayet denetimi ilk sırada yer almaktadır. Dünyada gözlenen eğilimde vesayet denetimini yerine yerel yönetimlerde hukuka uygunluk ve performans denetimi konularına öncelik verilmesi yönündedir.[175] Yerel yönetimlerde etkinlik ve verimliliğin önünde bir engel olan vesayet denetiminin yerini performansa dayalı yönetim ve denetim sistemlerine bırakmasının yerel yönetimlerin etkin hizmet sunumu için faydalı olacağı düşünülmektedir.

1970'lere kadar etkili bir şekilde uygulanan klasik yönetim anlayışının gelişmiş ülkelerde bürokrasiden kaynaklanan dört nedenden dolayı eleştirilere maruz kaldığı görülmektedir. Bunlardan ilkini bürokrasi aracılığıyla yapılmaya çalışılan politik kontrol mekanizmasının yetersiz ve mantıksız olduğu yönündeki düşünceler oluşturmaktadır. İkinci olarak, en iyi düşünme yönteminin (one- best- way thinking) problem olduğu ifade edilmektedir. Üçüncü olarak, Weber'in bürokrasi teorisinin evrensel bir nitelik taşımakla birlikte anti demokratik bir eğilim taşıdığı düşünülmektedir. Son olarak, bürokrasinin piyasa ve özgürlükler konusundaki tutumunun verimsizliğe neden olduğu yönünde eleştirilere neden olduğu gözlenmektedir. [176] 1970'li yılarda ortaya çıkmaya başlayan yeni kamu yönetimi

---

[174]Hughes, **a.y.**,p.17.
[175]Aykaç, **a.y.**, s.9.
[176]Hughes, **a.y.**, p.32.

anlayışıyla hem merkezi yönetimde hem de yerel yönetimlerde yaşanan sıkıntılara çözümler üretilmeye çalışılmıştır. Yeni kamu yönetimi anlayışıyla birlikte klasik anlayıştan kaynaklanan sıkıntılar eleştirilerek yerine yeni çözümler getirilmeye çalışılmıştır. Bu kapsamda günümüzde yönetim alanında hem özel kesimde hem de kamu alanında dünyada yeni reformlar söz konusu olmaktadır. Klasik anlayışın bir uzantısı olan hiyerarşiye dayalı bürokrasi modeli artık en iyi yönetim modeli olarak görülmemektedir.[177] Yeni yaklaşımla beraber klasik kamu yönetimi anlayışının, kamu yönetiminde politika yapımı işlevinden ziyade işletmecilik işlevi ön plana çıkartılmaktadır. Bu şekilde kamu sektörünün mevcut ekonomik ve yönetsel sorunlarının çözülebileceği düşünülmektedir. Bu bağlamda kamu sektöründe son yirmi yıldır geleneksel kamu yönetimi yaklaşımı yerine bir işletmecilik yaklaşımının egemen olmaya başladığı görülmektedir.[178]

Yeni kamu yönetimi yaklaşımıyla bürokratik sıkıntılardan kaynaklanan yönetsel sorunlara alternatif bir çözüm getirilmek istenmektedir. Bu kapsamda yönetim sürecinde; rekabetçi bir ortam, sürekli gelişim, idari yapılanmada yerinden yönetimin ön planda tutulması, katılımcı ve etkin bir idari yapılanma, aşırı merkeziyetçi ve hantal idari yapıların terk edilmesi önerilmektedir.[179] Bilişim çağının yaşandığı günümüzde yönetimin her kademesinde değişim kaçınılmaz olarak örgüt yapılarını etkilemektedir. Örgütler toplumsal beklentiler çerçevesinde yeniden modernize edilmeye çalışılmaktadır. Merkezi örgütlerdeki gibi yerel örgütler de bu değişimi bünyelerinde taşımaktadır.

Yerel yönetim birimleri bilişim çağının getirileri arasında yer alan yeni yaklaşımların etkisinde kalarak örgütsel yapılarını katılımcılığın esas alındığı, şeffaf bir yönetim yapısının kurulduğu, müşteri vatandaş odaklılıktan hareketle hizmet kalitesinin artırılmaya çalışıldığı bir yapıya dönüştürme ihtiyacını gütmektedir.[180] Bu anlamda

---

[177]Hughes, **a.y.**, p.43.
[178]Ömürgönülşen, "Kamu Sektörünün Yönetimi Sorununa Yeni Bir Yaklaşım: Yeni Kamu İşletmeciliği", s.7.
[179]Şahin, **a.y.**, s.300.
[180]H. Burçin Henden ve Rıfkı Henden, "Yerel Yönetimlerin Hizmet Sunumlarındaki Değişim ve e-Belediyecilik", **Elektronik Sosyal Bilimler Dergisi**, Cilt 4, Sayı 14, 2005, s.48.

performans denetimi yaklaşımının getirilerinin uygulanması gerekliliği paralel bir seyir izlemektedir.

2.4.1.2.Olumsuz Görüşler ve Gerekçeleri

Yeni kamu yönetimi anlayışının ortaya çıkardığı teknik araç ve ilkelerin kamu yönetimine uyarlanmasından kaynaklanan çok sayıda sorunun tartışmalara yol açması kaçınılmazdır.

Yapılan tartışılan sorunlardan birisi yeni yönetim yaklaşımının ön plana çıkardığı performans yönetimi konusundadır. Bu konuda özellikle performans yönetiminin metodolojik sorunlarının olduğu düşünülmektedir. Yine performans ölçümünde kullanılacak metot ve araçların belirlenmesi, performans ölçümünün yol açtığı maliyetler gibi konularında önemli bir sorun olduğu ileri sürülmektedir.[181]

Performans yönetiminin bir araç olarak kullanıldığı yeni yönetim yaklaşımının son yıllarda çok tartışılan özelleştirme çabaları, kamunun küçültülmesi ve hantallığın ortadan kaldırılarak kamuda etkinliğin sağlanması konuları ile iç içe ele alındığı gözlenmektedir. Bu durum ise Türkiye'de yöneticilerin ve halkın performans denetimi olgusuna verdikleri desteği etkilemektedir. Ortaya çıkan uygulamaların yöneticilerin iradeleri ile tutarlı olmaması elde edilen sonuçların istenilen beklentileri taşımaması kamuoyunun bu alanda yapılan faaliyet ve uygulamalara karşı verdiği destek ve güvenin kaybolmasına neden olabilmektedir.[182]

Yeni kamu yönetimi yaklaşımıyla getirilmeye çalışılan politika ve kavramların, klasik kamu yönetiminin yerine alternatif olarak sunulmaya çalışan politikaların siyaset bilimi ve yönetim bilimi açısından tam olarak olgunlaşamadığı yönünde görüşler de söz konusudur.[183] Bu yüzden yerel yönetimlerde uygulanması düşünülen performansa dayalı yönetim anlayışının da beklenilen faydayı tam olarak yansıtamayacağı düşünülmektedir. Yine yaklaşımın eleştirileri arasında, özelleştirmenin yaygın bir hale gelmesinin bazı temel kamusal mal ve hizmetlerin

---

[181]Dıefenbach, **a.y.**, p.899.
[182]Aykaç, **a.y.**, s.6.
[183]Bozlağan, **a.y.**, s.15.

üretimini zorlaştıracağı ve devlet dışında bu hizmetlerin üretilmeyeceği yönünde bir söylemin söz konusu olduğu görülmektedir.

ÜÇÜNCÜ BÖLÜM

YEREL YÖNETİMLERDE PERFORMANS DENETİMİ OLGUSU

3.1.Yerel Yönetimlerde Performans Olgusu

Yerel yönetimler, temel hedeflerine ulaşma konusunda ellerindeki kaynakları etkin kullanmak için yoğun bir faaliyet yürüten birimlerdir. Bu birimler, dünyada gözlenen küreselleşme ve yeni yönetim yaklaşımlarının ortaya çıkardığı yeni teknik ve metotlardan kaliteli hizmet sunumu için yararlanmaya çalışmaktadırlar.

Yerel yönetimlerin hizmetlerinde hizmet sunum standartlarının oluşturularak vatandaşların hayat kalitesinin yükseltilmesi yönündeki beklentiler, kamu yönetiminde uzun zamandır sürdürülen yeniden yapılanma çalışmalarının temel dayanağını oluşturmaktadır.[1] Kamu yönetiminde küçülme, özelleştirme ve deregülasyon gibi uygulamalarla başlayan yeniden yapılanma çalışmaları, kamu kaynaklarının etkin ve verimli kullanımını, stratejik planlama, performansa dayalı hizmet anlayışı, kaliteli ve hesap verilebilir bir yönetim anlayışı çerçevesinde ele alınmasını gerekli kılmaktadır.[2] Küreselleşmenin etkisiyle kendine toplum içerisinde daha hızlı zemin bulmaya başlayan yeni kamu yönetimi anlayışı; yerel yönetimlerin daha şeffaf, hesap verebilir bir yönetsel yapıya sahip olması, hukuki ve toplumsal sorumluluk düzeyin geliştirilmesi ve etkin kaynak kullanımı gibi kavramlarla, yerel yönetimlerde performansa dayalı bir yönetim anlayışının benimsenmesine neden olmaktadır.[3]

Yerel yönetim birimlerinin, yeni yönetim ilke ve teknikleri doğrultusunda yeniden yapılanması, bu birimlerde bazı yönetsel ve denetsel değişiklikleri de beraberinde getirmiştir. Bu bağlamda yerel yönetimlerin yönetim yapılarını performansa dayandırmaları, faaliyetlerinin ve personel performansının ölçülmesi

[1]Birol Ekici, Mustafa Koçyiğit ve Yusuf Kenan Küçük, "Yerel Yönetim Hizmet Bildirgeleriyle Vatandaş Memnuniyetinin Artırılması: Su Abonelik İşlemleri" **Çağdaş Yerel Yönetimler Dergisi**, Cilt 18, Sayı 1, 2009, s.72.
[2]Özer Köseoğlu, "Türk Belediyeciliğinde Performansa Dayalı Yönetim Anlayışına Geçiş: Arka Plan ve Sorunlar", **Çağdaş Yerel Yönetimler Dergisi**, Cilt17, Sayı 1, 2008, s. 19.
[3]Şentürk, **a.g.e.**, s.14-19.

gibi önemli performans konuları karşımıza çıkmaktadır.[4] Kamu yönetiminde, dolayısıyla yerel yönetimlerde performans denetimi konusu uzun yılar üzerinde düşünülen ve tartışılan konular arasında yer almaktadır. Önceleri devletin hizmet sunumunda hukuka uygun davranmasının yeterli olduğu yönündeki düşünce, yerini zamanla hukuka uygunluğun yanında vatandaşların taleplerine uygun nitelikte hizmet sunumunun da gerekli olduğu yönündeki düşünceye bırakmıştır. Bu düşünce devletin yönetim faaliyetlerinin etkinlik, verimlilik, tutumluluk, hesap verebilirlik gibi performansı temel alan yönetim anlayışına dayanmasını gerekli kılmıştır.[5]

Yerel yönetimlerde gözlenen ve istenilen değişimin yönünün piyasa eksenli olması, sonuçlara endeksli bir denetim mekanizmasına yer vermesi yönetim sürecinde performans denetiminin ön plana çıkmasına ve yönetimin performansa dayalı bir nitelik taşımasına neden olmaktadır.[6] Özellikle, yerel yönetimlerde performans denetimiyle yerel birimlerin faaliyetleri sonucu oluşan durumun tespit edilmesi, ilerde ortaya çıkabilecek yeni koşulların önceden belirlenmesi ve yerel birimlerin amaçlarına verimli ve etkili şekilde ulaşılabilmesi amaçlanmaktadır.[7] Yerel yönetimlerde performans denetimi, hem çalışanların hem de kurumun performansının ölçülmesini ilgilendiren bir konudur. Yerel birimlerde performans değerlendirmesinin; girdilerden çok çıktılara ve sonuçlara odaklanılmasına, hesap verme sorumluluğunun güçlendirilmesine ve hizmetlerin yerel halkın beklentilerine uygun bir şekilde sunulmasına yardımcı olması beklenmektedir.[8] Yerel yönetimlerde performans denetimiyle; kurumun etkin, süratli ve verimli olup olmadığının değerlendirilmesi, performans hedeflerine ulaşılmasında çalışanların motive edilmesi için ödül veya ceza yöntemine başvurulması, hesap verme sorumluluğunun kurumda

---

[4]Köseoğlu, "Belediyelerde Performans Yönetimi", s. 212.
[5]Veysel Eren ve Ufuk Durna, "Kamu Sektöründe Performansın Anlaşılması ve Geliştirilmesi" **Amme İdaresi Dergisi,** Cilt 40, Sayı1, 2007, s. 114.
[6]Hamza Al, " Kamu Kesiminde Yeni Denetim Yaklaşımları: Süreç Odaklı Denetimden Sonuç Odaklı Denetimi Geçiş", **Amme İdaresi Dergisi,** Cilt 40, Sayı 4, 2007, s. 45.
[7]M Akif Özer, "Yerel Yönetimlerin Denetimi ve Ülkemizde Yaşanan Son Gelişmeler" **Türk İdare Dergisi,** Yıl 76, Sayı 444, 2004, s.146-147.
[8]Köseoğlu, "Türk Belediyeciliğinde Performansa Dayalı Yönetim Anlayışına Geçiş: Arka Plan ve Sorunlar", s. 24.

güçlendirilmesi, kurumsal hedeflere en iyi şekilde ulaşılması amaçlanmaktadır.[9]

Yerel yönetim birimleri açısından performans, bu birimlerin belirlediği stratejik amaçları gerçekleştirmek üzere ortaya çıkardıkları faaliyetlerin ve personelin iş ve işlemlerinin sonucunun nitel ya da nicel olarak belirlenmesi ve yerel yönetim birimlerinin başarısının bu şekilde ortaya konması süreci olarak tanımlanabilir.[10] Yerel yönetimlerde performans konusu, öncelikle kurumun stratejik hedeflerinin belirlenmesi ile başlamalıdır. Stratejik hedefler kurumun varlık amacına uygun bir şekilde oluşturulmalıdır.[11] Daha sonra performans hedefleri doğrultusunda yerel yönetimlerin denetimine yer verilmelidir. Denetim süreci etkin bilgi akışı ile desteklenmelidir. Bu nedenle yerel yönetimlerde performans bilgilerine ulaşılırken etkin bir geri bildirime ihtiyaç duyulmaktadır. Geri bildirim faktörünün işlevsel olması için; iletişim kanallarının etkin işletilmesi, katılımcı bir yönetim anlayışı, esnek iş süreçleri, bilgiye, yaratıcılığa ve değişime destek veren örgüt kültürü ve özellikle çalışanların gelişimine odaklanmış liderlik anlayışı gibi birçok faktörün örgüt kültürü içerisinde yer alması gerekir. Bu kültürün yerel yönetimlerde yerleşmesi yerel yönetimlerde performans bilgisinin daha kolay edinilmesine zemin hazırlayacaktır.[12]

Yerel yönetimlerde performans konusu ve performans yönetimi araştırmaları 1980'li yılarda yaygınlık kazanmaya başlamıştır. Bunun nedenlerini; merkezi hükümet ve denetim komisyonlarının bu yöndeki baskıları, toplumda özlenen güven kaybı, halkın bu yöndeki beklentileri, yaygınlaşan rekabet ortamı ve yerel yöneticilerin eğilimlerindeki değişim gibi nedenlerle ifade etmek mümkündür.[13] Özellikle 1980'li yıllardan itibaren yaygınlaşan bu eğilimleri ve yerel yönetimlerde performans olgusuna vurgu yapan bu değişimi, dünya siyaseti içerisinde ve özellikle yeni kamu yönetimi anlayışı kapsamında ele almak ve değerlendirmek

---

[9]Birol Ekici, "Performans Denetimi ve İl Yönetiminde Uygulanabilirliği" **Türk İdare Dergisi**, Yıl 74, Sayı 436, 2002, s.137.

[10]Köseoğlu, "Belediyelerde Performans Yönetimi", s.213.

[11]Şentürk, **a.g.e.**, s.27.

[12]Kurtuluş Kaymaz, "Davranış Boyutuyla Performans Geribildirim Olgusu ve Süreci" , **Ankara Üniversitesi SBF Dergisi**, 62-4, 2007, s.175.

[13]Abby Ghobadian and John Ashworth "Performance Measurament in Local Government – Concept and Pratice", **International Journal of Operations & Production Management**, Vol.14, No.5,1994, p.35-36.

gerekmektedir. Bu değişime neden olan küreselleşme olgusunun 1980'li yıllardan itibaren tüm dünyada hızlı bir şekilde kendini hissettirmesi, özellikle iletişim kanallarında yaşanan ileri düzey gelişmeler dünyayı küçük bir köy haline getirmiştir. Buna bağlı olarak yönetim teori ve uygulamalarında ortaya çıkan gelişme ve değişimler çok hızlı bir şekilde ülkeler arasında yayılma ve uygulanma imkânına sahip olmuştur. Küreselleşmenin ortaya çıkardığı bir çok sakıncanın yanı sıra, yerel yönetimlerde özellikle halkın bilinç düzeyinin artmasında ve demokratik sürece dahil olma arzusu üzerindeki etkisi göz ardı edilmemesi gereken olumlu gelişmelerdir. Bu olumlu gelişmeler arasında yerel yönetimlerin daha etkili faaliyet gösterebilmesi için performans yönetimine ağırlık vermesi, performansa dayalı bir yönetim anlayışı benimsenerek yerel yönetimlerin daha işlevsel bir yapıya kavuşturulması arzulanmaktadır.

Yerel yönetimlerde performans denetimi Etkin kaynak kullanımı ve toplumsal ve hukuki sorumluluk gereksinimi sonucu gelişim göstermiştir.

Etkin Kaynak Kullanımı, günümüzde toplumların sosyal, kültürel, ekonomik yapısında yaşanan gelişmeyle birlikte vatandaşların hizmet beklentilerinin artması yönünde bir değişim yaşanmıştır. Vatandaşların artan beklentileri karşısında kamu kurumlarında daha fazla kaynağa ihtiyaç duyulmuştur. Dolayısıyla sınırlı olan kaynaklarla verimli hizmet sunma problemi kamu yönetimlerini etkin kaynak kullanma arayışına itmektedir.[14]

Yerel yönetimler de kamu yönetiminin önemli ve vazgeçilmez unsurlarındandır. Yerel yönetimler, bir yandan yerel halkın günlük ihtiyaçlarını karşılamaya yönelik temizlik, kanalizasyon, çöp toplama, ulaşım gibi hizmetleri sunarlarken, diğer yandan da ülke kalkınması açısından büyük öneme sahip olan eğitim, sağlık ve altyapı gibi pek çok önemli görevi yerine getirmektedirler. Bu kadar fazla görevi yerine getirmeye çalışan yerel yönetimler bir taraftan hızlı kentleşme ve nüfus artışı sonucu kentli nüfusun artan hizmet taleplerini karşılamaya çalışırken

---

[14]Abdullah Altıntaş, "Mahalli İdarelerde Performans Yönetimi ve Riskleri" **Sayıştay Dergisi**, Sayı 69, 2008, s.3.

diğer taraftan toplumsal gelişmelere bağlı olarak ortaya çıkan yeni hizmet taleplerini karşılama çabası içerisine girmiştir. Bu durum, yerel yönetimlerin önemini her geçen gün artırmaktadır. Önemli görevleri yerine getirmeye çalışan yerel yönetimler üzerlerine düşen görevleri zamanında ve etkili bir şekilde yerine getirebilmek için bir takım kaynaklara ihtiyaç duymaktadırlar. Bugün, gelişmiş ya da gelişmekte olan pek çok ülkede yerel yönetimlerin öneminin hızla artmasına karşın, merkezi yönetimler mali kaynaklar yönünden yerel yönetimler karsısında önemli üstünlüğe sahip olmakta ve yerel yönetimler kaynak sıkıntısı ile karsı karşıya kalmaktadır. Oysa yerel yönetimler merkezi yönetimler karşısında yerel özellik taşıyan çok sayıda kamu hizmetini yerel halkın tercihlerine uygun olarak yerine getirmelerinin yanı sıra, demokrasiyi kurumsallaştırmanın da bir aracı olarak tanımlanmaktadırlar. Unutulmamalıdır ki, her biri demokrasi okulu olarak görülen yerel yönetimler, yeterli gelir kaynaklarına sahip olabildikleri takdirde, kendilerinden beklenen fonksiyonları istenilen düzeyde yerine getirebileceklerdir.[15]

Yerel yönetimlerde artan hizmet talepleri sonucunda ortaya çıkan faaliyetlerin sonuçlarının değerlendirilmesi, sunulan hizmetlerde verimliliğin, kalitenin ve vatandaş memnuniyetinin gözetilmesinin yanı sıra hizmetlerin mevzuata uygunluğun denetlemesi oldukça büyük çabayı ve yeteneği gerektirmektedir.[16] Yerel yönetimlerin kıt gelir kaynaklarına sahip olduğu düşünüldüğünde, yerel yönetimlerin üzerlerine düşen görevleri etkin ve verimli bir şekilde yerine getirmesi gerektiği düşünülmektedir. Bu nedenle bu amaca ulaşmak için yerel yönetimler yeni metot ve teknikler geliştirmeye çalışılmaktadır.

Dünyada olduğu gibi Türkiye'de de yerel yönetimlerin sınırlı kaynaklarla kendilerinden beklenen görevleri yerine getirebilme konusu son yılarda sık sık tartışılan konular arasında yer almaktadır. Türkiye'de yerel yönetimlerin görevleriyle orantılı kaynağa sahip olması gerektiği hususu birçok yasada yer almasına rağmen merkezi yönetimin halen yerel yönetimlere aktarılacak kaynak miktarını belirleyen

[15]Ahmet Ulusoy ve Tekin Akdemir, "Yerel Yönetimler ve Mali Özerklik: Türkiye ve OECD Ülkelerinin Karsılaştırmalı Analizi" **Balıkesir Üniversitesi Sosyal Bilimler Enstitüsü Dergisi,** Cilt 12, Sayı 21, Haziran 2009, s.260.
[16]Al, **a.y.**, s. 56.

ana etken olduğu görülmektedir. Son dönemlerde yapılmaya çalışılan düzenlemelerde kamu hizmeti sunumunda merkezi yönetimden yerel yönetimlere doğru görev ve yetki devri söz konusu olmaktadır. Bu kapsamda, hizmetlerin halkın tercihlerine uygun sunumunun sağlanması, merkezileşmenin yol açtığı aşırı bürokrasiyi ve hizmet sunumundaki gecikmelerinde önlenmesi istenmektedir. Yerel yönetimlere görev ve gelir devrinin kendisinden beklenen faydaları sağlaması bu birimlere görevleriyle orantılı gelir kaynaklarının tahsis edilmesi ve mali özerklikleriyle yakından ilgili olduğu unutulmamalıdır. Mali özerkliği olmayan yerel yönetimlere görev ve yetki devri aşırı yükten başka bir anlam ifade etmeyecektir. Çünkü karar alma yetkisi olan bu idareler, almış oldukları kararları uygulayabilme gücünden yoksun olacaklardır. Bunu önlemenin yolu da yerel yönetimlere görevleriyle orantılı gerekli kaynağın aktarılmasından geçmektedir.[17]

Toplumsal ve Hukuki Sorumluluk, yerel yönetimler, diğer kamu kurumları gibi, kamu yararını gözeterek toplumsal sorumluluk bilinci içerisinde halka hizmet üreten kamu kurumlarıdır. Devletin yerel hizmetlerinin görülmesi amacıyla yerel ölçeğe göre örgütlenen yerel yönetimlerin, sahip oldukları kıt kaynaklarıyla toplumsal beklentilere yerinde ve etkili bir şekilde cevap vermesi yüklendikleri toplumsal sorumluluklarının bir gereğidir.[18] Yerel yönetimlerin kendilerinden beklenen görevleri yerine getirmesinin bir ölçütü olarak karşımıza çıkan sosyal sorumluluk anlayışı, vatandaş memnuniyetinin sağlanarak vatandaşın istek ve taleplerine duyarlı bir yerel yönetim politikasının oluşturulmasını ve izlemesini gerekli kılmaktadır.[19]

Yerel yönetimlerin sahip olması gereken toplumsal sorumluluk anlayışı hukuki sorumluluğu da içermektedir. Hukuki sorumluluk anlayışıyla klasik anlamda kurallara uygunluk ve mevzuat denetimi kastedilmektedir. Ancak, geleneksel denetime yapılan eleştirileri; denetimin geliştirici ve öğretici özelliğinin eksik bırakılması, yönetim sürecinde denetimin amaç olarak ele alınarak asıl işlevinin yani

---

[17]Ulusoy, "Yerel Yönetimler ve Mali Özerklik: Türkiye ve OECD Ülkelerinin Karsılaştırmalı Analizi", s.281.
[18]Şentürk, **a.g.e.**, s.16.
[19]Fatih Yüksel, F. Gamze Bozkurt ve Ahmet Güven, "Yerel Yönetimlerde Etik Çerçevesinde Sosyal Sorumluluk Bilinci: Tokat Uygulaması", **Siyaset ve Yönetimde Etik Sempozyumu**, 18-19 Kasım 2005, Sakarya, s.299.

araç olma özelliğinin göz ardı edilmesi oluşturmaktadır.[20] Bu nedenle kıt kaynakların etkin kullanımında, sorumluluk bilincinin geliştirilmesinde, klasik denetim anlayışının ötesine geçilerek, geliştirici ve öğretici özelliği olan performans denetimini ön plana çıkarılması istenmektedir.

Türkiye yeni yönetim anlayışı çerçevesinde çıkarılan yasal düzenlemelerle bu eksikliği gidermeye çalışmaktadır. Bu kapsamda yerel yönetimlerin hizmet sunumunda etkinlik, verimlilik ve kalite artışına yer vermesini öngören hukuki düzenlemeler arasında, 5018 Sayılı Kamu Mali Yönetimi ve Kontrol Kanunu, 5216 Sayılı Büyükşehir Belediyesi Kanunu, 5393 Sayılı Belediye Kanunu, 5302 Sayılı İl Özel İdaresi Kanunu örnek olarak gösterilebilir.

Yerel yönetimleri güçlendirmek adına yapılan reform çalışmaları ve hukuki düzenlemelerle, kamu yönetiminin temel sorunları arasında yer alan ve onların başarısızlıkla nitelendirilmesine neden olan katı bürokrasi, hantallık, kaynak israfı gibi durumlardan kurtarılarak yönetimin etkinleştirilmesi amaçlanmaktadır. Ancak yerel yönetimlere aktarılmaya çalışılan kontrolsüz görev, yetki ve yetersiz kaynak dağılımı yerel yönetimlerin deneyim ve altyapı yetersizliklerinden ötürü merkezi yönetimin sorunlarını da yerel yönetimlere taşıyacağı yönündeki düşünceler ile eleştirilmektedir.[21] Bu nedenle yerel yönetimlerin yetki ve sorumluluklarının genişletilmesinin yanında etkin bir alt yapı ve kaynak imkanına da kavuşturulması gerekmektedir.

3.2.Yerel Yönetimlerde Performans Denetimi Olgusu

Yerel yönetimlerde performans denetimi, performans değerlendirme ve performans ölçümü gibi kavramların yaygın bir şekilde birbirlerinin yerine kullanıldığı gözlenmektedir. Performans kapsamında ele alınan, benzer hedeflere yönelik bir kullanıma sahip olan bu kavramlar arasında bazı nüans farklarının olduğu görülmektedir. Kavramların uygulayıcıları, takip edilen süreçleri, yaklaşımları,

[20]Feyzi Uluğ, "Kamu Yönetimi Kanun Tasarısı Işığında Kamu Denetimi Sisteminde Yeniden Yapılanma" **Amme İdaresi Dergisi**, Cilt 37, Sayı 2, 2004, s.104.
[21]Hasan Hüseyin Çevik, " Türkiye'de Kamu Yönetimi Başarısızlığına Teorik Bir Yaklaşım", **Ankara Üniversitesi SBF Dergisi**, Cilt 59, Sayı 3, 2004, s.68.

yöntemleri ve sonuçları bakımından farklı kullanımları söz konusudur.[22] Kısaca performans ölçümü, kurumun mevcut durumunun fotoğrafını çekerek hedeflerine ulaşıp ulaşmadığıyla ilgili yetkililere bilgi sunan bir kavram[23] iken, performans denetiminin performans ölçümünü de içine alan daha kapsamlı bir süreci ifade etiği söylenebilir.

Yerel yönetimlerin artan görev yükü ve sorumluluk düzeyi yerel yönetimlerde ölçme ve değerlendirme sistemlerinin kurulmasına ve performans ölçümü konularının ön plana çıkmasına neden olmuştur.[24] Son yirmi yıldır gelişmiş ve gelişmekte olan ülkelerde başta kamu yönetimi alanında olmak üzere yerel yönetimler üzerindeki hızlı değişim ve dönüşümler bu konuyu daha fazla tartışılır hale getirmiştir. Bu kapsamda hazırlanan ve kamunun performansının artırılmasında kullanılan araçlar olarak kabul edilen idari reformlar, yönetim sürecinin sadece teknik boyutlu etkinliğinin değil, yönetimde bir bütün olarak yönetim yeteneğinin geliştirilmesini de gerekli kılmaktadır.[25] Özellikle yurttaşların demokratik bilinç düzeyinin yükselmesi, yönetime katılım mekanizmalarını zorlamaları ve en önemlisi de artık "kendilerini yönetenleri sorgulama" gereksinimi kamu yönetiminde ve yerel yönetimlerde köklü değişimleri kaçınılmaz hale getirmiştir.[26] Yaşanan değişim, vatandaşların yönetim süreci içerisinde daha sık ve istekli yer almalarının yanı sıra çeşitli denetim araçları ve yollarını takip etme bilinçlerinin de hızla gelişmesine neden olmaktadır. Yerel yönetimlerde bu yönde bir beklentinin söz konusu olduğu gözlenmektedir. Bu çerçevede yerel yönetimlerin etkin işlemesinde denetim konusu önemli bir yere sahip olmaktadır. Yerel yönetimlerde bu kapsamda düşünülen etkinlik denetiminin, yönetsel faaliyetlerin girdi, çıktı ve sonuçlar açısından değerlendirilebilir nitelikte hazırlanmasını, yeni kamu yönetim yaklaşımıyla uyumlu bir şekilde ele alınmasını, hedeflenen sonuçların daha uygulanabilir olmasını sağlayacağı yönünde beklentileri

---

[22]Arife Coşkun, Levent Karabeyli, "Etkin Devlette Performans Denetimi ve Türkiye Deneyimi", 22. **Türkiye Maliye Sempozyumu Süleyman Demirel Üniversitesi İktisadi ve İdari Bilimler Fakültesi,** 09-13 Mayıs 2007, s.156.

[23]Yenice, "Kamu Kesiminde Performans Değerlendirmesi", s.124.

[24]Esin Oral Nangır, "Mahalli İdarelerde Performans Ölçümü", **Bütçe Dünyası**, Cilt 2 Sayı 25, 2007,s.115

[25]Kapucu, "Transferability of Administrative Reforms: Nev Public Management As An Example", s.148.

[26]Bilge, "Belediyelerde Performans Ölçümü (Beper) Projesi", s.y.

güçlendirmektedir.[27]

Türkiye'de yerel yönetimlerin denetimi ve çözüm aranan sorunlar kamuoyunun gündeminde ilk sıralarda yer alan konuları oluşturmaktadır. Öncelikle İçişleri Bakanlığı ve Sayıştay tarafından yerine getirilmeye çalışılan denetim faaliyetlerinde gözlenen yetersizliklerden ötürü, günümüzde bu denetimlerin yanında performans denetimini içeren iç ve dış denetim faaliyetlerine de yer verilmeye çalışılmaktadır.[28] Bu doğrultuda yerel yönetimlerde performans ölçümlerinin önemli bir yere sahip olduğu söylenebilir. Yerel yönetimlerde ilk performans ölçümü uygulamalarının finansal, iş ve sosyal durum konuları üzerinde başladığı[29], daha sonra yerel yönetimlerin yeni hedef ve amaçları kapsamında performans ölçüm konusunun kapsamının hızla genişlediği gözlenmektedir.

3.3.Yerel Yönetimlerde Performans Denetiminin Önemi ve Amacı

Halka en yakın yönetim şekli olarak kabul edilen yerel yönetimler, vatandaşların yaşam kalitelerini içinde bulunduğu toplumun kültürel ve sosyal yaşam koşullarını da göz önüne alarak etkin şekilde karşılamaya çalışan yönetim birimleridir. Yerel yönetimlerin yerel hizmetlerin sunumunda halkın beklentilerine daha uygun cevap verebilme yeteneğine sahip olması, demokratik ve katılımcı yapının bu birimlerde daha fazla egemen olması gibi faktörler bu birimlerin merkezi yönetimlerden daha fazla benimsenmelerine ve önem verilmelerine neden olmaktadır.[30]

Yerel yönetimlere bu denli önem verilmesinde yerel halkın merkezi yönetime karşı olan güven sorunu da önemli bir etkendir. Merkezi yönetime olan güvensizliğin artması yerel yönetimlerin daha fazla ön plana çıkmasına neden olmaktadır. Türk kamu yönetiminde de durum bu yöndedir. Kamu yönetiminin başarılı faaliyet izlemesini engelleyen durumların ağırlıklı olarak idari, siyasi ve ekonomik nedenlere

[27]Yves Gendron, David J. Cooper, Barbara Townley, " The Construction of Auditing Expertise in Measuring Government Performance" **Accounting, Organizations and Society**, 32, 2007, p. 102.
[28]M. Akif Çukurçayır, **Küreselleşme ve Türkiye'de Yerel Yönetimler**, Gökçe Ofset, Ankara, 2009, s.113.
[29]Ağcakaya, **a.y.**, s.31-32.
[30]Özer, "Yerel Yönetimlerin Denetimi ve Ülkemizde Yaşanan Son Gelişmeler", s.143.

dayandığı gözlenmektedir. Kamunun başarılı faaliyet sunmasını güçleştiren bu engeller; merkezi yapının toplumun taleplerini anlamaya fırsat vermemesi, siyasal istikrarsızlıklar, seçilmiş-atanmış bürokratik yapılanma kaynaklı uzlaşmazlıklar, çalışanların merkeze hesap verme sorumluluğu dışında halka karşı sorumlu olmamaları, ekonomik kaynak sıkıntısı şeklinde toplumda kendini göstermektedir.[31] Tüm bu nedenler, merkezi yönetimin sorunları karşısında halkın yerel yönetimleri daha fazla benimsemesi ve beklentilerini bu birimlerde aramalarına neden olmaktadır. Böylesi büyük bir misyonu üstlenen yönetim birimlerinin amaçlarını ve hedeflerini gerçekleştirme düzeylerinin yerel halk tarafından yakından takip edilmesi yerel yönetimlere verilen bu öneminde bir göstergesidir.

Yerel halk arasında bu denli önemli bir yere sahip olan yerel yönetim sisteminin denetimi konusu da halkın ilgisini yakından ilgilendiren konular arasında yer almaktadır. Bu birimlerin görev ve sorumluluklarını, halkın beklentilerini karşılayacak şekilde yerine getirip getirilmediği denetlenmek istenmektedir. Bu amaçla yerel yönetimlerin denetiminde son yıllarda performans denetimi konusunun yaygınlık kazandığı ve yerel yönetimlerde performans olgusuna yer verildiği gözlenmektedir. Bu kapsamda çok sayıda yerel birimde, akademik çevrede, sivil toplum kuruluşunda performans denetimi konusunda araştırma ve çalışmaların yürütüldüğü gözlenmektedir.[32] Yerel yönetimlerde performans denetimi konusunda artan ilgi ve beklentiler birçok gerekçeye dayandırılmaktadır. Bu gerekçeler arasında yerel yönetim birimlerinin karşı karşıya kaldığı mali kaynak sıkıntılarının yanı sıra, yerel yönetim birimlerinde çalışanların mevcut değerlendirilme sistemlerinin yetersiz olması, yerel yönetimlerde hesap verme sorumluluğunda görülen esiklikler gibi nedenlerin yer aldığı gözlenmektedir.[33] Yerel yönetimlerin istenilen düzeyde faaliyet gösterebilmesi için işlem ve eylemleri üzerinde hukuka uygunluk denetiminin yanı sıra performans denetimine gidilmesi gerekliliği her geçen gün kamuoyunda kendine

---

[31]Çevik, " Türkiye'de Kamu Yönetimi Başarısızlığına Teorik Bir Yaklaşım", s.76.

[32]Semih Bilge, "Yerel Yönetimlerde Performans Ölçümü: Uluslararası Şehir/Belde Yönetimleri Birliği (ICMA)" **E-Akademi, Hukuk, Ekonomi ve Siyasal Bilimler, Aylık İnternet Dergisi**, 2006, Sayı 58.

[33]Köseoğlu, "Türk Belediyeciliğinde Performansa Dayalı Yönetim Anlayışına Geçiş: Arka Plan ve Sorunlar", s. 25.

daha fazla yer bulan konular arasında gelmektedir.

Performans denetimi ve performans ölçüm metotları, yerel yönetimlerin gelecekteki performanslarının geliştirilerek kurumsal amaçlara etkin ulaşmalarında çok önemli bir araç olarak kabul edilmektedir.34 Kurumların uyguladıkları performans ölçümleri, kurum ve çalışanlarının sunduğu hizmet kalitesinin belirlenmesinde, hesap verme sorumluluğunun gerçekleştirilmesinde, çalışanların performanslarının ölçülmesinde bir yaptırım veya yönetim aracı olarak değerlendirilmektedir. Bununla beraber performans ölçümü "her kapıyı açan bir anahtar" olarak düşünülmemelidir. Performans ölçümünün bazı beklenmeyen etkiler meydana getirme olasılığının olduğu da göz ardı edilmemelidir.[35]

Yerel yönetimlerde performans denetiminin yerel yönetimlerin doğası ve çevre şartları göz önüne alınarak yapılması gerekmektedir. Çünkü yerel yönetimlerde performans denetimiyle amaçlanan yerel birimlerin hedeflerine en iyi şekilde ulaşmasıdır. Yerel birimlerin kanunla kurulmuş, görev ve yetkileri kanunla belirlenmiş kurumlar olmalarına rağmen bu birimlerin hedeflerinin aynı olduğunu söylemek mümkün değildir. Kırsal bölgelerde yer alan yerel birimlerin, ticaret ve sanayinin gelişmiş olduğu bölgelerde yer alan yerel birimlerin, turizm bölgesinde yer alan yerel yönetim birimlerinin faaliyet ve hedeflerinin aynı olması beklenemez.[36] Bu nedenle yerel yönetimlerin hedeflerine uygun olarak belirleyeceği performans kriterlerine dayalı bir performans denetim anlayışı geliştirmesi, örgütsel amaçların gerçekleştirmesinde ve etkinliğin sağlanamasın da önemli bir unsuru oluşturmaktadır.

3.4.Yerel Yönetimlerde Performans Denetiminin Fayda ve Sakıncaları

Geleneksel kamu yönetimi anlayışı, 1980'li yıllardan itibaren hızlı bir değişime uğramıştır. Bu değişim birçok sosyal bilimci tarafından yeni kamu yönetimi anlayışının doğuşu olarak kabul edilmiştir. Aynı yıllarda gözlenen ABD ve İngiltere'deki iktidar değişiklikleri de bu sürecin başlamasında bir dönüm noktası

---

[34]Ağcakaya, "Yerel Yönetimlerde Performans Ölçümü ve Benzer Tip Belediyelerde Mali Performans Uygulamaları", s.29.
[35]Yenice, "Kamu Kesiminde Performans Ölçümü ve Bütçe İlişkisi", s.66.
[36]Şentürk, **a.g.e.,** s.121.

olmuştur. Bu yıllardan itibaren devletin küçültülmesi ve devletin ekonomi üzerindeki müdahalesini azaltmasını amaçlayan yeni kamu yönetimi anlayışının etkilerinin arttığı gözlenmektedir. Yeni akımla, geleneksel bürokratik kamu yönetimi yerine daha esnek, şeffaf, hesap verebilir, stratejik planlamayı esas alan ve performansa dayalı bir yönetim anlayışının kamu yönetimine aktarılması istenmektedir.[37]

Yeni anlayışla; klasik denetim anlayışı yerine hiyerarşinin gevşetilmesi, yönetimin basitleştirilmesi, hizmet sunumunda rekabetin sağlanması, performansa dayalı ölçüm, hesap verebilirlik, yönetimde açıklık gibi konulara yoğunlaşılarak performans denetimi anlayışına geçilmek istenmektedir.[38] Bu düşünceyle ifade edilen ve günümüzde uygulamaya geçirilmeye çalışılan kamu yönetimi reformları içerisinde kendine yer bulan performans denetimi olgusu, kurumların örgütlenme biçimlerinden personel yönetimine kadar birçok alanda önemli bir yere sahiptir. Dünyada yaşanan yeniden yapılanmanın bir ifadesi olan yeni kamu yönetimi anlayışının vurguladığı müşteriyi/vatandaşı önemseme, katılımcılık, hizmetlerin kaliteli, verimli ve etkin bir biçimde sunulması, girdilerin yerine çıktıların önem kazanması, piyasanın öneminin artması gibi değerler performans odaklı bir kamu yönetimini gerekli kılmaktadır. Yeni kamu yönetimi, devletin küçültülmesi ve küçültülen bu alanda kamu yönetiminin etkin bir biçimde çalışmasını önermektedir. Bu bağlamda yeni kamu yönetimi anlayışıyla, özel sektör ile kamu sektörü arasındaki farklılıklardan çok benzerlikleri vurgulanmakta ve özel sektörde başarıyla uygulanan değer, yöntem ve tekniklerin kamu sektörüne aktarılması istenmektedir. Bu nedenle kamu kurumu ve kuruluşlarında müşteri odaklılık, toplam kalite yönetimi, stratejik yönetim ve performans yönetimi gibi özel sektör yönetim metot ve tekniklerinin kamu yönetiminde de uygulanabileceği savunulmaktadır.[39]

Çok sayıda ülkede, kamu kurumları tarafından sunulan hizmetlerin vatandaşlar tarafından eleştirilerek yetersiz bulunması, kamu harcamalarının ülkenin mali yapısı üzerindeki baskısı, performans düşüklüğü gibi nedenler ülkeleri kamu reformlarıyla

---

[37]Çevik, **Kamu Kurumlarında Performans Yönetimi**, 2008, s.9.
[38]Al, **a.y.**, s. 47.
[39]Köseoğlu, "Belediyelerde Performans Yönetimi", s. 211.

yaşanan sıkıntılara çözüm bulmaya itmiştir.[40] Bu reformlarla yapılan düzenlemeler arasında; halka en yakın yönetim birimi olarak ele alınan yerel yönetimlerde sunulan hizmetlerin performans kriterleri çerçevesinde bir standarda oturtulması, hizmetlerin halkın beklentilerine uygun bir kalitede sunulması, vatandaş memnuniyetinin artırılması yer almaktadır.[41] Kamu yönetiminde ve dolayısıyla yerel yönetimlerde kaynakların etkin, verimli ve tutumlu kullanılması gerekliliği bu birimlerde performans denetimini de gerekli hale getirmiştir. Performans denetimiyle kamu yönetiminde kıt kaynakların en iyi şekilde kullanılması, bürokrasiden kaynaklanan kaynak israfının en aza indirilmesi amaçlanmaktadır.[42] Aynı zamanda yeni kamu yönetim yaklaşımının önemli unsurlarından bir tanesini oluşturan süreçlerden ziyade sonuçlara odaklanılması anlayışı; verimlilik, etkinlik gibi değerlerin kamunun denetiminde kullanılmasını gerekli kılmaktadır. Buda performans esaslı bir yönetimin yaygın bir şekilde kullanımına yol açmıştır.[43]

Neo-liberal politikaların yaygınlık kazandığı 1980 sonrası dönemden günümüze gelişmiş ve gelişmekte olan birçok ülkede kabul gören ancak tümüyle doğru olmayan görüş, kamu örgütlerinin yaptıkları hizmetlerin özel sektör örgütlerine göre daha verimsiz, ortaya çıkan mal ve hizmetlerin daha kalitesiz ve pahalı olduğu yönündedir.[44] Dünyada kabul gören bu durumdan hareketle merkezi ve yerel örgütler etkin bir yönetim anlayışının ortaya çıkabilmesi için performans yönetiminin teknik ve metotlarını kurumlarında uygulama eğilimine girdikleri gözlenmektedir. Bu durum ise, performansı ve performans denetimi olgusunu hem merkezi yönetimde hem de yerel yönetimler üzerinde önemi her geçen gün artan bir konu haline getirmektedir. Ancak performans denetiminin, kamu sektörünün karmaşık işleyişinden ötürü yerel yönetimlerin yapısı içerisinde daha fazla yaygınlık kazandığı gözlenmektedir.[45]

---

[40]Neşe Songür, "Belediyelerin Stratejik Planlama Sürecindeki Gereklilikleri Yerine Getirme Durumları Üzerine Bir Araştırma", **Çağdaş Yerel Yönetimler**, Cilt 17, Sayı 4, 2008, s.63.
[41]Ekici, "Yerel Yönetim Hizmet Bildirgeleriyle Vatandaş Memnuniyetinin Artırılması", s.94.
[42]Ekici, "Performans Denetimi ve İl Yönetiminde Uygulanabilirliği", s.135.
[43]Al,a.y., s.50.
[44]Eren, "Kamu Performans Yönetiminde Ölçüt Sorunu: İdari Faaliyetlerde Başarı Ölçütleri", s.1.
[45]Ghobadian, **a.y.**, s.49.

Yerel yönetimlerde performans denetimi uygulamalarının yaygınlaşmasıyla yerel yönetimler üzerinde çok sayıda faydanın ortaya çıkacağı düşünülmektedir. Bu faydalar arasında idari kararlarda kullanılacak nitelikli kaynağın belirlenmesinin yanı sıra gerçeğe dayalı bir yönetim için planlama, kontrol ve denetim süreçlerin oluşturulması başlıca faydalar arasında yer almaktadır.[46] Ayrıca, performansa dayalı yönetim anlayışının benimsenmesiyle kurumlarda şeffaflığın sağlanmasından çalışanlar üzerinde performans ölçümünün güdüleyici etkisine kadar birçok alanda faydanın söz konusu olacağı düşünülmektedir.[47] Kamu yönetiminde oluşan genel kanı, kamu yararı olgusu göz ardı edilmeden ve performans konusunun ideolojik çerçevesi ön plana çıkarılmadan kamu yönetiminin sorunlarına performans denetiminin çözüm olacağı yönündedir.[48] Ancak performans denetimi konusunun kamu yönetiminde ve yerel yönetimlerde teorik ve uygulamadan kaynaklanan birçok probleme neden olabileceği yönünde eleştirilerden oluşan düşüncelerin sayısı da az değildir. Bu durum yapılan birçok araştırmada da ortaya konmaktadır.

Yerel yöneticiler üzerinde yapılan araştırmalarda yeni kamu yönetimi anlayışı kapsamında ortaya çıkarılmaya çalışılan etkinlik, saydamlık, hesap verebilirliği sağlamaya yönelik olarak geliştirilen stratejik plan, performans planı gibi yöntem ve tekniklerin olumlu uygulamalar olduğu düşünülmektedir. Ancak yerel yönetimlerin yeterli kurumsal deneyim, personel ve bütçeye sahip olmamasından ötürü yerel yönetimlerde tam olarak verimli uygulamaların yapılamadığı yönünde tespitler söz konusudur.[49]

Performans denetiminin kurumlar üzerinde işe yarayan çok sayıda faydasının olması yanında kurumlara zarar verdiği yönünde de düşünce ve tartışmaların da çok sayıda olduğu görülmektedir.[50] Özellikle Türkiye gibi ülkelerde performans denetimi uygulamalarının faydadan çok zararlar ortaya çıkarabileceği yönünde düşünceler söz

---

[46]Ghobadian, **a.y.**, s.47.
[47]Namık Kemal Öztürk, "Kamu Sektöründe Performans Ölçümü ve Karşılaşılan Sorunlar" **Amme İdaresi Dergisi**, 39/1 Mart 2006, s.86-87.
[48]Eren ve Ufuk Durna, "Kamu Sektöründe Performansın Anlaşılması ve Geliştirilmesi", s.132.
[49]Uğur Ömürgönülşen ve Uğur Sadioğlu, "Türkiye'de Yakın Dönemde Yapılan Yerel Yönetim Reform Çalışmalarının İl Özel İdarelerine Yansımaları" **Çağdaş Yerel Yönetimler Dergisi**, Cilt 18, Sayı 1, 2009, s.17.
[50]Öztürk, **a.y.**, s.86.

konusudur. Bu durumdan kaçınabilmek için kamuda yönetim yapısının ve yönetim kültünün yeni anlayış çerçevesinde yeniden inşa edilmesinin gerekliliği vurgulanmaktadır.[51] Bunların yanında performans ölçümünün; iç bürokrasiyi artırması, kurumlarda yeniliklere engel olması, potansiyel girdilerden elde edilecek avantajların önünü kesmesi gibi nedenlerle kurumlarda olumsuz katkılara yol açabileceği yönünde eleştiriler de söz konusu olmaktadır. [52]

Tüm bu sorunların kaynağını, özel sektör tekniği olan performans konusunun kamu yönetimine aktarılırken kamunun kendine has doğasının tam olarak dikkate alınmaması oluşturmaktadır. Kamu yönetiminde performans ölçümünün zor olması özel yönetim-kamu yönetiminin farklı işleyiş tarzından kaynaklanmaktadır. Bu durum yapılan araştırmalarda da rahatlıkla gözlenmektedir. Özel sektör çalışanları ve kamu çalışanlarının performans değerlendirmesi algı düzeyleri üzerinde yapılan bir çalışmada kamu çalışanlarının özel sektör çalışanlarına göre daha az olumlu bir algı düzeyine sahip oldukları tespit edilmektedir.[53] Kamu hizmetlerin tanımı ve niteliğinin özel sektörden farklı bir şekilde ele alınması, kamu sektörünün ulaşmayı planladığı hedeflerde özel sektöre göre çok farklı bir niteliğinin olması ve son olarak kamu örgütlerinin özel sektöre göre yapılarının, hizmet süreçlerinin karışık olması performans ölçümünde sorunların oluşmasına neden olmaktadır.[54] Bunların yanında kamu yönetiminde mal ve hizmet üretimi üzerindeki siyasal ve belirsiz doğasından kaynaklanan sorunların varlığı da performans kavramın kamu yönetiminde belirsiz olmasına ve performans ölçümünde ciddi sorunların yaşanmasına neden olmaktadır.[55]

Yerel yönetimlerde performans denetimi uygulamalarında bazı sorunlarla karşılaşılabileceği ileri sürülmektedir.[56] Bu sorunlar arasında öncelikle özel sektörde

---

[51]Al, **a.y.**, s. 58.
[52]Öztürk, **a.y.**, s.88-89.
[53]Nihal Mamatoğlu, "Örgüt İçi İletişim ve Performans Değerlendirme Sistemi Algıları Örgüt Kültürü Algısını Yordar Mı?" **Ankara Üniversitesi SBF Dergisi**, Cilt 61, Sayı 4, 2006, s.194.
[54]Eren, "Kamu Performans Yönetiminde Ölçüt Sorunu: İdari Faaliyetlerde Başarı Ölçütleri", s.4.
[55]Uğur Ömürgönülşen, "Performance Measurement in The Public Sector : Rising Concern, Problems İn Pratice And Prospects", **Hacettepe University Journal of Economics and Administrative Sciences**, Volume: 20, Number 1, 2002, p.100.
[56]Köseoğlu, "Türk Belediyeciliğinde Performansa Dayalı Yönetim Anlayışına Geçiş: Arka Plan ve Sorunlar", s. 36.

olduğu gibi kamunun hedeflerinin ölçülebilir bir nitelik taşımaması ve belirsiz bir yapıya sahip olması performans denetimini güçleştiren ilk sorunu olarak karşımıza çıkmaktadır. Bu sorun yanında özellikle yerel birimlerin yapı ve işleyişinden kaynaklanan sorunlar ve yerel demokrasi ve yerel siyasetten kaynaklanan sorunlarında yerel yönetimlerde performans denetimi uygulamalarında sıkıntılara neden olduğu görülmektedir.

Yine yerel yönetimlerde etkili bir performans denetim sisteminin kurulmasında ve işlemesinde yerel yönetimlerin yapısından ve işleyişinden kaynaklanan çok sayıda sorun söz konusudur. Yerel yönetimlerin hizmet sundukları kesimlerin ve bölgelerin farklı yerlerde yer alması, yerel yönetimlerin dağılımı ve sayısı ile sahip olduğu nüfus arasında mevcut olan oransızlıklar yerel yönetimlerde birçok yapısal sorunlara neden olmaktadır. Örneğin, Türkiye'de 2008 verilerine göre 1981 belde ve ilk kademe belediyesi, 892 ilçe belediyesi, 65 il belediyesi ve 16 büyükşehir belediyesi, toplam 3644 belediye örgütünün söz konusu olduğu tespit edilmiştir.[57] Belediye sınırları içerisinde yaşayan nüfusun yüzde 70'inden fazlasının nüfusu yüzbinin üzerindeki belediyelerde yaşadığı düşünüldüğünde, belediyeler arasında hizmet sunumu ve görev yükü konusunda ortaya çıkabilecek fark ve sorunların belediyelerin uygulamayı düşündüğü performans denetimi konusunda da farklı uygulamalara yol açacağı açıktır.

Yerel yönetimlerde performans yönetiminin uygulanabilmesi öncelikli olarak ağır bir mali yükü de beraberinde getirmektedir. Sınırlı kaynaklara sahip olan yerel birimler bu yük altında ezilmekte ve performansa dayalı yönetim süreci için gerekli olan kaynağı ayırmada güçlük çekebilmektedir. Bunun yanında yerel yönetimlerde performans yönetimi konusunda karşılaşan bir başka sorun performans kriterlerinin tespit edilmesinde yaşanılan güçlüklerdir. Yine bir diğer önemli sorun kaynağını yerel yöneticilerin ve çalışanlarının, performans denetimi konusunda sergiledikleri tavır ve davranışlar oluşturmaktadır.[58]

[57]TÜİK, **İstatistik Göstergeler 1923-2008**,Türkiye İstatistik Kurumu Matbaası, Yayın No 3361, Ankara, 2009, s.9.
[58]Köseoğlu, "Belediyelerde Performans Yönetimi", s. 229-230.

Günümüzde demokrasi kavramı ile yerel yönetim arasındaki olumlu bağ dünyada hemen hemen herkesin üzerinde hemfikir olduğu nadir konulardan birisidir.[59] Ancak yerel yönetimlerde performans yönetiminin uygulanmasında kurumsal yapı dışında yerel demokrasiden kaynaklanan sorunlar da söz konusudur. Genel olarak değerlendirildiğinde, yerel seçimlerde yerel adayların oyları oranında yaptıkları/yapacakları faaliyetlerinden çok benimsedikleri ya da aday oldukları siyasi partinin etkisinin söz konusu olduğu gözlenmektedir. Bu eğilim üzerinde, özellikle merkezi yönetimde söz sahibi olan iktidar partisinin adayının seçilmesi halinde, yerel birimin daha fazla kaynak ve imkana kavuşacağı yönündeki halkta oluşan kanının etkisi yanında ideolojik olarak mensubu bulunduğu partiye destek sağlama gibi düşüncelerin önemli etkileri söz konusu olmaktadır. Ancak, yerel halkın, sayısı çok olmamakla birlikte yerel yönetici adaylarının faaliyetlerini ve performanslarını hesaba katarak oylarının yönünü belirleme eğiliminde oldukları da gözlenmektedir.

Yerel demokrasi ve yerel siyasetin küreselleşmeyle birlikte toplumlar üzerinde ortaya çıkardığı yeni siyasal kültürün benimsenmesi ve toplum üzerindeki etkisi, performansa dayalı bir yerel yönetim anlayışının halk tarafından kabul edilmesi ve destek bulması üzerinde önemli etken olmaktadır. Küreselleşmenin yerel ve merkezi yönetimler üzerindeki etkilerinin günümüzde birçok soruna ve çözüme dayalı yaklaşımların oluşmasına ve etkilerini yerel ve merkezi yönetimler üzerinde göstermesine neden olduğu gözlenmektedir.

Küreselleşmeyle birlikte kamu harcamalarının hızla artırması, bu harcamaların etkili ve daha düşük maliyette yerine getirilmesi sorununu gündeme getirmiştir. Bu sorunun giderilmesi de kamu harcamalarının etkinlik, verimlilik ve tutumluluk ilkelerine göre gerçekleştirilmesini gerekli kılmaktadır. Klasik yönetim geleneğinin bir parçasını oluşturan hukuka uygunluk denetiminin yetersiz kalması, halkın kamu kesimi tarafından sunulan hizmetlerin nitelik ve niceliğini sorgulaması, medya ve kamuoyunun kamu yönetiminin faaliyetlerini daha duyarlı izlemesi[60], kamuoyunda

---

[59]Emre Okutan, "Yerel Yönetimler ve Sivil Toplum Örgütlerinin Gelişmiş İşbirliği: İngiltere Örneği" **Sayıştay Dergisi**, Sayı 71, 2008, s.92.
[60]Şentürk, **a.g.e.**, s.13.

yeni bir siyasal kültürün gelişmesine neden olmaktadır. Bu durum ise yerel halkın demokratik kanalar aracılığıyla yerel yönetimi takip etmesine ve yerel yönetimleri faaliyetleri esnasında denetlemelerine ve onları yönlendirmelerine imkan tanımaktadır.

3.5. Yerel Yönetimlerde Performans Denetimi Süreci ve Aşamaları

Yerel yönetimlerde performans denetimi süreci, performans yönetimi sürecine benzer bir nitelik taşımaktadır. Performans denetimi süreci kamusal kaynakların yerel yönetimlerin hedef ve amaçlarına uygun bir şekilde performans anlayış ve ilkelerine göre kullanılıp kullanılmadığının belirlenmesine çalışıldığı süreci ifade etmektedir. Diğer bir deyişle, yerel yönetimlerin hedeflediği ve bu hedefler çerçevesinde belirlenen performans değer ve ölçütlerine göre iş ve görevlerin gerçekleştirilip gerçekleştirilmediğine ilişkin saptamalardan oluşan süreç kastedilmektedir. [61]

Yerel yönetimlerde performans denetimi süreci genel olarak üç grup içerisinde değerlendirilmektedir. Bu süreçler; planlama, uygulama, raporlama ve izleme aşamaları şeklinde sınıflandırılmaktadır.[62]

Planlama aşaması; yerel yönetimlerin stratejik amaç ve hedeflerinin belirlenerek bu amaçlar çerçevesinde uygulanacak performans denetim metot ve tekniklerinin belirlendiği ilk aşamayı oluşturmaktadır.[63] Stratejik planların hazırlandığı bu aşamada planlama süreci, stratejik planların, örgütün gelecekte ulaşmayı hedeflediği amaç ve hedefler çerçevesinde performans kriterlerine uygun olarak hazırlanması ile başlamaktadır. Daha sonra planların ve projelerin, performans göstergeleri ile sürekli bir izleme ve değerlendirilmeye tabi tutularak iyileştirilmesi ile süreç devam etmektedir.[64]

Etkin bir performans denetiminin sağlanabilmesi için bu aşamanın üzerinde dikkatle durulması gerekmektedir. Yerel yönetimlerin hedef ve amaçları kapsamında

---

[61]Bilgin, **a.y.**, s.67.
[62]Ekici, "Performans Denetimi ve İl Yönetiminde Uygulanabilirliği", s.140.
[63]Altıntaş, **a.y.**, s.5.
[64]Ahmet Akçay, "Kamuda Stratejik Plan Amaçlarının Gerçekleştirilmesine Yönelik Değerlendirme ve Denetim Modeli", **Tübav Bilim Dergisi**, Yıl 2009, Cilt 2, Sayı 1, s.30.

yapılacak olan performans denetiminde hangi performans kriterlerinin göz önüne alınacağı hangi yöntem ve metotların kullanılacağı bu aşamada dikkatli bir şekilde belirlenmesi gerekmektedir.

Yerel yönetimlerin performansları üzerinde çok sayıda iç ve dış faktörün ekili olduğu bilinmektedir. İç faktörler olarak; belediyenin örgütsel yapısı, iş yapma biçimi ve çalışanları yer almaktadır. Dış faktörler olarak; mevzuat, ülkenin ekonomik ve sosyal hayatındaki gelişmeler, belediyenin mali kaynaklarıyla gerek hukuki gerekse piyasadan kaynaklanan gelişmeler etkili olmaktadır.[65]

Yerel yönetimlerde performansı belirleyen söz konusu faktörler yanında yerel yönetim birimlerinin farklı bölge ve büyüklükte oldukları da hesaba katıldığında her bir yerel birim için farklı uygun performans denetim sistemine ihtiyaç olacağı anlaşılmaktadır. Bu nedenle performans denetiminin planlama aşamasında tüm bu durumların göz önünde bulundurularak en uygun performans denetim modeli saptanması gerekmektedir. Dolayısıyla da planlama aşaması, performans denetiminin hedeflerin doğru ve uygun belirlenmesi adına üzerinde dikkatle durulması gereken ilk aşamasını oluşturmaktadır.

Uygulama aşaması; planlama aşaması içerisinde hesaplanan ve hazırlanan performans denetim metot ve tekniklerinin performans kriterleri çerçevesinde yerel birimler tarafından ne düzeyde yerine getirilip getirilmediğinin ölçüldüğü aşamayı oluşturmaktadır. Bu aşamada, örgütsel hedefler çerçevesinde hazırlanan performans göstergeleri değerlendirilerek kamu kaynaklarının etkili, ekonomik ve verimli bir şekilde kullanılıp kullanılmadığı incelenmektedir. Yapılan değerlendirmelerle kurumun stratejik amaç ve hedeflerinin doğru tespit edilip-edilmediği, bu amaç ve hedeflerin gerçekleşmesinde kullanılacak faaliyet ve planların uygun olup olmadığı tespit edilmeye çalışılmaktadır.[66]

Performans denetiminin ikinci aşamasını oluşturan uygulama aşamasını genel olarak çalışanların yetkinliklerinin, onlardan beklenen standartlara uyma düzeylerinin

---

[65]Şentürk, **a.g.e.**, s.39.
[66]Yenice, "Kamu Kesiminde Performans Değerlendirmesi", s.123.

ve ulaştıkları sonuçların örgüt hedefleri kapsamında ne düzeyde başarılı olduğunun karşılaştırılmasına imkan veren ve bunun yanı sıra, sadece çalışanlar baz alınmayarak örgütün başarısıyla entegre bir ilişki kuran[67] denetim faaliyeti olarak düşünmek mümkündür.

Uygulama aşamanın sağlıklı bir şekilde yerine getirilebilmesi için yerel birimler bünyesinde iyi örgütlenmiş uzman bir denetim ekibine ihtiyaç duyulmaktadır. Performans ölçümleri yapılırken dikkatli olunmalıdır. Performans ölçümlerinin kendi başlarına bir amaç olmadığı, yerel yönetimlerin hedef ve amaçlarına ulaşmada kullanılacak bir araç olduğu düşünülmelidir. Uygulama aşamasıyla yöneticilerin, performans denetimi aracını yönetim süreci içerisinde denetim, bütçe, motivasyon, terfi, kutlama, öğrenme ve gelişim boyutları açısından örgütün denetiminde kullanarak[68] yerel yönetimlerin hedef ve amaçlarına ulaşmaya çalıştıkları görülmektedir.

Raporlama ve izleme aşaması; yerel yönetimlerde performans denetimi sürecinin son aşamasını oluşturmaktadır. Uygulama aşmasından sonra gelen ve eldeki verilerden hareketle yerel yönetimlerin amaçları ve hedeflerine ne düzeyde ulaşıldığının raporlandığı ve geleceğe yönelik yeni plan ve hedeflerin tespit edildiği aşama bu aşamadır. Bu aşamayla performans denetimi sonucunda beklenen sonuçların ne ölçüde gerçekleştiği, çıktılar için geçerli olan kaynakların ne derece verimli kullanıldığı, çıktıların ve sonuçların kalitesi, hizmetten yararlananların tatmin düzeyleri belirlenerek yeni hedefler doğrultusunda yerel yönetimlerin eksiklerini gidermesi ve yeniden hedefler belirlemesi amaçlanmaktadır.[69]

Bu aşamada, yapılan performans denetimi sonucunda elde edilen bulgulardan hareketle yerel birimlerin amaçları doğrultusunda yeni pozisyonlar almasına, kurumlarda gerçekleştirilen iş, örgütün yapısal durumu ve çalışanların durumuyla ilgili gerekli eğitsel çalışmanın yapılarak değişim karşısında kurumun yeni

[67]Erkan Işığıçok "Performans Ölçümü, Yönetimi ve İstatistiksel Analizi", **İstanbul Üniversitesi İktisat Fakültesi Ekonometri ve İstatistik Dergisi**, Sayı 7, 2008, s.2.
[68]Robert D. Behn, "Why Measure Performance? Different Purposes Require Different Measures", **Public Administration Review**, Vol. 63, No. 5 (Sep. - Oct., 2003), p. 586.
[69]Özer, "Performans Yönetimi Uygulamalarında Performansın Ölçümü ve Değerlendirilmesi", s.6.

ihtiyaçlarının karşılanarak hedeflere daha hızlı ulaşılmasına yönelik değerlendirmelere yer verilmeye çalışılmaktadır. [70]

Raporlama ve izleme aşmasıyla yerel yönetimlerin mevcut performans durumları ilgililere aktarılarak, gelecekte izlenilecek taktik ve stratejilerle ilgili bir ön fikir sunulmaya çalışılmaktadır. İzleme faaliyeti sistemli gerçekleştirilen ve raporlamayı araç olarak kullanan bir faaliyet sürecidir. Performans faaliyetlerinin ve raporlarının izlenmesi, izleme faaliyetinin temelini oluşturmaktadır.[71] Performans raporları ve izlem süreci bir yerde yerel yönetimlerin bir sonraki dönemde uygulayacakları performans denetimi sürecinin de planlamasını oluşturmaktadır. Bu şekilde planlama süreciyle başlayan performans denetim süreci tekrar başlatılarak performans denetimi sürecinin devamlılığı sağlanmaktadır.

3.6.Yerel Yönetimlerde Performans Denetiminin Unsurları

Yerel yönetimlerde performansın tespit edilmesinde kullanılan performans göstergeleri, yerel yönetimlerin amaçları doğrultusunda faaliyetlerinin değerlendirilebilmesi, benzer faaliyetlerle kıyaslanabilmesi ve yürütülen faaliyetlerin hangi kalitede, ne kadar maliyette ulaşıldığının tespit edilmesinde kullanılan araçlar olarak ele alınmaktadır.[72]

Yerel yönetimler açısından performansın denetiminde kullanılan unsurların zaman içinde bazılarının ön plana çıktığı bazılarının etkinsi kaybettiği gözlenmekle birlikte çekirdeğini, etkinlik, verimlilik ve tutumluluk boyutlarının oluşturduğu gözlenmektedir.[73] Bu üç unsurun yanında zamanla performans denetiminde kalite, çevre, adil hizmet sunumu, bilgi teknolojileri, etik, gibi yeni unsurlarında kullanıldığı gözlenmektedir.[74]

Yerel yönetimlerde performans denetiminde uygulamalarında kullanılan üç temel unsur etkinlik, verimlilik ve tutumluluk unsurlarını incelediğimizde;

---

[70]Şentürk, **a.g.e.**, s.56.
[71]Akçay, **a.y**, s.32.
[72]Esin Oral Nangır, "Mahalli İdarelerde Performans Ölçümü", **Bütçe Dünyası**, Cilt 2 Sayı 25, 2007 s.115.
[73]Özer, "Performans Yönetimi Uygulamalarında Performansın Ölçümü ve Değerlendirilmesi", s.6.
[74]Coşkun, a.y., s.149.

Etkinlik, yerel birimlerin hedefleri kapsamında meydana getirdikleri faaliyetlerin öngörülen zamanda ve öngörülen oranda gerçekleşip gerçekleşmediği, yani faaliyetlerin zamanında ve hedeflenen düzeyde yapılıp yapılmadığı etkinliği ifade etmektedir.[75]

Ekinlik, yerel yönetimlerde performans yönetiminin önemli unsurlarından birisini oluşturmaktadır. Çünkü yerel yönetimler iş, işlem ve faaliyetlerinde tutumluluk ve verimliliği sağlamış olabilirler, ancak hedeflerini gerçekleştirip gerçekleştirmedikleri hala cevaplandırılması gereken bir soru olarak kalmaktadır.[76] Bu sorunun cevabı da yerel yönetimlerde etkinlik ile açıklanmaya çalışılmaktadır.

Verimlilik, yerel yönetim faaliyetleri sonucunda elde edilen mal ve hizmetler ile bunları üretmek için tüketilen kaynaklar arasındaki oran olarak tanımlanabilen verimlilik kavramı,[77] yerel yönetimler açısından bakıldığında; en az girdi kullanılarak ya da aynı girdi miktarıyla en fazla yerel hizmetin üretilmesinin amaçlandığı bir performans unsuru olarak karşımıza çıkmaktadır. Yerel birimlerde girdi olarak, personel, mali kaynak, yerel birimlerin kullanımındaki binalar, araç gereçler ve bilgi teknolojileri sayılabilir. Yerel birimler bu girdilerden yararlanarak yerel halkın taleplerine cevap vermeye ve bunu yaparken de en uyumlu kaynak-çıktı ilişkisini elde etmeye çalışmaktadır.[78]

Tutumluluk, yerel yönetimler açısından tutumluluk, yerel hizmetlerin belirlenmiş olan hedefler doğrultusunda en düşük maliyetle ve en uygun zamanda gerçekleştirilmesi olarak ifade edilebilir. Yerel birimlerin yürütmekle görevli olduğu tüm hizmetleri tek başına kendi kaynaklarıyla karşılamaları oldukça zor bir durumdur. Nitekim yerel birimlerin hizmetlerde maliyetleri düşünmek amacıyla kendi aralarında işbirliğine gitmeleri yanında, özel kesime de birtakım teknik hizmetleri ihale ederek kaynaklarından tasarrufa gittikleri görülmektedir.[79] Tutumluluk unsuru, diğer unsurlar gibi, yerel yönetimlerin performansı konusunda

---

[75]Akçay, **a.y.**, s.39.
[76]Köseoğlu, "Belediyelerde Performans Yönetimi", s.217.
[77]Bilgin, "Kamuda Ölçülebilir Denetime Hazırlık Performans Yönetimi", s.73.
[78]Köseoğlu, "Belediyelerde Performans Yönetimi", s.215-216.
[79]Köseoğlu, "Belediyelerde Performans Yönetimi", s.215.

bir amaç değil araç görevi görmektedir.[80] Tutumluluk yerel birimlerin hedeflerine ulaşırken ekonomik hareket etmesini gerektiren bir durumu ifade etmektedir.

3.7.Yerel Yönetimlerde Performans Denetiminin Tarihsel Gelişimi

3.7.1.Dünyadaki Tarihsel Gelişim Süreci

Yönetim sürecinde performans denetiminin kullanımı son yıllarda hız kazanmakla birlikte, 1910'lu yıllarda Frederic Taylor'un çalışmalarında kendine yer bulduğu bilinmektedir. Taylor verimli bir örgüt yönetimi sağlayabilmek için iş standartlarının saptanarak, işle ilgili gerekli verimlilik ölçümlerine yer verilmesi gerektiğini vurguladığı çalışmalarıyla performans yönetimi konusuna ilk yer veren düşünürler arasında yer almaktadır.[81] Performans ölçümü uygulamaları Taylor'un işletmelerde iş ölçümlemelerine yer vermesi suretiyle sürdürüldüğü, birinci dünya savaşını takip eden 1950'li yıllara doğru yeni performans ölçüm tekniklerine yer verilerek performans konusunun geliştirilmeye çalışıldığı görülmektedir.[82] Performans konusunun çıkış menşeine bakıldığında işletme bilimi kapsamında ortaya çıktığı, ilerleyen dönemlerde özellikle 1970 ve 1980'li yıllar itibariyle yeni kamu yönetimi yaklaşımları kapsamında kamu yönetiminde ve eş zamanlı olarak yerel yönetimlerde yer bulmaya başladığı gözlenmektedir.

Performans denetimi konusunun son yıllarda, özellikle 2000'li yılların sonlarına doğru, hızla kamu kurum ve kuruluşlarında teorik ve uygulamalı açıdan ele alındığı yapılan teorik ve uygulamalı çalışmalarda karşımıza çıkmaktadır. Dünyada birçok devlette geleneksel kamu yönetimi anlayışının yerini yeni kamu yönetim anlayışının almasıyla beraber, kamu kurumlarında performans yönetimi uygulamalarının hız kazandığını gözlenmektedir.

Bu gelişim sürecinde İngiltere, Avustralya, Kanada ve ABD gibi Anglo-Sakson ülkelerinin önemli rolleri olmuştur.1980'lere kadar birçok uygulama hayata geçirilse de yerel yönetimlerde kurumsal bazda performans ölçümünün gelişimi 1980'lerden

---

[80]Bilgin, **a.y.**, s.72.
[81]Çevik,**Kamu Kurumlarında Performans Yönetimi**, s.22.
[82]Öztürk, **a.y.**, s.82.

sonra ortaya çıkmış ve hız kazanmıştır.[83] Birçok ülkenin yerel yönetimlerinde özel sektör ilke ve tekniklerinin örnek alınmaya başlandığı görülmektedir. Danimarka, Fransa, Almanya, Norveç, İsveç ve İngiltere yerel yönetimlerinin karşılaştırıldığı bir araştırmada; bu ülkelerin yeniden yapılanma faaliyetleri kapsamında özel sektör yöntemlerinin yerel yönetimlere uyarlanması, yerel yönetimlerde sorumluluk bilincinin geliştirilmesi çabası, yerel yönetimlerde insan kaynakları ve performans yönetimi anlayışının yaygınlık kazanması yönünde yürütülen çabalar örnek teşkil etmektedir. [84]

Yeni kamu yönetimi anlayışının dayandığı ilkeler ve teknikler arasında performans denetimi önemli bir yere sahiptir. Kamu kuruluşlarında performans yönetimi kapsamında, stratejik yönetim, toplam kalite yönetimi, saydamlık, etkililik, verimlilik, performansa dayalı yönetim anlayışı, yönetişim, esneklik, sürekli gelişim, katılımcılık, hesap verebilirlik, yerindelik, sonuca odaklılık gibi kavramlara da yer verildiği görülmektedir.[85] Performans yönetim sistemleri ve uygulamalarının belirli bir dönem boyunca davranışsal performans ve etkinlik ölçümü üzerinde yoğunlaştığı ve bu alanda çok sayıda yayına yer verildiği gözlenmektedir. Ancak performans konusunda yeni trendin örgütsel strateji, bireysel çaba ve hedefler konusunda sonuç odaklı bir performans yönetimi anlayışı üzerinden gelişmeye devam ettiği gözlenmektedir.[86] Özellikle Anglo-Sakson kültürüne sahip ülkelerde başta İngiltere, ABD, Yeni Zelanda olmak üzere benimsenen ve kamu kurumlarında uygulanmaya başlanan performans yönetimi anlayışı, bu ülkelerin yanında Almanya, Fransa Finlandiya, Norveç, İsveç, İspanya gibi ülkelerde de yaygınlık kazanmakta ve uygulamaya dönük örnekler yer almaktadır.[87]

---

[83]Ağcakaya, **a.y.**, s.33.
[84]M. Akif Çukurçayır, **Yurttaş Odaklı Yerel Yönetim**, Çizgi Kitapevi, 2 Baskı, Konya, 2009, s.116-117.
[85]Çevik, **Kamu Kurumlarında Performans Yönetimi**, s.81.
[86]Elaine D. Pulakos, **Performance Management: A New Approach for Driving Business Results**, A John Wiley & Sons, Ltd., Publication, 2009,p.xi.
[87]Çevik, **Kamu Kurumlarında Performans Yönetimi,** s.81.

3.7.1.1.İngiltere

İngiltere'de 1979'yılında iktidara gelen muhafazakar partiyle birlikte yeni kamu yönetimi anlayışının tohumlarının atıldığı ve gelişim sürecine girerek ülke yönetiminde etkilerini göstermeye başladığı görülmektedir. Bu dönemde kurulan hükümetler, büyüyen sosyal devlet anlayışının sıkıntılarına bir çözüm olması amacıyla devletin küçültülmesi politikalarına öncelik vermeye başlamışlardır. Bu politikaların gereği olarak hükümetler hızlı bir özelleştirme sürecine girmişlerdir. Özelleştirme politikaları yanında kamu çalışanlarının statüsü ve görev süresi konusunda da düzenlemelere gidilmiştir. Sözleşmeli personel kavramının gelişimine yer verilmiştir.[88] Çalışanlar ve kurum verimliliğinin sağlanması konusunda performansa dayalı bir yönetim anlayışı yönünde çalışmaların yaygınlaştırılması da bu döneme rastlamaktadır.

İngiltere'de 1980'li yıllar içerisinde performans konusunun adından sıkça söz edilmeye başlandığı gözlenmektedir. İngiltere de performans yönetimi konusunun gelişiminde 1988 yılı itibariyle ortaya konan "Gelecek Adımlar Girişimi" (next steps initiatve) önemli bir yere sahiptir. Gelecek Adımlar Girişimi'nin bir boyutunu "Uyarlayıcı Birimlerin Kurulması" (executive agenies) öteki boyutunu da Performans Geliştirme ve Raporlamanın Önem Kazanması oluşturmaktadır. İngiltere'de performans konusunun esas gelişiminin sağlayan 1997 yılında ayrıntıları açıklanan "En İyi Değer" (best value) programının kabul edilmesi olmuştur.[89] Bu yaklaşımla, devlet ile halk arasındaki ilişkiler yurttaşların beklentileriyle uyumlu olarak yeniden şekillendirilmeye çalışılmış ve yerel kamu hizmetleri, kullanıcı ihtiyaçları doğrultusunda yeniden tasarlanmıştır. Bu yaklaşımla kamu hizmetlerinde tutumluluk, etkinlik ve verimliliğin sağlanabilmesi için çağdaş bilgi teknolojilerinden yararlanılması, hizmet sunumunda özel ve gönüllü sektörler arasında yerel düzeyde iş birliğinin geliştirilerek hizmetlerin sunulma biçiminin, kalitesinin, hızının ölçülmesi

---

[88]**A.e.**, s.82.

[89]Köseoğlu, "Türk Belediyeciliğinde Performansa Dayalı Yönetim Anlayışına Geçiş: Arka Plan ve Sorunlar", s.19.

ve halkla paylaşılması istenmektedir.[90] İngiltere'de muhafazakâr hükümetler dışında göreve gelen diğer iktidarlar döneminde de özellikle eğitim, sağlık, güvenlik ve diğer kamu hizmetlerinin yerine getirilmesinde performansa dayalı yönetim anlayışı uygulamalarına ağırlık verildiği gözlenmektedir. Son zamanlarda ortaya çıkan performans çalışmalarına bakılacak olursa; 1999 yılında kamu yönetiminin modernleştirilmesi raporu, yine aynı tarihli kamu hizmeti reformu, Wilson raporu, 2004 tarihli, 21. Yüzyıl kamu hizmeti vizyon raporu performans yönetimi alanında yapılan çalışmalar arasında yer almaktadır.[91]

İngiltere'de performans konusunun merkezi yönetim ve yerel yönetimlerle aynı doğrultuda geliştiği belirtilebilir. İktidara gelen hükümetlerin yeni kamu yönetimi yaklaşımı kapsamında merkez ve yerel yönetimlerin işleyişleri üzerinde performans yönetimine dayalı bir açılıma yer verdikleri gözlenmektedir. İngiltere'de yerel yönetimler demokrasinin en önemli unsuru olarak kabul edilmektedir. Merkezi yönetimin yerel yönetimler üzerinde vesayet denetimi söz konusu olsa da pek çok ülkede bulunmayan gelişmiş bir özerklik anlayışına sahip olduğu görülmektedir.[92]

İngiliz yerel yönetimlerinde performansa dayalı denetim iç ve dış denetim adı altında toplanmaktadır. Bunlar arasında iç denetim, üst düzey yöneticilerden bağımsız denetçiler tarafından mali konular üzerinde yerel yönetimlerin mali işler müdürlüğü bünyesinde, performans denetimini de kapsayacak şekilde ilgili birimde inceleme yapmak, önerilerde bulunmak ve koruyucu önlemler almak seklinde yerine getirilmektedir. Dış denetim ise, İngiliz yerel yönetimlerinde bakanlıkça atanan denetçiler aracılığı ile yasama organına bir rapor sunularak yerine getirilmektedir. Ağırlıklı olarak yerel yönetimlerin mali ve performans yapısı üzerinde gerçekleştirilmeye çalışılmaktadır. Bu kapsamda hesapların yasalara uygun yapılıp yapılmadığı, gelirlerin yasalara uygun elde edilip edilmediği, israf, yetersiz yönetim, performans yönetimindeki başarısızlıklar gibi faktörler değerlendirilmeye

---

[90]Sefa Çetin, "İngiltere'de "En İyi Değer" Rejimi ve Denetim Sistemi" , **Sayıştay Dergisi**, Sayı 68, 2008, s.47-48.
[91]Çevik, **Kamu Kurumlarında Performans Yönetimi,** s.82.
[92]Özer, "Yerel Yönetimlerin Denetimi ve Ülkemizde Yaşanan Son Gelişmeler", s.157.

çalışılmaktadır. [93]

3.7.1.2.Amerika Birleşik Devletleri

ABD'de performans konusu 1993 yılında başkan yardımcısı Al Gore tarafından rapor haline dönüştürülen "Ulusal Performans İncelemesi" (National Performance Review) projesiyle tüm kamu kuruluşlarında hayata geçirilmek istenmiştir. Daha sonra elde edilen verilere dayanılarak hazırlanan "Hükümet Performans Sonuçları Kanunu" (Government Performance Results Act) aynı yıl yürürlüğe girerek, stratejik plan, performans planı, hesap verme sorumluluğu gibi kavramlar tanımlanarak federal düzeyde uygulanması hedeflenmiştir.[94] Performans denetimi alanında ABD Sayıştay'ı performans değerlendirmeleri ve performans denetimlerinin çoğunu üstlenmekle birlikte Federal hükümet ile eyaletler ve mahalli idarelerin değerlendirme birimlerinin denetim konusunda aktif görevler aldığı gözlenmektedir.[95]

Performans yönetimi konusunda ABD'nin yerel yönetimler alanında iyi uygulama örneklerine sahip devletlerarasında yer aldığı düşünülmektedir. Federal bir yapıya sahip olan Birleşik Devletler de yerel yönetimler önemli bir yere sahiptir. Yerel yönetimlerde şehir yönetimi alanında kurumsal ve bireysel performans yönetimi konularına önem verildiği gözlenmektedir.[96] Yerel yönetim birimlerinin federe devletler içerisinde farklı yapılanması yerel yönetimlerin denetimlerinde de farklı uygulama örneklerinin söz konusu olmasına neden olmaktadır. Bu kapsamda atanmış ve kadrolu denetim elemanları tarafından yerel yönetimlerin harcamalarının ve işlemlerinin denetiminin yapılarak,[97] yerel yönetimlerde etkinliğin sağlanması yönünde performans denetimlerine yer verilmeye çalışılmaktadır.

---

[93] **A.y.**, s.158.
[94] Köseoğlu, "Türk Belediyeciliğinde Performansa Dayalı Yönetim Anlayışına Geçiş: Arka Plan ve Sorunlar", s.19.
[95] Yenice, "Kamu Kesiminde Performans Değerlendirmesi" **Maliye Dergisi**, Sayı 150, 2006, s.130.
[96] Çevik, **Kamu Kurumlarında Performans Yönetimi,** s.87.
[97] Özer, "Yerel Yönetimlerin Denetimi ve Ülkemizde Yaşanan Son Gelişmeler", s.160.

3.7.1.3.Avustralya

Avustralya'da 1980'li yıllardan itibaren, diğer Anglo-Sakson ülkelerinde olduğu gibi, ülke çapında kamu yönetim reformunun başlamasıyla performans değerlendirmesi kamu reformu sürecinin ayrılmaz bir parçası haline gelmiştir. Avustralya'da performans değerlendirmesi konusunun kurumlarda yönetim ve planlama süreciyle birleştirilerek ele alındığı gözlenmektedir. Üçer veya beşer yıllık dönemlerle, ülke genelindeki programların tamamı veya önemli bir kısmı gözden geçirilerek, yeni politika önerileri ve değerlendirme stratejilerine yıllık değerlendirme planlarında yer verilmesi ve değerlendirme sonuçlarının kamuoyuna duyurulması sağlanmaktadır.[98] Avustralya'da kamu kurumlarında görülen performans uygulamalarına bakılacak olursa, 1983 mali yönetim geliştirme programı, 1984 kamu hizmeti reformun kanunu, 1992 performansa dayalı ödeme sistemi ve 1999 da yeni kamu hizmeti kanunu bu alanda yapılan çalışmalara örnektir.[99]

3.7.2.Türkiye'deki Tarihsel Gelişim Süreci

Türkiye'de performans olgusunun gelişim sürecinin dünyada gözlenen gelişim sürecine paralel bir şekilde ortaya çıktığı ve dünyada olduğu gibi öncelikle özel sektör tarafından kullanılarak geliştirildiği, ardından kamu kurum ve kuruluşlarında uygulama örneklerine yer verildiği gözlenmektedir. Hatırlanacağı üzere, dünyada kamu kesiminde performans kavramının köken olarak 1970'lerdeki petrol krizi öncesine kadar uzanan izlerinin söz konusu olduğu bilinmektedir.

Kamu yönetimi alanında yaşanan yönetim sıkıntılarına çözüm önerileri sunan yeni yönetim yaklaşımları içerisinde yer alan performans denetimi kavramı, dünyada yönetim alanında yaşanan bir ihtiyacın sonucunda ortaya çıkmıştır. Devletlerin performans odaklı yönetime ihtiyaç duyması ve yönetim sistemlerinde performans odaklı bir yapıya yer vermelerinde, kamunun kaynak sıkıntısı, daralan bütçe ve halkın nitelikli hizmet beklentilerinden kaynaklanan sıkıntıların ön sıralarda yer aldığı

---

[98]Yenice, "Kamu Kesiminde Performans Değerlendirmesi", s.129.
[99]Çevik, **Kamu Kurumlarında Performans Yönetimi**, s.101.

gözlenmektedir.[100] Kamu yönetiminin işlevsel hale getirilmesi, özel sektörde çok daha önce kullanılmaya başlanılan ve kamu yönetiminde de yeni kamu yönetimi yaklaşımı ile hakim olmaya başlayan bir reform sürecini beraberinde getirmektedir. Kamu yönetiminde uygulanmaya çalışılan reformlarla değişen ekonomik, toplumsal ve siyasal yapıya ayak uydurulmaya çalışılarak vatandaşa hizmetlerin daha hızlı ve etkin ulaştırılması amaçlanmaktadır.[101] 1980'li yıllardan itibaren kamu yönetimi alanında sürdürülen pek çok reform çalışmasında özel sektöre ait değerlerler ve ilkelerin kamu kesimine aktarılmaya çalışılmaktadır.[102]

Yeni kamu yönetiminin küçük ama etkin devlet anlayışı, Türk personel rejiminde 1980'li yılardan sonra farklı bir rejimin yerleştirilmeye çalışılmasıyla varlığını hissettirmiştir. Personel sayısının fazla olması, düşük nitelikli bir yapıya sahip olması yapılmaya çalışılan değişikliklerin haklı görülmesini sağlayacak ortamı oluşturmuştur.[103] Neo-liberal personel anlayışının yaygınlaştırılmaya çalışıldığı Türkiye'de, kamuda istihdam konusunun özel sektördeki istihdam anlayışına benzer bir nitelik kazandırılarak piyasa koşullarına bırakılması istenmektedir. Bu kapsamda kamuda sözleşmeli istihdam, performansa dayalı ücret anlayışı, esnek çalışma koşulları ve çalışma usulünde toplam kalitenin sağlanması benimsenmek istenen sistemin kapsamını oluşturmaktadır.[104] Kamu yönetiminde oturtulmaya çalışılan performans odaklı yönetim anlayışı, kamu yönetiminin bir parçası olan yerel yönetimlerde de benzer zamanda ve hızda yerleştirilmeye çalışılmaktadır.

Türkiye'de yerel yönetimlerde performans ölçümüne yönelik uygulamaların 2000'li yılların başından itibaren yaygınlık kazandığı gözlenmektedir.[105] Türk yerel yönetimlerinde performans yönetimi uygulamalarının ağırlıklı olarak belediyeler üzerinde söz konusu olduğu görülmektedir. Belediyelerde performans yönetimi ilkelerinin uygulanmasında belediyelerin yapısal ve işlevsel niteliklerinden ve yerel

[100]Eren ve Ufuk Durna, "Kamu Sektöründe Performansın Anlaşılması ve Geliştirilmesi", s.107.
[101]Ömürgönülşen ,"Türkiye'de Yakın Dönemde Yapılan Yerel Yönetim Reform Çalışmalarının İl Özel İdarelerine Yansımaları", s.8.
[102]Ekici, "Yerel Yönetim Hizmet Bildirgeleriyle Vatandaş Memnuniyetinin Artırılması", s.73.
[103]Birgül A. Güler, "Kamu Personel Sisteminde Reform Zorlamaları", **Amme İdaresi Dergisi**, Cilt 36, Sayı 4, Aralık 2003, s.17.
[104]**A.y.** ,27.
[105]Nangır, **a.y.**, s.120.

demokrasi ve yerel siyasetten kaynaklanabilecek sorun kümesi üzerinde odaklanıldığı gözlenmektedir.[106] Türkiye'de yerel yönetimlerde kendine yer bulmaya çalışan performans yönetiminde denetim üzerine, özellikle performans denetimi konusuna yoğunlaşılmaktadır. Bu kapsam da kaynakların hukuka uygun olarak kullanılıp kullanılmadığı sorusunu oluşturan klasik denetim anlayışının yerini kaynakların etkin ve verimli bir şekilde kullanılıp kullanılmadığı sorusuna bıraktığı görülmektedir.[107]

Türkiye'de kamu kurum ve kuruluşlarının kendilerine özgü geliştirdikleri performans denetimi içerikli projelerin ve denetim sistemlerinin söz konusu olduğu gözlenmektedir. Bu plan ve projelerin geliştirilmesinde ve uygulanmasında yasal mevzuatın etkisi de önemli bir yere sahiptir. Kamu kurumları yanında yerel yönetimlerde de buna benzer bir anlayışın söz konusu olduğu gözlenmektedir. Bu kapsamda hazırlanan BEPER projesi ve çıkarılan ilgili yasalarda performans içerikli denetimle ilgili çerçevelerin yer alması Türk yerel yönetimlerinde performans denetimi konusunun hızla yaygınlık kazandığı ve geliştiği yönündeki ibareleri oluşturmaktadır.

Aşağıda öncelikle Türkiye'deki ilk performans uygulama örneklerine yer verilecek ardan yerel yönetimlerdeki uygulamalar incelenecektir.

3.7.2.1.Türkiye'de Kurumlarda İlk Performans Uygulamaları

Yerel yönetimlerde performans denetimi konusunun gelişmesine öncülük eden ve Türkiye'de diğer kamu kurum ve kuruluşlarında benzer dönemde uygulanma şansı bulan bazı çalışmalara aşağıda kısaca değinilmektedir.

Adalet Bakanlığı'nda yürütülen faaliyetler; Adalet bakanlığı bünyesinde performans denetimi olgusu, hakim ve savcıların terfi ve görev yerlerinin belirlenmesi konusu üzerinde ele alınmaktadır. 2802 Sayılı Hakimler ve Savcılar Kanununun 15. maddesinde hakimlik ve savcılık mesleği 4 sınıf içersinde

---

[106]Köseoğlu, "Belediyelerde Performans Yönetimi", s.229.
[107]Ekici, "Performans Denetimi ve İl Yönetiminde Uygulanabilirliği" s.135.

değerlendirildiği görülmektedir.[108] Hakimler ve savcılar 2802 sayılı kanuna göre her yıl kademe ilerlemesi ve iki yılda bir olmak üzere derece yükselmesine tabi tutulmaktadırlar. Kademe ilerlemesi için bir yıllık sürenin tamamlanması ve ilerlemeye mani bir disiplin cezasının veya disiplin cezası mahkumiyetinin bulunmaması gerekmektedir. (18 ve 19 mad.)[109] Hakim ve savcıların derece ilerlemesi ve sınıflar arasındaki geçişleri 2802 sayılı kanunun 21. ve 33. Maddeleri arasında işlenmektedir. Hakim ve savcıların sınıflar arası geçişinde performans durumlarını göz önüne alan üçlü bir değerlendirme söz konusudur. Bunları kısaca şu şekilde özetlenebilir.[110]

İsabetli karar vermek: Yargıtay tarafından hakim ve savcıların inceledikleri işler hakkında, çok iyi, iyi, orta, zayıf ve notsuz olmak üzere beş tip not vermektedir. Notsuz olarak verilen notlar not ortalamasını etkilemez iken alınan notların yüzdesine göre ne şekilde terfi edileceği HSYK'nın çıkardığı ve resmi gazetede yayımladığı ilke kararlarıyla belirlenmektedir.

İş yüzdesi: İki yıllık terfi dönemi içerisinde hakim ve savcıların inceledikleri dosyaları karara bağlama oranları da terfilerinde önemli bir etkendir.

Etik Kurallar: Bu kurallar hakim ve savcıların görevlerini yaparken ve özel yaşamlarında etik kurallara uygun hareket edip etmediklerini 2802 sayılı yasanın ilgili hükümlerinde sayılan durumlara göre değerlendirmesini ifade etmektedir. Görüldüğü gibi terfi aşaması boyunca hakim ve savcılar performanslarına göre somut ve ölçülebilir bir derecelendirilmeye tabi tutulmaktadırlar.

Sağlık Bakanlığı'nda yürütülen faaliyetler 2003 yılı itibariyle sağlık bakanlığı sağlıkta dönüşüm kapsamında performans ölçümüne yer vermeye başlamıştır. Sağlık bakanlığının uyguladığı performans ölçüm projesinde ağırlıklı olarak kurumlarda bireysel performansa yer verildiği ve bireysel performansla örgütsel performansın

[108] 2802 Sayılı Hakimler ve Savcılar Kanununun 15. Maddesinde hakimlik ve savcılık mesleği 4 sınıf içersinde değerlendirilmiştir. Üçüncü Sınıf: 8. ve 6. Dereceler arası, İkinci Sınıf: 5. ve 1. Dereceler arası, Birinci Sınıfa Ayrılmış: 1. Dereceye gelmiş ve meslekte 10 yılını doldurmuş, emsalleri arasında temayüz etmiş ve son olarak Birinci Sınıf: birinci sınıfa ayrıldıktan sonra 3 yıl başarılı çalışmış ve birinci sınıfa ayrılma niteliklerini yitirmemiş olma şartını taşımak (Çiçek, a.y., s.18.)
[109] 2802 Sayılı Hakimler ve Savcılar Kanunu
[110] Çiçek, a.y. , s.19.

artırılması amacının ön plana çıkarıldığı gözlenmektedir.[111]

Sağlık bakanlığı 2003 yılından itibaren hastanelerde çalışan personelinin performansını artırmaya yönelik performansa dayalı ek ödeme sistemine gitmeye başlamıştır. Önceleri pilot bölgelerde uygulanan ek performans ödemeleri daha sonra tüm sağlık kurumlarında uygulanmaya başlanmıştır. Bu kapsamda hastane personelinin, unvanı, görevi, çalışma şartları ve süresi, hizmete katkısı, serbest çalışma düzeyi, gerçekleştirdiği muayene tür ve sayısı gibi kriterler puanlandırılarak elde edilen puanlar çalışanların aldıkları döner sermayeye ek olarak yansıtılmaktadır.[112] Sağlık bakanlığının yürüttüğü bu çalışma sonucunda çalışanların verimliliğinde artışlar gözlenmiştir. Hastane çalışanları kurumlarında tam zamanlı çalışma konusunda daha duyarlı ve istekli hale gelmiş, bu da çalışanların kaliteli ve nitelikli hizmet görme seviyesinde artışa yol açmıştır.

Milli Eğitim Bakanlığı'nda yürütülen faaliyetler Milli eğitim bakanlığı öncelikli olarak öğretmenler üzerinde performans kavramına yer vermektedir. Özellikle öğretmenlerin ve idarecilerin görev yerlerinin değiştirilmesinde hizmet puanlaması sitemine gidildiği görülmektedir. Öncelikle idarecilik için yapılan atamalarda sınav sistemi getirilmiştir. Bunun yanı sıra Milli Eğitim Bakanlığı Personeli Görevde Yükselme ve Unvan Değişikliği Yönetmeliğine Eklenen Öğretmenlik Kariyer Basamaklarında Yükselme Yönetmeliğiyle öğretmenlerin performans ve çalışma yılları göz önüne alınarak uzman öğretmenlik, başöğretmenlik sınıflamasıyla ilgili esaslar belirlenmiştir.[113]

Milli Prodüktivite Merkezi tarafından yürütülen faaliyetler "Milli Prodüktivite Merkezi Performans Yönetimi Projesi", Milli prodüktivite merkezi performans yönetimi konusunda ilk projesini 1989 yılında kurumlarında çalışan, personelin performansları ile çalışanlara ödenmesi gereken ücret ilişkisi üzerinde gerçekleştirmiştir. Bu kapsamda çalışanların yapmaları gereken iş tanımları, kadro ve ücret puanları belirlenmiştir. Bu uygulamalar 2000 yılına kadar sürmüştür. 2005

---

[111] **A.y.**, s.20.
[112] Çevik, **Kamu Kurumlarında Performans Yönetimi,** s.118.
[113] Çiçek, **a.y.**, S.20.

yılında yeni bir performans yönetimi sistemi uygulamaya konulmuştur.[114] Bu bağlamda kurum çalışanlarının sürece bağlılıklarını artırmak için yeniden iş tanımları yapılmış, kurum çalışanları ve yöneticilerin eğitimine öncelik verilmiştir. Performans değerleme sürecinde yöneticiler ve çalışanlar birlikte rol almaktadır. Milli prodüktivite merkezi başta etkinlik, verimlilik, hizmet kalitesi ve müşteri memnuniyeti olmak üzere performans ölçümü konularına ağırlık vermektedir.[115]

İçişleri Bakanlığı'nda yürütülen faaliyetler; "Mülki İdare Amirleri Performans Kriterlerinin Belirlenmesi Araştırması" (MİAPER), İçişleri Bakanlığı ve TODAİE tarafından 2006 yılı içerisinde valiler ve kaymakamlar üzerinde performans ölçütleri geliştirilmek amacıyla bir proje hazırlanmıştır. Bu amaca yönelik olarak gerçekleştirilen araştırmanın kapsamı, başlangıçta 81 il valisi ile 850 ilçe kaymakamıyla sınırlandırılmıştır. Ancak daha sonra vali yardımcıları ile hukuk işleri müdürleri de ilave edilerek araştırmanın kapsamı genişletilmiştir. Araştırma sonuçları bir rapor olarak içişleri bakanlığının web sayfasından duyurularak yayınlanmıştır. Hazırlanan rapor iki temel bölümden oluşmaktadır.[116] Birinci bölüm de kamu performans yönetimi konusunun teorik açıklamalara yer verilmektedir. Raporun ikinci temel bölümünde ise, MİAPER Projesinin yapılışı ve araştırma sonucunda elde edilen bulgular değerlendirilmektedir. Yapılan çalışma ile belirlenen performans ölçütleri sınıflandırması çerçevesinde vali ve kaymakamlara anketler yapılmış ve performans kriterleri çerçevesinde performans durumları ve bu durumlarına etki eden unsurlar tespit edilerek değerlendirmeye alınmıştır.[117]

---

[114]Çevik, **Kamu Kurumlarında Performans Yönetimi**, s.115-116.

[115] **A.e.**, s.117.

[116]Proje kapsamında, yapılan uygulamanın, ilk aşamasında vali ve kaymakamlar için en uygun performans ölçütlerini belirlemek amacıyla, bakanlık mevzuatını incelenmesi yoluna gidilmiştir. Bunun sebebi vali ve kaymakamlara doğrudan ve dolaylı pek çok yasa, tüzük ve yönetmeliklerle çeşitli görevler verilmiş olmasıdır. Ayrıca, içişleri bakanlığına ait, iç hukuk sistemine ve meslek etiğine ilişkin pek çok düzenlemede söz konusudur. Bu inceleme sonucunda elde edilen bireysel performans ölçütlerinin öncelikle, tasnif edilmesi gerekmiştir. Performans ölçütlerinin çok sayıda olması sebebi ile ölçütler iki grupta toplanarak sınıflandırılmıştır. Bu ölçütlere bakıldığında liderlik (kişisel) performans ölçütleri ve görev performans ölçütleri ayrımının yapıldığı görülmektedir. AREM, (çevrimiçi) , (http://www.arem.gov.tr/Proje/Yonetim/Miaper.Htm , 31.05.2010)

[117]AREM, (çevrimiçi), http://www.arem.gov.tr/Proje/Yonetim/Miaper.Htm , 31.05.2010

3.7.2.2.Türkiye'de Yerel Yönetimlerde Performans Uygulamaları

Türkiye gelişmekte olan ülkeler arasında yer alan merkezi yönetimin ağırlıklı olarak söz sahibi olduğu bir yönetim yapısına sahiptir. Türkiye'de kamu kesiminin değerlendirilmesinde, kurumsal değerlendirmeden ziyada personelin değerlendirilmesine öncelik verildiği görülmektedir. Personel değerlendirmesinin de çalışanların yıllık sicil notlarının tutulmasından ibaret olduğu ve performans yönetimiyle istenilen nitelikten uzak olduğu söylenmektedir.[118] Günümüzde hem kamu yönetimi hem de yerel yönetim alanında gözlenen yeni yapılanma süreci içerisinde vatandaş - yurttaş odaklı bir anlayışın hakim olmaya başlaması, yurttaşa daha fazla siyaset ve yönetim içinde olma imkanı vermektedir.[119] Bu kapsamda da yerel yönetimler üzerinde performans denetimi uygulamalarına yer verilmeye çalışıldığı gözlenmektedir. Bunlar arasında en kapsamlı uygulama örneğini BEPER projesi oluşturmaktadır.

3.7.2.2.1.Belediyelerde Performans Ölçümü Projesi (BEPER)

3.7.2.2.1.1.Projenin İçeriği ve Kapsamı

Beper projesi içişleri bakanlığı bünyesinde yer almaktadır ve mahalli idareler genel müdürlüğü tarafından belediyelerin mevcut performanslarını ölçmeye dönük bir sistem geliştirmek için 2002 Ağustos ayı içerisinde başlatılmıştır. Projenin finansmanında dünya bankasının sunduğu 350.000 dolarlık hibe yardımı söz konusudur. Proje kapsamında bir uluslararası danışman, bir yerel danışman ve bir yazılım danışmanlık firmasından yardım alınmıştır. Proje bakanlıkça seçilen 7 pilot belediyede ardından da nüfus 100.000 aşan 129 belediyede uygulanmıştır. Proje ile Türkiye nüfusunun yüzde 42 sine belediye nüfusunun da yüzde 54 üne ulaşılmıştır.[120] Projenin uygulandığı belediyelerde 2000 yılı itibariyle yaklaşık 30 milyon kişi yaşamaktadır. Belediyelerde projenin amaçlarını şu şekilde sıralamak mümkündür:[121]

---

[118]Çevik, **Kamu Kurumlarında Performans Yönetimi,** s.105.
[119]M. Akif Çukurçayır, "Dünyada Yerel Yönetimlerin Değişen Rolü ve Yeni Kimliği", **Çağdaş Yerel Yönetimler Dergisi,** Cilt 12, Sayı 3, 2003, s.19.
[120]Çevik, **Kamu Kurumlarında Performans Yönetimi,** s.107.
[121]Ağcakaya, **a.y.**, s.37.

- Belediyeler tarafından sunulan hizmetler için bir takım temel performans ölçülerinin belirlenmesi ve belediyelerinin performanslarının bu kriterler baz alınarak ölçülmesi,

- Ölçümler sonucu, belediyeler arasında başarı karşılaştırmalarının yapılmasını mümkün kılacak bir model oluşturulması,

- Belediyelerin sundukları mal ve hizmetlerin kalitesini artırmak,

- Demokratik katılım, şeffaflık ve hesap verme sorumluluğu mekanizmalarını güçlendirmek,

- Yöneticilere, karar mercilerine ve vatandaşlara objektif verilere dayanarak değerlendirme yapma imkânını sağlamak,

- Belediyelerde etkin bir hizmet anlayışının gerçekleştirilmesi

Proje kapsamında belediye hizmetlerini kapsayan 300'ün üzerindeki soruya cevap alınarak bu hizmetler için performans ölçüleri tespit edilmiş ve değerlendirilmesi yapılmıştır. Belediyelerden elde edilen verilere göre; Büyükşehir belediyeleri için 63 adet, diğer belediyeler ile Büyükşehir ilçe ve ilk Kademe Belediyeleri için 70 adet performans göstergesi geliştirilmiştir.

Performans göstergeleri 3 temel konuyla sınırlandırılmıştır[122]

- Hizmet Göstergeleri (Bilgisayarlaşma, su şebekesine bağlı nüfus, kişi başına günlük su tüketimi, idari personel/1000 kişi, imar, itfaiye, zabıta hizmetleri gibi göstergeler)

- Altyapı Göstergeleri (Kamuya açık yeşil alan/kişi, yol/kişi, katı atık bertaraf faktörü, atık su toplama oranı gibi göstergeler)

-Mali Göstergeler (Bütçe gerçekleşmesi, gerçekleşen kesin hesap harcamaları/kişi, bütçe/kişi, iç gelir yaratma kapasitesi gibi göstergeler)

Bunlara ilaveten 5 adet "Anahtar Başarı Göstergesi" geliştirilmiştir. Bunlar ise; sunulan hizmetlerin büyüklüğü, hizmet maliyetleri, sunulan hizmetin kalitesi,

---

[122]Ağcakaya, **a.y.**, s.37-38.

yönetsel etkinlik ve çevre koruma göstergeleridir. BEPER projesi, belediyelerin genel performansı ve hizmet birimi performansıyla ilgilenmiştir. Alt hizmet birimi performansı veya birey/grup performansıyla ilgilenmemiştir.

3.7.2.2.1.2.Projenin Önemi ve Amacı

BEPER Projesi, Türkiye'de yerel yönetimler alanında hayata geçirilen ilk ve en kapsamlı performans denetimi konulu çalışma olması nedeniyle önemli bir yere sahiptir. Projenin temel amacı, yerel yönetimlerin performans göstergeleri çerçevesinde denetimine yer verilerek belediyeler arasında sağlıklı bir karşılaştırmanın yapılması ve belediyelerin performans düzeylerinin geliştirilmesi yönünde katkı sağlayacak bilgilerin elde edilerek paylaştırılmasıdır.

3.7.2.2.1.3.Projenin Değerlendirilmesi

Beper projesi, alanında yapılan ilk çalışma olmasından ve performans kriterlerinin tespit edilmesinden değerlendirilmesine kadar birçok nedenden ötürü eleştirilere tabi tutulmaktadır. Belediyelerde performans ölçümünü hedefleyen projenin kullandığı ölçütlerin bu amaca tam olarak hizmet etmeyeceği düşünülmektedir. Projede ağırlıklı olarak verimlilik ve tutumluluk ölçütlerine yer verilmesi, hakkaniyet ölçütünün göz ardı edilmesi ve kalite ölçütünün yeterince açık olmaması projeyle ilgili eleştirilerin başında gelmektedir. [123] Bu eleştirilerin yanında, projenin bu alanda yapılan ilk çalışma olması nedeniyle ilerde yapılacak ölçüm ve değerlendirmelere yol göstermesi açısından olumlu katkılarının da olacağı düşünülmektedir.

Türkiye'de performans denetimi alanında yerel yönetimlerle ilgili en önemli tek çalışmanın BEPER projesi olduğu gözlenmektedir. Bu proje dışında hazırlık aşamasında olan çalışmaların, bilimsel makale ve yayınların da söz konusu olduğu bilinmektedir.

[123]Köseoğlu, "Belediyelerde Performans Yönetimi", s.228.

3.8.Türkiye'de Yerel Yönetimlerde Performans Denetiminin Yasal Dayanağı

Türkiye'de yerel yönetimler alanında hayata geçirilmeye çalışılan reform girişimleriyle halkın beklentilerine duyarlı, kaliteli, verimli ve daha etkin hizmet sunulması arzulanmaktadır.[124] Türk kamu yönetiminde ve yerel yönetimlerde uzun zamandır üzerinde durulan ve bu yönde çok sayıda hukuki düzenlemeye gidilerek bu reform gereksiniminin hayata geçirilmeye çalışıldığı gözlenmektedir. "Kamu Yönetiminin Temel İlkeleri ve Yeniden Yapılandırılması Hakkında Kanun Tasarısı" bu anlamda karşımıza çıkan en önemli reform çalışmalarından bir tanesini oluşturmaktadır. Bu tasarıyla kamu yönetiminde performans odaklı bir yönetim anlayışının geliştirilmesi amaçlanmaktadır. Tasarıda sıkça söz edilen performans odaklı yönetim anlayışı, otuz yılı aşkın süredir kamu yönetimi için temel unsur olmaya çalışan performans denetimi olgusu için yeni bir açılım ve zemin olarak ele alınmaktadır. Bu bağlamda ele alınan benzer yasalarla performans odaklı bir yönetim için gerekli olan yasal zeminin oluşturulması hedeflemektedirler. Bu kapsamda Türkiye'de kamu yönetiminde köklü reformlar ortaya koyan 5018 sayılı "Kamu Mali Yönetimi ve Kontrol Kanunu" ile performans odaklı yönetim anlayışına yer verilerek, performans unsurlarının en önemli yasal dayanağı hazırlanmaya çalışılmıştır. Bu iki çalışmanın dışında yerel yönetimler reformu kapsamında yeniden düzenlenen yasalardan "Büyükşehir Belediyesi Kanunu", "Belediye Kanunu" ve "İl Özel İdaresi Kanunu"nun çeşitli maddelerinde de performans yönetimine, denetimine ve ölçütlerine yer verilerek performans odaklı yönetimin yerel yönetimler için de gerekliliği konularına atıflarda bulunulduğu gözlenmektedir.125

3.8.1.1982 Anayasasında Performans Denetimi

1982 Anayasası idarenin denetimi açısından incelendiğinde; performans ve performans denetimi konusunun açık bir şekilde ele alınmadığı gözlenmektedir.

---

[124]Vahide Feyza Urhan "Türkiye'de Yerel Yönetimlerin Yeniden Yapılandırılması", **Sayıştay Dergisi**, Sayı 70, 2008, s.85-86.
[125]Ağcakaya, **a.y.**, s.42.

Anayasada denetim konusunun hukuk devleti anlayışı çerçevesinde idarenin eylem ve işlemlerinin hukuka uygun olarak yürütülmesi ve kamu yararının gözetilmesi şeklinde ele alındığı gözlenmektedir.[126]

1982 Anayasası yerel yönetimlerin denetimi konusunda hukuka uygunluk denetimi yanında vesayet denetimini ön plana çıkarmaktadır. 1982 Anayasasında da merkezi yönetimin yerel yönetimler üzerinde, yerel hizmetlerin idarenin bütünlüğü ilkesine uygun şekilde yürütülmesi, kamu görevlerinde birliğin sağlanması, toplum yararının korunması ve mahalli ihtiyaçların gereği gibi karşılanması amacıyla, kanunda belirtilen esas ve usuller dairesinde idari vesayet yetkisine sahip olduğu açık bir şekilde belirtilmektedir.[127] 1982 Anayasasının yerel yönetimlerin denetimi konusunda idarenin bütünlüğü ve kamu yararı kapsamında hukuka uygunluk ve yerindelik denetimini benimsediği yerel yönetimlerin ve yerel çalışanların performansları konusunda bir düzenlemeye yer vermediği görülmektedir.

3.8.2.5018 Sayılı Kamu Mali Yönetimi ve Kontrol Kanununda Performans Denetimi

1990'lı yıllardan itibaren kamu kaynaklarının etkin kullanımına yönelik arayışlar neticesinde ortaya çıkan sonuçlara odaklı yönetim anlayışının gelişimi, kamu kurumlarında performans yönetimi, performans ölçümü gibi kavramların önem kazanmasına neden olmuştur. Türkiye'de de bu arayışlar çerçevesinde çeşitli düzenlemeler gerçekleştirilmiştir. Bu arayışların en somut örneğini 5018 Sayılı Kamu Mali Yönetimi ve Kontrol Kanunu oluşturmaktadır. Bu kanunla kaynakların kullanımında etkinliğin sağlanması amacıyla hesap verebilir kurumlar yaratılmaya çalışıldığı ve bunu sağlayacak nitelikte yeni düzenlemelere yer verildiği görülmektedir. Bu kapsamada Türkiye'de uygulanmakta olan yeni düzenlemeler çerçevesinde kamu kaynaklarının kullanımında etkinliğin sağlanması için kurumlarda

---

[126]Anayasanın ilgili maddelerinde de belirtildiği gibi , "İdarenin her türlü eylem ve işlemlerine karşı yargı yolu açıktır.", "Yargı yetkisi, idarî eylem ve işlemlerin hukuka uygunluğunun denetimi ile sınırlıdır. Memurlar ve diğer kamu görevlileri Anayasa ve kanunlara sadık kalarak faaliyette bulunmakla yükümlüdürler. (1982 Anayasası Madde 125 ve 129)

[127]Özer, "Yerel Yönetimlerin Denetimi ve Ülkemizde Yaşanan Son Gelişmeler", s.150.

performans yönetimi ve ölçümünün gerekli olduğuna vurgu yapılmaktadır.[128]

5018 sayılı kanunun maddeleri incelendiğinde 1. Maddesinde[129] kanunun amacının da bu yönde olduğu rahatlıkla anlaşılmaktadır. "Kalkınma planları ve programlarda yer alan politika ve hedefler doğrultusunda kamu kaynaklarının etkili, ekonomik ve verimli bir şekilde elde edilmesi ve kullanılmasını, hesap verebilirliği ve malî saydamlığı sağlamak üzere, kamu malî yönetiminin yapısını ve işleyişini, kamu bütçelerinin hazırlanmasını, uygulanmasını, tüm malî işlemlerin muhasebeleştirilmesini, raporlanmasını ve malî kontrolü düzenlemek" şeklinde kanunun amacının düzenlendiği gözlenmektedir.[130] 5018 sayılı Kamu Mali Yönetimi ve Kontrol Kanunu, kamu kurumu ve kuruluşlarında sonuçlara önem veren bir yönetim anlayışı getirerek, mali saydamlık ve hesap verebilirlik ilkeleri çerçevesinde kaynakların etkin ve verimli kullanımını amaçlamaktadır. Bu amacın gerçekleştirilebilmesi içinde kurumların performans ölçüm sistemlerinin etkili bir şekilde kullanılması gerekmektedir.[131] Kanunun amacından da anlaşılacağı gibi performans denetiminin temelin oluşturan etkinlik, verimlilik ve tutumluluk ölçütlerinin, kamu yönetimine hakim olan değerler olması amaçlanmaktadır.

Kanunun 2. Maddesinde kanunun kapsamı olarak "Merkezi yönetim kapsamındaki kamu idareleri, sosyal güvenlik kurumları ve mahallî idarelerden oluşan genel yönetim kapsamındaki kamu idarelerinin malî yönetim ve kontrolünü" kapsadığı belirtilmektedir. Yine 3. Maddesinde performans denetiminin bir boyutunu oluşturan mali kontrol ve stratejik plan kavramlarının tanımlarına yer verildiği gözlenmektedir.[132] Kanunun 9. Maddesinde, stratejik planlama ve performans esaslı

---

[128]Sakal, "Kamu Kurumlarında Performans Ölçümü ve Sayıştay Denetimi İlişkisi", s.3.
[129]5018 Sayılı Kamu Mali Yönetimi ve Kontrol Kanunu md.1
[130]"5018 Sayılı Kanun ile birlikte Türk kamu mali yönetim sistemi üzerinde, stratejik plan hazırlama zorunluluğu, stratejik planlamaya dayalı performans esaslı bütçelemeye geçiş, hesap verebilirlik ve mali saydamlık, orta vadeli harcama programı ile uyumlu çok yıllı bütçeleme, iç kontrol ve iç denetim sisteminin kurulması ve tahakkuk esaslı muhasebe sistemine geçiş gibi önemli yenilikler yanında siyasi, idari ve mali sorumlulukların birbirinden ayrılması, sayıştay denetiminin kapsamının genişletilmesi, harcama öncesi kontrol görevinin kurum yönetimine devredilmesi, döner sermeye işletmeleri ve fonların tasfiye edilmesi, idarelerin tüm gelir ve giderlerinin bütçelerinde toplanması gibi yeni uygulamalara da yer vermiştir." (Özer, "Performans Yönetimi Uygulamalarında Performans Ölçümü ve Değerlendirmesi", s.22.)
[131]Yenice,"Kamu Kesiminde Performans Ölçümü ve Bütçe İlişkisi" s.57.
[132]"Malî kontrol: Kamu kaynaklarının belirlenmiş amaçlar doğrultusunda, ilgili mevzuatla belirlenen kurallara uygun, etkili, ekonomik ve verimli bir şekilde kullanılmasını sağlamak için oluşturulan kontrol

bütçelemenin kamu idarelerince, "Kalkınma planları, programlar, ilgili mevzuat ve benimsedikleri temel ilkeler çerçevesinde geleceğe ilişkin misyon ve vizyonlarını oluşturmak, stratejik amaçlar ve ölçülebilir hedefler saptamak, performanslarını önceden belirlenmiş olan göstergeler doğrultusunda ölçmek ve bu sürecin izleme ve değerlendirmesini yapmak amacıyla katılımcı yöntemlerle stratejik plan hazırlamak şeklinde ele alındığı ve Maliye Bakanlığı, Devlet Planlama Teşkilatı Müsteşarlığı ve ilgili kamu idaresi tarafından birlikte tespit edilecek olan performans göstergeleri, kuruluşların bütçelerinde yer alır. Performans denetimleri bu göstergeler çerçevesinde gerçekleştirilir" ifadesine yer verilmektedir.[133]

Yine 11.Maddede "Üst yöneticiler, idarelerinin stratejik planlarının ve bütçelerinin kalkınma planına, yıllık programlara, kurumun stratejik plan ve performans hedefleri ile hizmet gereklerine uygun olarak hazırlanması ve uygulanmasından, sorumlulukları altındaki kaynakların etkili, ekonomik ve verimli şekilde elde edilmesi ve kullanımını sağlamaktan, kayıp ve kötüye kullanımının önlenmesinden, malî yönetim ve kontrol sisteminin işleyişinin gözetilmesi, izlenmesi ve bu kanunda belirtilen görev ve sorumlulukların yerine getirilmesinden bakana; mahallî idarelerde ise meclislerine karşı sorumlu" tutularak performans hedeflerine uygun hareket etmeleri istenmektedir.

13. maddenin c fıkrasına göre, bütçeler kalkınma planı ve programlar da yer alan politika, hedef ve önceliklere uygun şekilde, idarelerin stratejik planlarıyla performans ölçülerine ve fayda-maliyet analizine göre hazırlanır, uygulanır ve kontrol edilir. Merkezi yönetim bütçesinin hazırlanması kapsamında 17. maddede, performans hedefleri doğrultusunda bütçenin hazırlanması, faaliyet raporları kapsamında 41. maddede, dönem sonunda oluşturulacak faaliyet raporlarında da performans ölçüm sonuçlarının, performans hedeflerinin gerçekleşme durumu, varsa

---

sistemi ile kurumsal yapı, yöntem ve süreçleri ifade ederken, Stratejik plan: Kamu idarelerinin orta ve uzun vadeli amaçlarını, temel ilke ve politikalarını, hedef ve önceliklerini, performans ölçütlerini, bunlara ulaşmak için izlenecek yöntemler ile kaynak dağılımlarını içeren planı" ifade etmektedir. (5018 Sayılı Kamu Mali Yönetimi ve Kontrol Kanunu Mad.3)

[133] 5018 Sayılı Kamu Mali Yönetimi ve Kontrol Kanunu Madde 9.

ortaya çıkan sapmaların nedenlerinin belirtilmesini istemektedir.[134]

Kanunun 55. ve 56. maddesinde Kamu malî yönetiminin bir unsuru olarak iç kontrol sisteminin tanımı ve amacına yer verilmektedir.[135] 63. Maddede, "İç denetim, kamu idaresinin çalışmalarına değer katmak ve geliştirmek için kaynakların ekonomiklik, etkililik ve verimlilik esaslarına göre yönetilip yönetilmediğini değerlendirmek ve rehberlik yapmak amacıyla yapılan bağımsız ve nesnel güvence sağlayan danışmanlık faaliyeti" olduğu belirtilerek, "Bu faaliyetler, idarelerin yönetim ve kontrol yapıları ile malî işlemlerinin risk yönetimi, yönetim ve kontrol süreçlerinin etkinliğini değerlendirmek ve geliştirmek yönünde sistematik, sürekli ve disiplinli bir yaklaşımla ve genel kabul görmüş standartlara uygun olarak gerçekleştirileceği" ne değinilmektedir. Son olarak 68. Madde de Sayıştay tarafından yapılacak olan dış denetim konusunun ve amacına yer verilmiştir. Buna göre "Harcama sonrası dış denetimin amacı, genel yönetim kapsamındaki kamu idarelerinin hesap verme sorumluluğu çerçevesinde, yönetimin malî faaliyet, karar ve işlemlerinin; kanunlara, kurumsal amaç, hedef ve planlara uygunluk yönünden incelenmesi ve sonuçlarının Türkiye Büyük Millet Meclisine raporlanması" şeklinde yerine getirileceği belirtilmiştir.[136]

Kısaca 24 Aralık 2003 tarihinde yürürlüğe giren 5018 Sayılı Kamu Mali Yönetimi ve Kontrol Kanunun'da kamu kurum ve kuruluşlarının stratejik plan hazırlamaları, kurumlarını ekonomik, verimli ve etkili bir biçimde hesap verilebilir bir anlayış doğrultusunda yönetmeleri, başarılarını performans göstergeleri kullanarak ölçmeleri ve son olarak bütçelerini performans hedefleri doğrultusunda

[134]Ağcakaya, "Yerel Yönetimlerde Performans Ölçümü ve Benzer Tip Belediyelerde Mali Performans Uygulamaları", s.35.

[135]"Kamu malî yönetiminin bir unsuru olarak iç kontrol, kamu idarelerinin malî işlem ve faaliyetlerine ilişkin tüm gelir, gider, varlık ve yükümlülüklerinin amacına ve mevzuatına uygun bir şekilde gerçekleştirilmesi için uygulanan malî yönetim, harcama öncesi kontrol ile harcama sonrası iç denetim faaliyetleridir." İç kontrolün amacı; Kamu gelir, gider, varlık ve yükümlülüklerinin etkili, ekonomik ve verimli bir şekilde yönetilmesini, Kamu idarelerinin kanunlara ve diğer düzenlemelere uygun olarak faaliyet göstermesini, Her türlü malî karar ve işlemlerde usulsüzlük ve yolsuzluğun önlenmesini, Karar oluşturmak ve izlemek için düzenli, zamanında ve güvenilir rapor ve bilgi edinilmesi" şeklinde ele alınmaktadır. (5018 Sayılı Kamu Mali Yönetimi ve Kontrol Kanunu Madde 55-56.)

[136]5018 Sayılı Kamu Mali Yönetimi ve Kontrol Kanunu Madde 68.

hazırlamaları gerektiğinin vurgulandığı gözlenmektedir.[137]

3.8.3.5393 Sayılı Belediye Kanununda Performans Denetimi

5393 Sayılı kanunun belediyelerde performans denetimi konusuna sıklıkla yer verdiği gözlenmektedir. Özellikle 18. ve 38. Maddelerinde görüleceği üzere belediye meclisi ve belediye başkanının belediyelerde performansa dayalı yönetim konusundaki görevleri ele alınarak başkan ve meclisin sorumluluk ve görev alanı belirlenmeye çalışılmaktadır. Bu maddelere göre belediye meclisi belediye faaliyetlerinin ve personelin performans ölçütlerini görüşmek ve kabul etmekle görevlendirilmiş olduğu görülürken, belediye başkanının belediye faaliyetlerinin ve personelinin performans ölçütlerini hazırlamak ve uygulamak, izlemek ve değerlendirmek ve bu yönde hazırlanan raporları meclise sunmak şeklinde görevli olduğu belirtilmiştir.138

Belediye kanununun 25. Maddesinde denetim komisyonunun görevlerinden söz edilmektedir. Buna göre, "İl ve ilçe belediyeleri ile nüfusu 10.000'in üzerindeki belediyelerde, belediye meclisi, her ocak ayı toplantısında belediyenin bir önceki yıl gelir ve giderleri ile bunlara ilişkin hesap kayıt ve işlemlerinin denetimi için kendi üyeleri arasından gizli oyla ve üye sayısı üçten az beşten çok olmamak üzere bir denetim komisyonu oluşturur. Komisyon, her siyasî parti grubunun ve bağımsız üyelerin meclisteki üye sayısının meclis üye tam sayısına oranlanması suretiyle oluşur. Komisyon belediye birimleri ve bağlı kuruluşlarından her türlü bilgi ve belgeyi isteyebilir. Bu istekler gecikmeksizin yerine getirilir."139 denilerek denetim komisyonunun görev ve yetkileri açıklanmaktadır.

Belediye çalışmaları ve faaliyetleri konusunda TBMM'ne benzer bir denetim metodu olarak bilgi edinme yoluna başvurulduğu gözlenmektedir.140 "Belediye meclisi, bilgi edinme ve denetim yetkisini faaliyet raporunu değerlendirme, denetim

[137]Köseoğlu, "Türk Belediyeciliğinde Performansa Dayalı Yönetim Anlayışına Geçiş", s. 20.
[138]**A.y.** s.33.
[139]5393 Sayılı Belediye Kanunu madde 25
[140]5393 Sayılı Belediye Kanunu madde 26

komisyonu, soru, genel görüşme ve gensoru yoluyla kullanır."141 Bilgi edinme ve gensoru, denetimi belediye başkanı ve faaliyetlerinin performans odaklı denetiminde kullanılan önemli bir denetim biçimini oluşturmaktadır.

Belediye kanununun 41. Maddesinde stratejik plân ve performans programı konusunun yer vermektedir.142 Buna göre, "Belediye başkanı, mahallî idareler genel seçimlerinden itibaren altı ay içinde; kalkınma plânı ve programı ile varsa bölge plânına uygun olarak stratejik plân ve ilgili olduğu yılbaşından önce de yıllık performans programı hazırlayıp belediye meclisine sunar. Stratejik plân, varsa üniversiteler ve meslek odaları ile konuyla ilgili sivil toplum örgütlerinin görüşleri alınarak hazırlanır ve belediye meclisi tarafından kabul edildikten sonra yürürlüğe girer. Nüfusu 50.000'in altında olan belediyelerde stratejik plân yapılması zorunlu değildir. Stratejik plân ve performans programı bütçenin hazırlanmasına esas teşkil eder ve belediye meclisinde bütçeden önce görüşülerek kabul edilir." denilmektedir.

Madde 54, 55, 56'da Belediyelerin performans ölçütlerine uymaları gerektiğinden, denetlemelerin yapılacağından bahsedilmiş, Belediye başkanının diğer bir görevinin, performans ölçütlerine göre hedef ve gerçekleşme durumu ile meydana gelen sapmaların nedenlerini ve belediye borçlarının durumunu açıklayan faaliyet raporunu hazırlamak olarak kararlaştırıldığı görülmektedir.143

54. maddede belediyelerde denetimin amacına şu şekilde yer verilmektedir; "Belediyelerin denetimi; faaliyet ve işlemlerde hataların önlenmesine yardımcı olmak, çalışanların ve belediye teşkilâtının gelişmesine, yönetim ve kontrol sistemlerinin geçerli, güvenilir ve tutarlı duruma gelmesine rehberlik etmek amacıyla;

---

[141]"Meclis üyeleri, meclis başkanlığına önerge vererek belediye işleriyle ilgili konularda sözlü veya yazılı soru sorabilir. Soru, belediye başkanı veya görevlendireceği kişi tarafından sözlü veya yazılı olarak cevaplandırılır. Meclis üyelerinin en az üçte biri, meclis başkanlığına istekte bulunarak, belediyenin işleriyle ilgili bir konuda genel görüşme açılmasını isteyebilir. Bu istek meclis tarafından kabul edildiği takdirde gündeme alınır. Belediye başkanınca meclise sunulan bir önceki yıla ait faaliyet raporundaki açıklamalar, meclis üye tam sayısının dörtte üç çoğunluğuyla yeterli görülmezse, yetersizlik kararıyla görüşmeleri kapsayan tutanak, meclis başkan vekili tarafından mahallin mülkî idare amirine gönderilir. Vali, dosyayı gerekçeli görüşüyle birlikte Danıştay'a gönderir. Yetersizlik kararı, Danıştay'ca uygun görüldüğü takdirde belediye başkanı, başkanlıktan düşer. Meclis üye tam sayısının en az üçte biri oranındaki üyenin imzasıyla belediye başkanı hakkında gensoru önergesi verilebilir."(5393 Sayılı Belediye Kanunu Madde 26)

[142]5393 Sayılı Belediye Kanunu Madde 41

[143]Ağcakaya, a.y. , s.35.

hizmetlerin süreç ve sonuçlarını mevzuata, önceden belirlenmiş amaç ve hedeflere, performans ölçütlerine ve kalite standartlarına göre tarafsız olarak analiz etmek, karşılaştırmak ve ölçmek; kanıtlara dayalı olarak değerlendirmek, elde edilen sonuçları rapor hâline getirerek ilgililere duyurmaktır."

55. maddede belediyelerde denetimin kapsam ve türleri olarak "Belediyelerde iç ve dış denetim yapılır. Denetim, iş ve işlemlerin hukuka uygunluk, malî ve performans denetimini kapsar. İç ve dış denetim 5018 sayılı Kamu Malî Yönetimi ve Kontrol Kanunu hükümlerine göre yapılır. Ayrıca, belediyenin malî işlemler dışında kalan diğer idarî işlemleri, hukuka uygunluk ve idarenin bütünlüğü açısından İçişleri Bakanlığı tarafından da denetlenir. Denetime ilişkin sonuçlar kamuoyuna açıklanır ve meclisin bilgisine sunulur." denilmektedir.

Belediye kanununun 56. Maddesinde belediyenin faaliyet raporları konusunun düzenlendiği görülmektedir. Burada "Belediye başkanı, 5018 sayılı Kamu Malî Yönetimi ve Kontrol Kanununun 41. maddesinin dördüncü fıkrasında belirtilen biçimde; stratejik plân ve performans programına göre yürütülen faaliyetleri, belirlenmiş performans ölçütlerine göre hedef ve gerçekleşme durumu ile meydana gelen sapmaların nedenlerini ve belediye borçlarının durumunu açıklayan faaliyet raporunu hazırlar. Faaliyet raporunda, bağlı kuruluş ve işletmeler ile belediye ortaklıklarına ilişkin söz konusu bilgi ve değerlendirmelere de yer verilir. Faaliyet raporu nisan ayı toplantısında belediye başkanı tarafından meclise sunulur. Raporun bir örneği İçişleri Bakanlığına gönderilir ve kamuoyuna da açıklanır." denilmektedir.

57. maddede belediye hizmetlerinin aksaması halinde takip edilecek süreç açıklanmaktadır. Buna göre, "Belediye hizmetlerinin ciddi bir biçimde aksatıldığının ve bu durumun halkın sağlık, huzur ve esenliğini hayati derecede olumsuz etkilediğinin İçişleri Bakanlığının talebi üzerine yetkili sulh hukuk hâkimi tarafından belirlenmesi durumunda İçişleri Bakanı, hizmetlerde meydana gelecek aksamanın giderilmesini, hizmetin özelliğine göre makul bir süre vererek belediye başkanından ister. Aksama giderilemezse, söz konusu hizmetin yerine getirilmesini o ilin valisinden ister. Bu durumda vali, aksaklığı öncelikle belediyenin araç, gereç,

personel ve diğer kaynaklarıyla giderir. Mümkün olmadığı takdirde diğer kamu kurum ve kuruluşlarının imkânlarını da kullanabilir. Ortaya çıkacak maliyet vali tarafından İller Bankasına bildirilir ve İller Bankasınca o belediyenin müteakip ay genel bütçe vergi gelirleri tahsilâtı toplamı üzerinden belediyeye ayrılan paydan valilik emrine gönderilir. İçişleri Bakanlığının talebi üzerine sulh hukuk hâkimi tarafından alınan karara karşı ilgili belediyece asliye hukuk mahkemesine itiraz edilebilir."

61.Maddede belediyenin bütçesi ele alınmaktadır. Bu kapsamda,"Belediyenin stratejik plânına ve performans programına uygun olarak hazırlanan bütçe, belediyenin malî yıl ve izleyen iki yıl içindeki gelir ve gider tahminlerini gösterir, gelirlerin toplanmasına ve harcamaların yapılmasına izin verir. Belediye başkanı ve harcama yetkisi verilen diğer görevliler, bütçe ödeneklerinin verimli, tutumlu ve yerinde harcanmasından sorumludur." denilmektedir.

3.8.4.5216 Sayılı Büyükşehir Belediyesi Kanununda Performans Denetimi

5216 Sayılı Büyükşehir Belediyesi Kanununun 1. Maddesinde de belirtildiği gibi kanunun amacı, "Büyükşehir belediyesi yönetiminin hukuki statüsünü düzenlemek, hizmetlerin planlı, programlı, etkin, verimli ve uyum içinde yürütülmesini sağlamaktır."[144] Buradan da anlaşılacağı üzere kanunun performansa dayalı bir yönetim anlayışı benimsediği gözlenmektedir. Yine Büyükşehir, ilçe ve ilk kademe belediyelerinin görev ve sorumluluklarının düzenlendiği 7. maddesinde, "İlçe ve ilk kademe belediyelerinin görüşlerini alarak büyükşehir belediyesinin stratejik planını, yıllık hedeflerini, yatırım programlarını ve bunlara uygun olarak bütçesini hazırlamak"[145] görevleri arasında sayılmaktadır.

Büyükşehir belediyesinin imar denetim yetkisinin düzenlendiği 11. maddesinde belediye başkanlarına alt kademe belediyelerinin imarla ilgili eylem ve işlemlerini denetleme yetkisi tanınmaktadır. Bu yetki dolaylı olarak alt kademe belediyelerinin

[144]5216 Sayılı Büyükşehir Belediyesi Kanunu Madde 1
[145]5216 Sayılı Büyükşehir Belediyesi Kanunu Madde 7

eylem ve işlemlerinin performansa uygunluğunun denetimini de içermektedir. İlgi maddede, "Büyükşehir belediyesi, ilçe ve ilk kademe belediyelerinin imar uygulamalarını denetlemeye yetkilidir. Denetim yetkisi, konu ile ilgili her türlü bilgi ve belgeyi istemeyi, incelemeyi ve gerektiğinde bunların örneklerini almayı içerir. Bu amaçla istenecek her türlü bilgi ve belgeler en geç on beş gün içinde verilir. İmar uygulamalarının denetiminde kamu kurum ve kuruluşlarından, üniversiteler ve kamu kurumu niteliğindeki meslek kuruluşlarından yararlanılabilir. Denetim sonucunda belirlenen eksiklik ve aykırılıkların giderilmesi için ilgili belediyeye üç ayı geçmemek üzere süre verilir. Bu süre içinde eksiklik ve aykırılıklar giderilmediği takdirde, büyükşehir belediyesi eksiklik ve aykırılıkları gidermeye yetkilidir. Büyükşehir belediyesi tarafından belirlenen ruhsatsız veya ruhsat ve eklerine aykırı yapılar, gerekli işlem yapılmak üzere ilgili belediyeye bildirilir. Belirlenen imara aykırı uygulama, ilgili belediye tarafından üç ay içinde giderilmediği takdirde, büyükşehir belediyesi 3.5.1985 tarihli ve 3194 Sayılı İmar Kanununun 32 ve 42. maddelerinde belirtilen yetkilerini kullanma hakkını haizdir. Ancak 3194 sayılı Kanunun 42. madde kapsamındaki konulardan dolayı iki kez ceza verilemez"[146] denilmektedir.

Büyükşehir Belediye Başkanının görev ve yetkileri büyükşehir belediyesi kanununun18. maddesine göre; belediyeyi stratejik plana uygun olarak yönetmek, belediye idaresinin kurumsal stratejilerini oluşturmak, bu stratejilere uygun olarak bütçeyi hazırlamak ve uygulamak görevlerini üstlenmesi, kurum faaliyetlerinin ve personelin performans ölçütlerini belirlemesi, izlenmesi ve değerlendirilmesi, bunlarla ilgili raporları meclise sunması olarak ele alınmıştır.[147]

Kısaca Büyükşehir belediyesi kanununda belediye kanununda olduğu gibi yerel yönetimlerin görev ve faaliyetlerini yerine getirilirken performans hedeflerine uygun bir şekilde yerine getirmesi amaçlanmakta, bu yönde çıkarılan düzenlemelerle performans denetimine yönetim sürecinde yer verilmesi istenmektedir.

---

[146] 5216 Sayılı Büyükşehir Belediyesi Kanunu Madde 11
[147] Ağcakaya, **a.y.**, s.35-36.

3.8.5.5302 Sayılı İl Özel İdaresi Kanununda Performans Denetimi

5302 Sayılı İl Özel İdaresi Kanunu, il özel idarelerinde performans sistemini benimsemiş ve performans denetimi konusunda Sayıştay'ın görevli olmasını kabul ederek bu denetimin yönetimin etkinleştirilmesinde şeffaflığın sağlanmasında yararlı bir düzenleme olacağını vurgulamıştır. Bu kanının, yöneticiler üzerinde yapılan araştırmalarda da benimsendiği gözlenmiştir.[148]

Performans denetimi kapsamında il özel idaresi kanunu incelendiğinde, 10. ve 30. maddelerinde, stratejik plan ile yatırım ve çalışma programlarının özel idare faaliyetlerinin ve personelinin performans ölçütlerine göre değerlendirilmesi ve karara bağlanması il genel meclislerinin sorumluluğuna bırakılmıştır. Vali kurumsal stratejiler oluşturmak, bu stratejiler doğrultusunda bütçeyi, kurum faaliyetlerinin ve personelin performans ölçütlerini hazırlamak ve uygulamak, izlemek ve değerlendirmek, sonuç olarak da bunlarla ilgili raporları meclise sunmakla görevlendirilmiştir.[149] İl Özel İdaresi Kanunu'nun, il özel idarelerinin yönetiminde işletme yönetiminin kullandığı stratejik plan, performans planı, faaliyet raporu gibi tekniklerden yararlanması gerektiğini vurguladığı gözlenmektedir.[150]

Meclis kararlarının kesinleşmesinin ifade edildiği 15. maddede, "İl genel meclisi tarafından alınan kararların tam metni, en geç beş gün içinde valiye gönderilir. Vali, hukuka aykırı gördüğü kararları, yedi gün içinde gerekçesini de belirterek yeniden görüşülmek üzere il genel meclisine iade edebilir. Valiye gönderilmeyen meclis kararları yürürlüğe girmez. Yeniden görüşülmesi istenilmeyen kararlar ile yeniden görüşülmesi istenip de il genel meclisi üye tam sayısının salt çoğunluğuyla ısrar edilen kararlar kesinleşir. Vali, meclisin ısrarı ile kesinleşen kararlar aleyhine on gün içinde idarî yargıya başvurabilir. Kesinleşen il genel meclisi karar özetleri toplantıyı izleyen en geç yedi gün içinde çeşitli yollarla halka

---

[148]Ömürgönülşen, "Türkiye'de Yakın Dönemde Yapılan Yerel Yönetim Reform Çalışmalarının İl Özel İdarelerine Yansımaları", s.12.
[149]Ağcakaya, **a.y.**, s.35-36.
[150]Ömürgönülşen, "Türkiye'de Yakın Dönemde Yapılan Yerel Yönetim Reform Çalışmalarının İl Özel İdarelerine Yansımaları", s.7.

duyurulur."[151]

Denetim komisyonunun anlatıldığı 17. maddede, "İl genel meclisi, her yılın ocak ayında yapılacak toplantısında il özel idaresinin bir önceki yıl gelir ve giderleri ile hesap ve işlemlerinin denetimi için kendi üyeleri arasından gizli oyla ve üye sayısı üçten az, beşten çok olmamak üzere bir denetim komisyonu oluşturur. Komisyon, her siyasî parti grubunun ve bağımsız üyelerin il genel meclisindeki üye sayısının meclis üye tam sayısına oranlanması suretiyle oluşur. Komisyon, vali tarafından il özel idare binası içinde belirlenen yerde çalışır ve çalışmalarında uzman kişi ve kuruluşlardan yararlanabileceği gibi valinin onayıyla kamu kuruluşları personelinden de yararlanabilir. Komisyon tarafından istenen bilgi ve belgelerin iade edilmek üzere verilmesi zorunludur. Komisyon, çalışmasını şubat ayı sonuna kadar tamamlar ve buna ilişkin raporunu, izleyen ayın on beşine kadar meclis başkanlığına sunar. Konusu suç teşkil eden hususlarla ilgili olarak meclis başkanlığı tarafından yetkili mercilere suç duyurusunda bulunulur."[152] denilerek il özel idaresinin faaliyetlerinin denetimi konusunda denetim komisyonunun görevleri ifade edilmektedir.

Meclisin bilgi edinme ve denetim yollarının açıklandığı 18. maddede, "İl genel meclisi soru, genel görüşme ve faaliyet raporunu değerlendirme yollarıyla bilgi edinme ve denetim yetkisini kullanır. Meclis üyeleri, meclis başkanlığına önerge vererek il özel idaresi işleriyle ilgili konularda sözlü veya yazılı soru sorabilir. Soru, vali veya görevlendireceği kişi tarafından sözlü veya yazılı olarak cevaplandırılır. İl genel meclisi üyelerinin en az üçte biri, meclis başkanlığına istekte bulunarak il özel idaresinin işleriyle ilgili bir konuda mecliste genel görüşme açılmasını isteyebilir. Bu istek, meclis tarafından kabul edildiği takdirde gündeme alınır. Vali, mart ayı toplantısında bir önceki yıla ait faaliyet raporunu meclise sunar. Faaliyet raporundaki açıklamalar, meclis üye tam sayısının dörtte üç çoğunluğuyla yeterli görülmezse, yetersizlik kararıyla görüşmeleri kapsayan tutanak, meclis başkanı tarafından gereği yapılmak üzere İçişleri Bakanlığına gönderilir."[153] denilmektedir.

---

[151]5302 Sayılı İl Özel İdaresi Kanunu Madde 15
[152]5302 Sayılı İl Özel İdaresi Kanunu Madde 17
[153]5302 Sayılı İl Özel İdaresi Kanunu Madde 18

Encümenin görev ve yetkilerinin açıklandığı 26. Maddede, "Encümenin görev ve yetkilerinin "Stratejik plân ve yıllık çalışma programı ile bütçe ve kesin hesabı inceleyip il genel meclisine görüş bildirmek" şeklinde ifade edildiği görülmektedir. Yine valinin görev ve yetkileri 30. maddede "İl özel idaresini stratejik plâna uygun olarak yönetmek, il özel idaresinin kurumsal stratejilerini oluşturmak, bu stratejilere uygun olarak bütçeyi, il özel idaresi faaliyetlerinin ve personelinin performans ölçütlerini hazırlamak ve uygulamak, izlemek ve değerlendirmek, bunlarla ilgili raporları meclise sunmak" şeklinde düzenlenmiştir.

Stratejik plân ve performans plânının düzenlendiği 31. maddede de "Mahallî idareler genel seçimlerinden itibaren altı ay içinde; kalkınma plân ve programları ile varsa bölge plânına uygun olarak stratejik plân ve ilgili olduğu yılbaşından önce de yıllık performans plânı hazırlayıp il genel meclisine sunar. Stratejik plân, varsa üniversiteler ve meslek odaları ile konuyla ilgili sivil toplum örgütlerinin görüşleri alınarak hazırlanır ve il genel meclisinde kabul edildikten sonra yürürlüğe girer. Stratejik plân ve performans plânı bütçenin hazırlanmasına esas teşkil eder ve il genel meclisinde bütçeden önce görüşülerek kabul edilir."[154] denilmektedir.

İl Özel İdaresi Kanunu 37. maddesinde denetim konusu, "İl özel idarelerinin denetimi; faaliyet ve işlemlerinde hataların önlenmesine yardımcı olmak, çalışanların ve il özel idaresi teşkilâtının gelişmesine, yönetim ve kontrol sistemlerinin geçerli, güvenilir ve tutarlı duruma gelmesine rehberlik etmek amacıyla; hizmetlerin süreç ve sonuçlarını mevzuata, önceden belirlenmiş amaç ve hedeflere, performans ölçütlerine ve kalite standartlarına göre tarafsız olarak analiz etmek, karşılaştırmak ve ölçmek; kanıtlara dayalı olarak değerlendirmek, elde edilen sonuçları rapor hâline getirerek ilgililere duyurmaktır." şeklinde ele alınmaktadır. Denetimin kapsamı ve türleri konusu 38. maddede, "İl özel idarelerinde iç ve dış denetim yapılır. Denetim, iş ve işlemlerin hukuka uygunluk, malî ve performans denetimini kapsar. İç ve dış denetim 5018 sayılı Kamu Malî Yönetimi ve Kontrol Kanunu hükümlerine göre yapılır. Ayrıca, il özel idaresinin malî işlemler dışında kalan diğer idarî işlemleri, idarenin

[154] 5302 Sayılı İl Özel İdaresi Kanunu Madde 31

bütünlüğüne ve kalkınma plânı ve stratejilerine uygunluğu açısından İçişleri Bakanlığı, vali veya görevlendireceği elemanlar tarafından da denetlenir." şeklinde ifade edilmektedir.

Kanunun 39. maddesinde, İl özel idaresinin faaliyet raporlarıyla ilgili şu şekilde bir düzenlemeye yer verilmiştir;[155] "Vali, Kamu Malî Yönetimi ve Kontrol Kanununun 41. maddesinin dördüncü fıkrasında belirtilen biçimde; stratejik plân ve performans hedeflerine göre yürütülen faaliyetleri, belirlenmiş performans ölçütlerine göre hedef ve gerçekleşme durumu ile meydana gelen sapmaların nedenlerini açıklayan faaliyet raporunu hazırlar. Faaliyet raporu mart ayı toplantısında vali veya genel sekreter tarafından meclise sunulur. Raporun bir örneği İçişleri Bakanlığına gönderilir ve kamuoyuna da açıklanır." denilmektedir.

Yine 40. maddesinde hizmetlerin aksaması durumunda, "İl özel idaresi hizmetlerinin ciddî bir biçimde aksatıldığının ve bu durumun halkın sağlık, huzur ve esenliğini hayatî derecede olumsuz etkilediğinin ilgili bakanlığın talebi üzerine yetkili sulh hukuk hâkimi tarafından belirlenmesi durumunda, İçişleri Bakanlığı hizmetlerde meydana gelen aksamanın giderilmesini, hizmetin özelliğine göre makul bir süre vererek il özel idaresinden ister. Aksama giderilemezse, söz konusu hizmetin yerine getirilmesini o ilin valisinden ister. Bu durumda, vali, aksaklığı öncelikle il özel idaresinin araç, gereç, personel ve diğer kaynaklarıyla giderir. Mümkün olmadığı takdirde diğer kamu kurum ve kuruluşlarının imkânlarını da kullanabilir. Bu nedenle ortaya çıkacak maliyet vali tarafından İller Bankasına bildirilir ve İller Bankasınca o il özel idaresinin müteakip ay genel bütçe vergi gelirleri tahsilâtı toplamı üzerinden il özel idaresine ayrılan paydan valilik emrine gönderilir." şeklinde bir düzenlemeye yer verilmiştir.

İl Özel idaresinin faaliyetlerinin denetimi konusunda madde 41 de "Denetimin yapılması ve faaliyet raporunun hazırlanması hususunda bu Kanunda hüküm bulunmayan durumlarda 5018 sayılı Kamu Malî Yönetimi ve Kontrol Kanunu ile diğer kanunların ilgili hükümleri uygulanır." İlgili Kanun'a atıflar yapılmıştır. Yine İl

[155] 5302 Sayılı İl Özel İdaresi Kanunu Madde 39

özel idaresinin bütçesinin anlatıldığı 44. maddede, "Vali ve harcama yetkisi verilen diğer görevliler, bütçe ödeneklerinin verimli, tutumlu ve yerinde harcanmasından sorumludur."[156] denilmektedir.

İl Özel İdaresi Kanununa göre denetim konusu il genel meclisi içerisinde oluşturulacak denetim komisyonunca il özel idaresinin gelir ve giderlerini denetlemek şeklinde yerine getirilmekle birlikte performans denetimi konusunda Sayıştay'ın dış denetim birimi olarak görev alacağı belirtilmiştir.[157] 5302 Sayılı İl Özel İdaresi kanunu ile birlikte merkezin taşra teşkilatının önemli bir bölümü yapısal ve işlevsel olarak il özel idarelerine devredilmiş, valinin il genel meclisi başkanlığına son verilmiş valinin yetkileri sınırlandırılmış, il genel meclisi adeta yerel bir yasama organı niteliği dönüştürülmüştür.[158]

3.8.6.Diğer İlgili Mevzuatta Performans Denetimi

Kamu yönetiminde ve dolayısıyla yerel yönetimlerde denetim faktörü ele alındığında karşımıza çıkan ilk durum, denetimin kamusal eylem ve işlemlerin uygulanmasında keyfiliğin önlenmesinde kullanılan bir araç olarak düşünülmesidir.[159] Devletin artan görev ve sorumluluk anlayışı çerçevesinde gelişen sosyal devlet anlayışında yaşanan gelişme ve beklentiler, başlangıçta sadece hukuka uygunluk denetimini yeterli görürken daha sonra kalkınma planlarına uygunluk, kamu kaynaklarının ekin kullanımı gibi yeni denetim amaçlarına da ihtiyaç duyulmuştur.[160] Bu kapsamda Türk kamu yönetiminde ve yerel yönetimlerde çok sayıda yasal düzenlemeye plan ve projeye yer verilmeye çalışıldığı gözlenmektedir.

Türk kamu yönetiminde ve yerel yönetimlerde performans olgusunu ve performans denetimi konusunu işleyen yasal düzenlemelerin, plan ve programların sayısını artırmak mümkündür. Kamu yönetiminin bu anlamda yeniden yapılanması için hazırlanan raporlar ve projelerden, 5 yıllık kalkınma planlarından hükümetlerin

[156]5302 Sayılı İl Özel İdaresi Kanunu Madde 41ve 44
[157]Ömürgönülşen, "Türkiye'de Yakın Dönemde Yapılan Yerel Yönetim Reform Çalışmalarının İl Özel İdarelerine Yansımaları", s.7.
[158]**A.y.**, s.8.
[159]Uluğ, **a.y.**, s.98.
[160]Özer, "Yerel Yönetimlerin Denetimi ve Ülkemizde Yaşanan Son Gelişmeler", s.153.

uygulamaya çalıştıkları acil eylem planlarına kadar çok sayıda düzenlemede performans odaklı bir yönetim ve performans denetimi içerikli bir sistem kurulmaya çalışılmıştır. Çalışmalarda bu yönde aynı hızda devam etmektedir.

DÖRDÜNCÜ BÖLÜM

BELEDİYELERDE PERFORMANS DENETİMİNİN ALĞILANMASINA İLİŞKİN BİR ARAŞTIRMA

4.1. Araştırmanın Amacı

Bu araştırmanın amacını; yerel yönetim birimleri arasında yer alan belediyelerde performans denetiminin önemi ve uygulanabilirliğini belediye çalışanlarının görüşleri doğrultusunda değerlendirmek oluşturmaktadır.

Dolayısıyla bu çalışmayla; yerel yöneticilerin ve yerel çalışanların performans denetimi konusundaki beklenti ve kaygıları, yerel hedeflerin gerçekleştirilmesinde performans denetiminin gerekliliği, performans denetimiyle getirilen-getirilmeye çalışılan durumun istenilen hedefleri ne ölçüde karşıladığı, bu birimlerde çalışan personelin verdikleri ifadelerden hareketle analiz edilmesi amaçlanmaktadır.

Bu amaçla araştırmanın cevap aradığı ana soru; "Yerel yönetimlerde uygulanmaya çalışılan performans denetimi konusu, bir yerel yönetim birimi olan belediyelerde, belediye çalışanlarınca nasıl algılanılmakta ve değerlendirilmektedir?" şeklinde ifade edilebilir. Bu soruyu cevaplayabilmek için aşağıda ifade edilen alt sorulara yanıt aranmıştır.

* Belediye çalışanlarının belediyelerde performans denetimine ilişkin algı ve beklentileri nasıldır?

* Belediye çalışanlarının kurumlarında uygulanan performans denetimi uygulamalarına ilişkin değerlendirmeleri nasıldır?

* Belediyenizde çalışanlar performans denetimi uygulamalarından nasıl etkilenmektedir?

* Belediye çalışanlarının performans denetimi algısı, belediyelerin siyasi, sosyo-ekonomik gelişmişlik düzeyi gibi özellikleri açısından farklılaşmaktadır?

* Belediye çalışanlarının performans denetiminin hukuki boyutuyla ilgili algı ve görüşleri nasıldır?

4.2. Araştırmanın Önemi

Bu araştırmanın önemini, yerel yönetimlerde yeni yeni uygulanmaya başlayan performans denetimi olgusunun, yerel çalışanlar tarafından nasıl algılandığının belirlenmesiyle, yerel yönetimlerde uygulanacak olan performans denetiminin geleceğine ilişkin alt yapısının sağlıklı geliştirilmesine zemin hazırlamak oluşturmaktadır. Bu sayede yerel yönetimlerde uygulanması düşünülen performans denetimi uygulamalarına ilişkin hukuki ve siyasi düzenlemelerin hayata geçirilmesinde ve performans denetimi uygulamalarından en iyi şekilde yararlanılmasında elde edilecek verilerin yol gösterici bir faktör olacağı düşünülmektedir.

İlgili araştırmayla, yerel yönetimlerde uygulanması planlanan performans denetimine ilişkin mevcut sıkıntıların kaynağı saptanarak, yerel yönetimlerde performans denetiminin gelişimine ilişkin düzenlemelerin daha sağlıklı yapılmasının alt yapısını hazırlamak ve literatürde bu konuda gözlenen eksikliğin giderilmesine katkı sağlanması istenmektedir.

4.3. Araştırmanın Sınırlılıkları

Araştırma, zaman ve maliyet kısıtı düşünüldüğünden dolayı Türkiye'de sadece 25 il merkezinde görev yapan belediye çalışanlarıyla sınırlandırılmıştır. Bununla birlikte elde edilen sonuçlar Türkiye geneline ilişkin olmamakla beraber yerel yönetim çalışanlarının performans denetimi konusundaki algı ve beklentileri hakkında bir fikir verebileceği de söylenebilir.

Araştırmaya katılan belediye çalışanlarının anket sorularını aynı şekilde anladığı ve uygulamalarla ilgili gerçek durumu yansıtan bilgileri verdikleri kabul edilmiştir. Ayrıca belediye çalışanlarının performans denetimi algı ve düşünceleri üzerinde, yapısal ve çevresel değişkenlerin olası etkileri araştırmanın kapsamına alınmamıştır.

4.4.Araştırmanın Yöntemi

4.4.1.Evren ve Örneklem

Türkiye'de belediyelerin hukuki olarak net bir sınıflandırılmasının yapılamadığı gözlenmektedir. Belediyeler yasal anlamda; büyükşehir belediyesi, il belediyesi, ilçe belediyesi, alt kademe belediyesi ve belde belediyesi olarak sınıflandırılmaktadır. İlgili yasal metinlerde belediyelerin nüfus ölçütüne göre kuruldukları, il, ilçe olmaları koşulu ile gerekli nüfus kriterinden yoksun kalsalar da belediye teşkilatlarını korumaları gerektiği gibi faktörlerin söz konusu olduğu görülmektedir. Ancak Türkiye'de belediye nüfusları dikkate alındığında nüfus faktörünün tek başına yeterli bir kriter olmadığı gözlenmektedir. Büyükşehir belediyeleri içerisinde yer alan çok sayıda alt kademe belediyesinin ve yine birçok ilçe belediyesinin, Türkiye'deki birçok il nüfusundan fazla insana ev sahipliği yapmasına rağmen farklı bir sınıflandırmaya sahip olması buna güzel bir örnektir. Nüfus kriteri yanında bölgesel gelişmişlik, coğrafi yapı, turizm, kırsal-kentsel yapılanma gibi çok sayıda faktörün de belediyelerin sınıflandırılmasında göz önünde bulundurulması gerekmektedir. Bu nedenle Türkiye'de belediyelerin sınıflandırılmasında net bir ayrımın yapılamadığı görülmektedir.

Belediyelerin sınıflandırılmasında söz edilen güçlükten ötürü, araştırma alanının seçiminde Türkiye'de mevcut olan coğrafi bölge dağılımı ve illerin sosyo-ekonomik gelişmişlik endeksi[1] baz alınarak bu sorun giderilmeye çalışılmıştır. Türkiye'de illerin bölgesel dağılımı ve sosyo-ekonomik gelişmişlik sıralamasından yararlanılarak belediyeler öncelikle büyük şehir belediyeleri ve diğer il belediyeleri şeklinde ikili bir sınıflandırmaya tabi tutulmuştur. Sınıflandırmada 7 coğrafi bölge içinde yer alan belediyelerden öncelikle 1'er adet bölgenin en büyük sosyo-ekonomik gelişmişliğe sahip büyükşehir belediyesi (İstanbul, Samsun, İzmir, Ankara, Antalya, Gaziantep, Erzurum) belirlenmiştir. Ardından da bu bölgeler içerisinde büyük şehir belediyeleri dışında kalan il belediyeleri içerisinden sosyo-ekonomik gelişmişlik

---

[1] Ezgi Baday Yıldız, Uğur Sivri ve Metin Berber "Türkiye'de İllerin Sosyo-Ekonomik Gelişmişlik Sıralaması (2010)", **Uluslararası Bölgesel Kalkınma Sempozyumu**, 7-9 Ekim 2010, Yozgat s.9.

açısından en gelişmiş ve en gelişmemiş il belediyeleri (Tekirdağ, Balıkesir, Bolu, Bayburt, Muğla, Afyon, Karaman, Yozgat, Isparta, Kahramanmaraş, Kilis, Şırnak, Elazığ ve Muş) tespit edilmiştir. Bunlara ilave olarak özel durumlarından ötürü,[2] araştırmacı tarafından değerlendirmeye katılan ilave iki büyük şehir belediyesi (Eskişehir, Diyarbakır) ve iki il belediyesiyle (Şanlıurfa, Tokat) birlikte toplam 25 belediye seçilmiştir.

Bu kapsamda araştırmanın evrenini, Türkiye'nin 7 coğrafi bölgesi içerisinden soyso-ekonomik gelişmişlik düzeyleri dikkate alınarak seçilen toplam 25 il belediyesinde görev yapan 34913 idari personel ve 1269 yönetici personel oluşturmaktadır.

Ana kütleyi temsil edecek örneklem büyüklüğü; 34913 idari personel için tesadüfi olmayan örneklem metotlarından kotalara göre örneklemeyle 381 kişi, yine 1269 yönetici personel içinde 297 kişi olarak belirlenmiştir.

40000 kişi için kabul edilen örneklem büyüklüğünün 380, 1300 kişi için kabul edilen örneklem büyüklüğünün ise 297 olduğu dikkate alınırsa örneklemim yeterli olduğu görülmektedir.[3]

4.4.2. Veri Toplama Yöntemi

Araştırma verilerinin toplanmasında ilgili belediyelerde çalışan personelin görüşlerini öğrenebilmek için anket metodundan yararlanılmıştır.

Araştıranın temel amacına uygun olarak yerel yönetimlerde performans denetimi uygulamaları hakkında belediye yöneticileri, belediye personeli ve belediye encümenlerinin bu uygumlalar hakkındaki eğilim, görüş ve beklentilerini saptayacak şekilde anket soruları ilgili literatür incelenerek hazırlanmıştır. Alana hakim uzman ve bilir kişilerden araştırmayla ilgili görüş, öneri ve eleştiri alınarak destek alınmıştır.

---

[2] Belediye başkanlarının üst üste birden çok dönem seçilmiş olması ve popülaritesi

[3] Remzi Altunışık, R. Coşkun, S. Bayraktaroğlu ve E. Yıldırım: 2004, Sosyal Bilimlerde Araştırma Yöntemleri, Sakarya Kitapevi, Sakarya, s.125.

Hazırlanan anket üç bölümden oluşmaktadır. Anketin ilk bölümü, araştırma örnekleminin demografik bilgilerini tespit etmeye yönelik kapalı uçlu ifadelerden oluşmaktadır.

İlgili anketin ikinci bölümünü ise, toplam 30 adet ifadeden oluşmaktadır. Bu ifadeler üç temel grup içerisinde sınıflandırılmıştır. Bu ifade grupları incelendiğinde;

Binci grup ifadeler: "Belediye çalışanlarının belediyelerde performans denetimi uygulamaları konusundaki algı ve beklentilerini değerlendiren ifadeler",

İkinci grup ifadeler: "Belediye çalışanlarının kurumlarında uygulanan performans denetimi uygulamalarına ilişkin algı ve beklentilerini değerlendiren ifadeler",

Üçüncü grup ifadeler: "Belediye çalışanlarının performans denetimi uygulamalarından etkilenme düzeyleriyle ilgili ifadeler" den oluşmaktadır.

İlgili 30 ifadenin yanıtlanmasında beşli Likert tipi derecelendirmeden oluşan (1) kesinlikle katılıyorum, (2) katılıyorum, (3) kararsızım, (4) katılmıyorum ve (5) kesinlikle katılmıyorum puanlamalarına yer verilmiştir.

Hazırlanan anketlerin üçüncü bölümünde ise, genellikle kapalı uçlu ve çoktan seçmeli sorular yanı sıra açık uçlu ve şıklar arasında katılımcıların sıralama yapabilecekleri tarzda sorulara yer verilmiştir.

4.5. Verilerin Toplanması ve Analizi

Anketler, 1 Nisan 2011-30 Haziran 2011 tarihleri arasında, belediyelerde çalışan idari, yönetici ve seçilmiş ve atanmış encümen üyelerine yüz yüze görüşülerek, posta yolu ve e-mail yolu ile yapılmıştır.

Araştırma kapsamında seçilen illerde çalışan yönetici, encümen ve idari personelin sayısı, bu illerde yapılması hedeflenen anket miktarı, dağıtılan anket sayıları, yüzdelik dağılımları ve geri dönen anket miktarı aşağıda gösterilen tablolarda yer almaktadır.

Tablo 4.2:İllere Göre Anket Yapılan Yönetici Sayısı ve Geri Dönen Anket Miktarı

*	İller	Toplam Yönetici Sayısı	Yüzdelik Dağılımı %	Hedef	Dağıtılan Anket Sayısı	Geri Dönen Anket Sayısı
1	**İstanbul**	114	%9.0	26	90	40
2	**Ankara**	116	%9.1	26	91	32
3	**İzmir**	110	%8.7	25	87	0
4	**Samsun**	89	%7.0	21	70	26
5	**Antalya**	94	%7.4	22	74	30
6	**Gaziantep**	92	%7.2	21	72	27
7	**Erzurum**	69	%5.4	16	54	22
8	**Eskişehir**	91	%7.2	21	72	24
9	**Diyarbakır**	85	%6.7	20	67	21
10	**Tekirdağ**	29	%2.3	7	23	8
11	**Bolu**	23	%1.8	5	18	6
12	**Isparta**	28	%2.2	7	22	9
13	**Elazığ**	28	%2.2	7	22	10
14	**Muğla**	22	%1.7	5	17	11
15	**Afyon**	25	%2.0	6	20	11
16	**Karaman**	26	%2.0	6	20	12
17	**Yozgat**	24	%1.9	6	19	8
18	**Kahramanmaraş**	32	%2.5	7	25	7
19	**Kilis**	20	%1.6	5	16	7
20	**Şırnak**	15	%1.2	4	13	7
21	**Balıkesir**	28	%2.2	7	22	7
22	**Tokat**	28	%2.2	7	22	11
23	**Bayburt**	20	%1.6	5	16	6
24	**Şanlıurfa**	37	%2.9	9	29	18
25	**Muş**	24	%1.9	6	19	7
*	**Toplam**	**1269**	**%100**	**297**	**1000**	**367**

Yukarıdaki tabloda da görüldüğü gibi 25 il merkezinde il belediyelerinin merkez hizmet binalarında görev yapan yönetici personele (belediyenin seçilmiş ve atanmış encümen üyeleri, belediye başkanı, belediye başkan yardımcısı, genel sekreter, genel sekreter yardımcısı, daire başkanı, daire başkan yardımcısı, müdür, müdür yardımcısı vb.) anket çalışması yapılmıştır.

1000 adet anket 25 il merkezinde yöneticilerin yüzdelik dağılımlarına göre dağıtılmıştır. Bu kapsamda yönetici personel sayısı fazla olan belediyeler arasında yer alan İstanbul, Ankara, İzmir, Antalya, Samsun, Diyarbakır, Eskişehir, Erzurum ve Gaziantep büyükşehir belediyelerinde çalışan yönetici personelin yüzdelik dağılımının %9,1 - %5,4 arasında olduğu görülmüştür.

Bunun yanında büyükşehir belediyelerine nazaran daha az yöneticinin görev yaptığı il belediyelerinde çalışan yönetici personelin yüzdelik dağılımı ise %2,9-%2,1 arasında dağılım gösterdiği tespit edilmiştir.

25 il merkezinde görev yapan toplam 1269 yönetici personel için hedeflenen örneklem büyüklüğü 297 olarak tespit edilmiştir.[4] Bu kapsamda dağıtılan anketleri 367 tanesi sağlıklı olarak geri dönmüştür.[5]

Tablo 4.3:İllere Göre Anket Yapılan İdari Personel Sayısı ve Geri Dönen Anket Miktarı

*	**İller**	**Toplam Personel Sayısı**	**Yüzdelik Dağılımı %**	**Hedef**	**Dağıtılan Anket Sayısı**	**Geri Dönen Anket Sayısı**
1	**İstanbul**	13789	%39.4	150	393	167
2	**Ankara**	2707	%12.3	47	123	54
3	**İzmir**	3279	%9.4	36	94	0
4	**Samsun**	544	%1.6	6	16	15
5	**Antalya**	1313	%3.8	14	38	28
6	**Gaziantep**	770	%2.2	8	22	17
7	**Erzurum**	597	%1.7	6	17	26
8	**Eskişehir**	1014	%2.9	11	29	15
9	**Diyarbakır**	830	%2.4	9	24	12
10	**Tekirdağ**	657	%1.9	7	19	8
11	**Bolu**	400	%1.2	5	12	8
12	**Isparta**	674	%1.9	7	19	8
13	**Elazığ**	768	%2.2	8	22	8
14	**Muğla**	281	%0.8	4	8	4
15	**Afyon**	524	%1.5	6	15	11
16	**Karaman**	469	%1.3	5	13	7
17	**Yozgat**	400	%1.2	5	12	7
18	**Kahramanmaraş**	840	%2.4	9	24	11
19	**Kilis**	278	%0.8	4	8	4
20	**Şırnak**	231	%0.7	3	7	6
21	**Balıkesir**	643	%1.8	7	18	9
22	**Tokat**	408	%1.2	5	12	8
23	**Bayburt**	289	%0.8	3	8	4
24	**Şanlıurfa**	1277	%3.7	14	37	16
25	**Muş**	334	%1.0	2	10	4
*	**Toplam**	**34913**	**%100**	**381**	**1000**	**457**

[4] Altunışık, **a.g.e**, s.125.

[5] İzmir Büyükşehir Belediyesi'ne 3-4 kez ilgili anket çalışması için izin ve uygulama yapmak için başvurulmasına-gidilmesine rağmen, İzmir Büyükşehir Belediyesi'nin gerekli izni vermemesinden dolayı ilgili anket çalışması İzmir Büyükşehir Belediyesi'nde yapılamamıştır. İzmir Büyükşehir Belediyesi gerekçe olarak tarafımıza yazılı bir açıklamada bulunarak çalışanlarının yoğun iş yüklerinin olmasını gerekçe göstermiştir.

Yukarıdaki tabloda da görüldüğü üzere 25 il merkezinde il belediyelerinin hizmet binalarında görev yapan idari personele (memur, işçi, sözleşmeli personel ve geçici personel) 1000 adet anket, çalışanların il merkezlerindeki yüzdelik dağılımına göre dağıtılmıştır.

Bu kapsamda idari personel sayısı fazla olan belediyeler arasında yer alan İstanbul, Ankara, İzmir, Antalya, Samsun, Diyarbakır, Eskişehir, Erzurum ve Gaziantep büyükşehir belediyelerinde çalışan idari personelin yüzdelik dağılımının %39,4 - %1,7 arasında olduğu görülmüştür. Tabloda da görüldüğü üzere seçilen illerde çalışan idari personelin yüzdelik dağılımı arasında önemli bir fark söz konusudur. Buradaki fark özellikle üç büyük şehrin İstanbul, Ankara ve İzmir illerinin nüfuslarının çok fazla olmasına bağlı olarak, ilgili belediyelerde çalışan idari personel istihdamının fazla olmasından kaynaklandığı düşünülmektedir. Tüm bunların yanında büyükşehir belediyelerine nazaran daha az idari personelin görev yaptığı il belediyelerinde çalışan idari personelin yüzdelik dağılımı ise %3,7 - %0,7 arasındadır. Büyük şehir belediyelerine oranla daha dengeli bir dağılım gösterdiği görülmektedir.

Yine 25 il merkezinde görev yapan toplam 34913 idari personel için hedeflenen örneklem büyüklüğü, 381olarak tespit edilmiştir.[6] Bu kapsamda dağıtılan anketlerin 457 tanesi sağlıklı olarak geri dönmüştür. Sonuç olarak, yönetici personelden 367, idari personelden 457 olmak üzere toplam 824 adet anket verisi elde edilmiştir. Elde edilen veriler bilgisayara aktarılarak SPSS 11.5 paket programı aracılığıyla analiz edilmiştir.

Araştırma verileri öncelikle Cronbach Alfa Katsayısıyla güvenirlik analizine tabi tutulmuştur. Anketin bu araştırma için yapılan güvenirlik analizi sonucu Cronbach Alfa Katsayısı 0,8649 olarak tespit edilmiştir. Bu sonuç anketin güvenirlik düzeyinin yüksek olduğunu göstermektedir.

---

[6] Altunışık, **a.g.e**, s.125.

4.6.Bulgular ve Yorum

4.6.1.Araştırma Örnekleminin Demografik Özellikleri

Aşağıdaki tabloda araştırmaya katılan örneklemin cinsiyet, yaş, medeni hal, hizmet süresi ve eğitim durumuna ilişkin tespitler yer almaktadır.

Tablo 4.4:Araştırma Örneklemiyle İlgili Demografik Özellikler-I

Değişkenler		**Frekans**	**%**	**Değişkenler**		**Frekans**	**%**
Cinsiyet	Erkek	562	68.2	**Hizmet Süresi**	1-5	236	28.6
	Kadın	262	31.8		6-10	142	17.2
Yaş	20-25	41	5.0		11-15	136	16.5
	26-35	272	33.0		16-20	142	17.2
	36-45	325	39.4		21-25	106	12.9
	46+	186	22.6		26+	62	7.5
Medeni Hal	Bekar	137	16.6	**Eğitim Durumu**	İlköğretim	21	2.5
	Evli	671	81.4		Lise	232	28.2
	Boşanmış	14	1.7		Üniversite	513	62.3
	Dul	2	0.2		Y. Lisans	47	5.7
					Doktora	11	1.3

Tabloda görüldüğü üzere, araştırmaya katılan örneklemin % 68,2'sini erkek personel, % 31,8'ini kadın personel oluşturmaktadır.

Araştırmaya katılan personelin yaşları incelendiğinde, çalışanların %5'inin 20-25 yaş grubu aralığında, %33'ünün 26-35 yaş aralığında, %39,4'ünün 36-45 yaş aralığında, %22,6'sının 46 yaş ve üzeri yaş aralığında bir dağılım gösterdiği görülmektedir. Buradan çıkan sonuç, belediye çalışanlarının büyük bir kısının orta yaş kategorisi içerisinde yer aldığı sonucudur.

Araştırmaya katılan personelin medeni hallerine bakıldığında, çalışanların %16,6'sının bekar, %81,4'ünün evli, % 1,7'sinin boşanmış ve %0,2'sinin dul olduğu görülmektedir. Bu sonuca göre, araştırmaya katılan belediye çalışanlarının büyük bir kısmının evli olduğu sonucu ortaya çıkmaktadır.

Araştırmaya katılan personelin kurumlarındaki hizmet süreleri incelendiğinde %28,6'sının 1-5 yıl arasında, %17,2'sinin 6-10 yıl arasında, %16,5'inin 11-15 yıl arasında, %17,2'sinin 16-20 yıl arasında, %12,9'unun 21-25 yıl arasında ve %7,5'inin 26 ve üzeri yıl, kurumlarında hizmet gördükleri gözenmektedir.

Araştırmaya katılan personelin eğitim durumları değerlendirildiğinde ise %2,5'inin ilköğretim, %28,2'sinin lise, %62,3'ünün üniversite,%5,7'sinin yüksek lisans ve %1,3'ünün doktora mezunu olduğu gözlenmektedir.

Araştırmaya katılanların görev yerlerine göre dağılımı ise aşağıdaki tabloda gösterilmektedir.

Tablo 4.5:Araştırma Örneklemiyle İlgili Demografik Özellikler-II

Görev yeri	F	%		Görev yeri	F	%
anbul	207	25.1		Tekirdağ	16	1.9
Ankara	86	10.4		Bolu	14	1.7
İzmir	0	0.0		Isparta	17	2.1
Samsun	41	5.0		Elazığ	18	2.2
Antalya	58	7.0		Muğla	15	1.8
Gaziantep	44	5.3		Afyon	22	2.7
Erzurum	48	5.8		Karaman	19	2.3
Eskişehir	39	4.7		Yozgat	22	2.7
Diyarbakır	33	4.0		Kahramanmaraş	18	2.2
Şanlıurfa	34	4.1		Kilis	11	1.3
Tokat	19	2.3		Şırnak	13	1.6
Muş	11	1.3		Balıkesir	16	1.9
				Bayburt	10	1.2

Yine aşağıdaki tabloda araştırmaya katılan belediye personelin görev dağılımlarına yer verilmektedir.

Tablo 4.6:Araştırma Örneklemiyle İlgili Demografik Özellikler-III

(Yönetici Personel)	F	%		(Encümen Üyesi)	F	%
Belediye başkanı	1	0.1		Atanmış encümen	48	5.8
Belediye başkan yardımcısı	9	1.1		Seçilmiş encümen	31	3.8
Genel sekreter	2	0.2		**Toplam Encümen:**	**79**	**9.58**
Genel sekreter yardımcısı	9	1.1				
Daire başkanı	25	3.0		**(İdari Personel)**		
Daire başkan yardımcısı	1	0.1		Memur	187	22.7
Müdür	180	21.8		İşçi	113	13.7
Müdür yardımcısı	49	5.9		Sözleşmeli personel	128	15.5
Diğerleri	12	1.5		Geçici personel	29	3.5
Toplam Yönetici:	**288**	**34.9**		**Toplam Personel:**	**457**	**55.4**
GENEL ÇALIŞAN TOPLAM					**824**	**100**

Tablodan da anlaşıldığı üzere belediye çalışanları, yönetici personel ve idari personel şeklinde iki sınıf içerisinde değerlendirilmiştir. Belediyenin atanmış ve seçilmiş encümen üyeleri de yönetici kadro içerisinde değerlendirilmeye tabi tutulmuştur. Tablodan da görüleceği üzere yönetici kadro içerisinde ankete en büyük katılımın % 21,8 ile müdür düzeyinde olduğu, bunu %5,9 ile müdür yardımcısı ve %3 ile daire başkanı ve diğerlerinin takip ettiği görülmektedir.

Yine belediye encümenlerinin katılımına bakıldığında, atanmış encümen üyelerin %5,8 seçilmiş encümen üyelerinin ise %3,8'lik bir temsile sahip olduğu görülmektedir. Son olarak belediyede çalışan idari personel değerlendirildiğinde %22,7 ile memurların, %13,7 ile işçilerin, %15,5 ile sözleşmeli personelin ve %3,3 ile geçici personelin anket çalışmasına katılımının söz konusu olduğu görülmektedir.

4.6.2.Araştırma Örnekleminin Anketteki İfadelere Katılım Düzeyi

4.6.2.1.Belediyelerde Performans Denetimi Uygulamalarına İlişkin Görüşler

Belediye çalışanlarının belediyelerde performans denetimi uygulamaları konusundaki algı ve beklentilerini değerlendirmeye yönelik ifadelere verdikleri (1) kesinlikle katılıyorum, (2) katılıyorum, (3) kararsızım, (4) katılmıyorum, (5) kesinlikle katılmıyorum, şeklindeki yanıtlarının ortalamalarını gösteren tablo aşağıda verilmiştir.

Tablo 4.7:Araştırma Örneklemin İfadelere Katılım Ortalaması-I

Belediye Çalışanlarının Belediyelerde Performans Denetimine İlişkin Algı ve Beklentileri	**ORTALAMALAR**			
	SEÇ. ENC.	ATN. ENC.	YNT. PER.	İDR. PER
1.Belediyelerde performans denetimi uygulanması gereken bir denetim çeşididir	1.968	2.277	2.007	1.960
2.Kaliteli hizmet sunumu için performans denetimi olmazsa olmaz bir denetim türüdür	1.935	2.354	2.170	2.103
3.Belediyelerde performans denetimi uygulamalarının yarardan çok sakıncası vardır	3.710	3.396	3.611	3.494
4.Belediyelerde performans denetimi uygulamalarında siyasi etkilerden dolayı olumsuz uygulamalar söz konusu olabilir	2.355	2.745	2.573	2.556
5.Performans denetimi çalışanları koruyan sosyal devlet anlayışıyla bağdaşmaz	3.700	3.391	3.274	3.276
6.Performans denetiminde çalışanların denetiminde denetleyen kişilerin bireysel tutumlarından ötürü haksızlıklar söz konusu olabilir	2.433	2.298	2.422	2.497
7.Performans denetimiyle belediyelerin etkin, verimli ve tutumlu	2.290	2.196	2.123	2.115

çalışması sağlanabilir				
8.Belediyelerde performans denetimiyle çalışan-çalışmayan ayrımı yapılabilmektedir	2.700	2.761	2.344	2.434
9.Belediyelerde performans denetimiyle çalışanlar daha başarılı iş göreceklerdir	2.767	2.696	2.263	2.258
10.Belediyelerde yöneticiler performans denetimi konusunda yeterli bilgiye sahiptir	3.194	3.064	3.186	3.129
11.Belediyelerde performans denetiminden beklenen faydanın sağlanabilmesi için benzer nitelikteki tüm belediyelerde benzer bir performans denetimine yer verilmesi gerekir	2.258	2.596	2.220	2.259
12.Belediyelerde etkin bir performans denetimi için bu denetimin diğer denetimlerle birlikte uyumlu yürütülmesi gerekir	1.871	2.106	1.975	2.099
13.Performans denetimi sosyal devlet anlayışıyla paralel yürütüldüğü sürece başarılı olur	1.733	2.191	2.115	2.147
14.Belediyelerde performans denetimi uygulamalarını güçleştiren engeller söz konusudur	2.645	2.313	2.486	2.574
15.Belediyelerde performans denetimi, karşılaştığı engellerden ötürü istenilen düzeyde uygulanamamaktadır	2.419	2.479	2.388	2.464
Ortalama	**2.527**	**2.594**	**2.474**	**2.490**

Yukarıdaki tabloda, belediye encümen üyeleri, belediye yöneticileri ve idari personelinin "Belediye çalışanlarının belediyelerde performans denetimi uygulamaları" konusundaki algı ve beklentilerini değerlendirmeye yönelik ifadelere verdikleri yanıtların ortalamalarına yer verilmiştir.

Ortalamalardan da anlaşıldığı üzere, belediyenin seçilmiş encümenlerinin ortalamasının 2,52 olduğu, belediyenin atamayla belirlenen encümenlerinin ortalamasının 2,59 olduğu gözlenmektedir. Yine belediye yöneticilerinin ifadelere katılım ortalamasının 2,47 olduğu ve son olarak idari personelin ifadelere verdikleri yanıtların ortalamasının 2.49 olduğu görülmektedir.

İlgili ortalamalar incelendiğinde, "Belediye çalışanlarının belediyelerde performans denetimi uygulamaları" konusundaki algı ve beklentilerini değerlendirmeye yönelik ifadelere, en yüksek desteğin öncelikle yönetici personel tarafından ardından idari personel daha sonra atanmış encümen üyeleri ve son olarak seçilmiş encümen üyeleri tarafından verildiği gözlenmektedir.

Seçilmiş encümen üyelerinin ifadelere verdikleri yanıtlar incelendiğinde, seçilmiş encümen üyelerinin verdikleri cevaplar arasında ilgili ifadelere katılım ortalamalarının en yüksek olduğu ifadenin 1,733 ortalama ile "Performans denetimi sosyal devlet anlayışıyla paralel yürütüldüğü sürece başarılı olur" ifadesinin olduğu görülmektedir. Yani seçilmiş encümen üyelerinin ilgili ifadeyi kesinlikle katılıyorum ile katılıyorum arasında katılıyorum ifadesine yakın bir düzeyde destekledikleri gözlenmektedir. Bunun yanında seçilmiş encümen üyelerinin verdikleri cevaplar arasında ilgili ifadelere katılım ortalamalarının en düşük olduğu ifadenin 3,710 ortalama ile "Belediyelerde performans denetimi uygulamalarının yarardan çok sakıncası vardır" ifadesinin olduğu görülmektedir. Yani seçilmiş encümen üyelerinin ilgili ifadeyi kararsızım ile katılmıyorum arasında katılmıyorum ifadesine yakın bir düzeyde destekledikleri gözlenmektedir.

Atanmış encümen üyelerinin ifadelere verdikleri yanıtlar incelendiğinde, atanmış encümen üyelerinin verdikleri cevaplar arasında ilgili ifadelere katılım ortalamalarının en yüksek olduğu ifadenin 2,106 ortalama ile "Belediyelerde etkin bir performans denetimi için bu denetimin diğer denetimlerle birlikte uyumlu yürütülmesi gerekir" ifadesinin olduğu görülmektedir. Yani atanmış encümen üyelerinin ilgili ifadeyi katılıyorum ile kararsızım arasında katılıyorum ifadesine yakın bir düzeyde destekledikleri gözlenmektedir. Bunun yanında atanmış encümen üyelerinin verdikleri cevaplar arasında ilgili ifadelere katılım ortalamalarının en düşük olduğu ifadenin 3,396 ortalama ile "Belediyelerde performans denetimi uygulamalarının yarardan çok sakıncası vardır" ifadesinin olduğu görülmektedir. Yani atanmış encümen üyelerinin ilgili ifadeye kararsızım ile katılmıyorum arasında kararsızım ifadesine yakın bir düzeyde destek verdikleri gözlenmektedir.

Yönetici personelin ifadelere verdikleri yanıtlar incelendiğinde yönetici personelin verdikleri cevaplar arasında ilgili ifadelere katılım ortalamalarının en yüksek olduğu ifadenin 1,975 ortalama ile "Belediyelerde etkin bir performans denetimi için bu denetimin diğer denetimlerle birlikte uyumlu yürütülmesi gerekir" ifadesinin olduğu görülmektedir. Yani yönetici personelin ilgili ifadeyi kesinlikle katılıyorum ile katılıyorum arasında katılıyorum ifadesine yakın bir düzeyde destekledikleri gözlenmektedir. Bunun yanında yönetici personelin verdikleri cevaplar arasında ilgili ifadelere katılım ortalamalarının en düşük olduğu ifadenin

3,611ortalama ile "Belediyelerde performans denetimi uygulamalarının yarardan çok sakıncası vardır" ifadesinin olduğu görülmektedir. Yani yönetici personelin ilgili ifadeye kararsızım ile katılmıyorum arasında katılmıyorum ifadesine yakın bir düzeyde destek verdikleri gözlenmektedir.

İdari personelin ifadelere verdikleri yanıtlar incelendiğinde, idari personelin verdikleri cevaplar arasında ilgili ifadelere katılım ortalamalarının en yüksek olduğu ifadenin 1,960 ortalama ile "Belediyelerde performans denetimi uygulanması gereken bir denetim çeşididir" ifadesinin olduğu görülmektedir. Yani idari personelin ilgili ifadeyi kesinlikle katılıyorum ile katılıyorum arasında katılıyorum ifadesine yakın bir düzeyde destekledikleri gözlenmektedir. Bunun yanında idari personelin verdikleri cevaplar arasında ilgili ifadelere katılım ortalamalarının en düşük olduğu ifadenin 3,494 ortalama ile "Belediyelerde performans denetimi uygulamalarının yarardan çok sakıncası vardır" ifadesinin olduğu görülmektedir. Yani yönetici personelin ilgili ifadeye kararsızım ile katılmıyorum arasında kararsızım ifadesine yakın bir düzeyde destek verdikleri gözlenmektedir.

Yine belediye çalışanlarına, belediyelerde performans denetimi uygulamaları konusundaki algı ve beklentilerini değerlendirmeye yönelik çoktan seçmeli ve birden fazla sıkkın işaretlenebileceği üç soru yöneltilmiştir. Bu sorulara belediye çalışanlarının vermiş olduğu cevaplar aşağıdaki tablolarda gösterilmektedir.

İlgili tablolarda belediye çalışanları önce genel olarak, yönetici personel, idari personel, seçilmiş encümen üyeleri, atanmış encümen üyeleri bir bütün olarak ele alınmıştır. Ardından da idari personel kendi içinde memur, işçi, sözleşmeli personel ve geçici personel olarak değerlendirilmiştir.

Aşağıdaki tabloda "Belediyelerde performans denetimi uygulamalarında en çok hangi sıkıntılar söz konusudur?" sorusuna belediye çalışanlarının tümünün verdiği cevaplar gösterilmektedir.

Tablo 4.8:Belediyelerde Performans Denetiminden Kaynaklanan Sıkıntılar-I

1.Belediyelerde Performans Denetimi Uygulamalarında En Çok Hangi Sıkıntılar Söz Konusudur?	YNT. PER.		İDR. PER.		ATN. ENC.		SEÇ. ENC.	
	F	%	F	%	F	%	F	%
Yönetici tutumları	106	21.8	230	27.0	15	22.3	12	12.6
Hukuki yetersizlikler	39	8.0	90	10.5	12	17.9	15	15.8
Bilgi eksikliği	200	41.0	285	33.4	21	31.3	39	41.1
Ölçek sorunu	61	12.5	93	10.9	8	11.9	12	12.6
Yetki kargaşası	72	14.8	127	14.9	9	13.4	15	15.8
Diğerleri	10	2.1	29	3.4	2	3.0	2	2.1
TOPLAM	**488**	**100**	**854**	**100**	**670**	**100**	**95**	**100**

Yukarıdaki tabloda "Belediyelerde performans denetimi uygulamalarında en çok hangi sıkıntılar söz konusudur?" sorusuna belediye çalışanlarının tümünün verdiği cevaplar gösterilmektedir.

Buna göre yöneticilerin %41,0'ı bilgi eksikliğini ilk sırada belirtmiştir. Ardından %21,8'i yönetici tutumlarının performans denetimi uygulamalarında sıkıntılara yol açtığını belirtmektedir. Yine belediye yöneticilerin %14,8'i de yetki kargaşasını performans denetimi uygulamalarında yaşanan sıkıntıların kaynağı olarak görmektedir.

Öte yandan belediyelerin idari çalışanlarının, %33,4'ü bilgi eksikliğini, %27,0'ı yönetici tutumlarını, %14,9'u yetki kargaşası sorununu, belediyelerde performans denetimi uygulamalarında sıkıntılara yol açan durumlar olarak belirttikleri gözlenmektedir.

Yine atanmış encümen üyelerinin %31,3'ünün bilgi eksikliğini, %22,3'ünün yönetici tutumlarını, %17,9'unun hukuki yetersizlikleri, belediyelerde performans denetiminde en çok karşılaşılan sıkıntılar olarak belirttiği görülmektedir.

Bunun yanında seçilmiş encümen üyelerinin %41,1'nin bilgi eksikliğini, %15,8'inin hukuki yetersizliği, %15,8'inin yetki kargaşasını, belediyelerde performans denetiminde en çok karşılaşılan sıkıntılar olarak belirttiği görülmektedir.

Bunlara ilave olarak aşağıdaki tabloda "Belediyelerde performans denetimi uygulamalarında en çok hangi sıkıntılar söz konusudur?" sorusuna belediyelerin idari personelini oluşturan memur, işçi, sözleşmeli personel ve geçici personelin verdiği cevaplara yer verilmiştir.

Tablo 4.9:Belediyelerde Performans Denetiminden Kaynaklanan Sıkıntılar-II

1.Belediyelerde Performans Denetimi Uygulamalarında En Çok Hangi Sıkıntılar Söz Konusudur?	Memur		İşçi		Sözleşmeli		Geçici	
	F	%	F	%	F	%	F	%
Yönetici tutumları	101	28.5	55	27.9	59	23.5	15	23.4
Hukuki yetersizlikler	37	10.7	23	11.7	23	9.2	7	10.9
Bilgi eksikliği	108	31.3	70	35.5	85	33.9	23	35.9
Ölçek sorunu	35	10.1	17	8.6	36	14.3	5	7.8
Yetki kargaşası	52	15.0	25	12.7	39	15.5	12	18.8
Diğerleri	12	3.5	7	3.6	9	3.6	2	3.1
TOPLAM	**345**	**100**	**197**	**100**	**251**	**100**	**64**	**100**

Buna göre memurların %31,3'ü bilgi eksikliğini, %28,5'i yönetici tutumlarını, %15,0'ı da yetki kargaşasını performans denetimi uygulamalarında yaşanan sıkıntıların kaynağı olarak görmektedir.

Öte yandan işçilerin, %35,5'i bilgi eksikliğini, %27,9'u yönetici tutumlarını, %12,7'si yetki kargaşası sorununu, belediyelerde performans denetimi uygulamalarında sıkıntılara yol açan durumlar olarak belirttikleri gözlenmektedir.

Yine sözleşmeli personelin %33,9'unun bilgi eksikliğini, %23,5'inin yönetici tutumlarını, %15,5'inin yetki kargaşasını, belediyelerde performans denetiminde en çok karşılaşılan sıkıntılar olarak belirttiği görülmektedir.

Bunun yanında geçici personelin %35,9'unun bilgi eksikliğini, %23,4'ünün yönetici tutumlarının, %18,8'inin yetki kargaşasını, belediyelerde performans denetiminde en çok karşılaşılan sıkıntılar olarak belirttiği görülmektedir.

Belediye çalışanlarının hemen hemen tümünün belediyelerde performans denetimi uygulamalarında karşılaşılan en büyük sorunun performans denetimi uygulamaları hakkında belediye çalışanlarının bilgili olmadıkları noktasında hemfikir oldukları gözlenmektedir. Bu nedenle belediyelerde performans denetimi uygulamalarının etkin bir şekilde yürütüle bilmesi için öncelikle belediye çalışanlarının bu konuda bilgilendirilmelerinin hayati önem arz ettiği görülmektedir.

Aşağıdaki tabloda ise "performans denetiminin faydaları nelerdir?" sorusuna belediye çalışanlarının tümünün verdiği cevaplar gösterilmektedir.

Tablo 4.10:Performans Denetiminin Faydaları-I

2. Performans Denetiminin Faydaları Nelerdir?	YNT. PER.		İDR. PER.		ATN. ENC.		SEÇ. ENC.	
	F	%	F	%	F	%	F	%
Takım çalışmasını teşvik eder	129	18.0	174	16.7	14	16.0	31	24.4
Personelin daha fazla iş yapmasını sağlar	147	20.5	221	21.2	20	22.8	27	21.3
Çalışanların moralini artırır	99	13.9	153	14.6	13	14.8	21	16.5
Çalışanlar arasında ücret adaleti sağlanır	69	9.6	100	9.6	9	10.2	12	9.4
Yüksek performansla çalışanlar taktir edilir ve ödüllendirilirler	154	21.5	228	21.8	19	21.6	19	15.0
Çalışanlar performans denetimi nedeniyle daha başarılı faaliyetler görmektedir	119	16.6	169	16.2	13	14.8	17	13.4
TOPLAM	**717**	**100**	**1045**	**100**	**88**	**100**	**127**	**100**

Buna göre, yöneticilerin %21,5'i yüksek performansla çalışanların taktir edilerek ödüllendirileceğini düşündüğü, %20,5'inin performans denetiminin faydaları arasında personelin daha fazla iş yapacağını düşündüğü görülmektedir.

Öte yandan, idari personelin % 21,8'inin performans denetiminin faydaları arasında ilk sırayı, yüksek performansla çalışanların taktir edilerek ödüllendirileceğini düşündüğü görülmektedir. Yine idari personelin %21,2'sinin performans denetiminin faydaları arasında personelin daha fazla iş yapmasını sağladığını düşündüğü görülmektedir.

Yine, atanmış encümen üyelerinin %22,8'i performans denetiminin faydaları arasında personelin daha fazla iş yapmasını sağlar yanıtını belirtirken, atanmış encümen üyelerinin %21,6'sının çalışanların performans denetimi nedeniyle daha başarılı faaliyetler göreceğini düşündüğünü görmekteyiz.

Bunun yanında, seçilmiş encümen üyelerinin, 24,4'ünün performans denetiminin faydaları arasında performans denetiminin takım çalışmasını teşvik ettiğini belirttiği, yine seçilmiş encümen üyelerinin %21,3'ünün performans denetiminin faydaları arasında personelin daha fazla iş yapmasını sağlayacağını düşündüğünü görmekteyiz.

Bunlara ilave olarak aşağıdaki tabloda "performans denetiminin faydaları nelerdir?" sorusuna belediyelerin idari personelini oluşturan memur, işçi, sözleşmeli personel ve geçici personelin verdiği cevaplara yer verilmiştir.

Tablo 4.11:Performans Denetiminin Faydaları-II

2. Performans Denetiminin Faydaları Nelerdir?	Memur		İşçi		Sözleşmeli		Geçici	
	F	%	F	%	F	%	F	%
Takım çalışmasını teşvik eder	70	16.9	51	21.0	40	13.3	13	14.9
Personelin daha fazla iş yapmasını sağlar	88	21.2	53	21.8	61	20.3	19	21.8
Çalışanların moralini artırır	66	15.9	34	14.0	45	15.0	9	10.3
Çalışanlar arasında ücret adaleti sağlanır	37	8.9	20	8.2	33	11.0	10	11.5
Yüksek performansla çalışanlar taktir edilir ve ödüllendirilirler	94	22.7	49	20.1	66	21.9	19	21.8
Çalışanlar performans denetimi nedeniyle daha başarılı faaliyetler görmektedir	60	14.5	36	14.8	56	18.6	17	19.5
TOPLAM	**415**	**100**	**243**	**100**	**301**	**100**	**87**	**100**

Buna göre, memurların %22,7'si yüksek performansla çalışanların taktir edilerek ödüllendirileceğini düşünürken, %21,2'sinin performans denetiminin faydaları arasında personelin daha fazla iş yapacağını düşündüğü görülmektedir.

Öte yandan, işçilerin % 21,8'inin performans denetiminin faydaları arasında ilk sırayı, personelin daha fazla iş yapmasını sağladığını düşündüğü, bunun yanında %21,0'ının da takım çalışmasını teşvik edeceğini düşündüğü görülmektedir.

Yine, sözleşmeli personelin %21,9'u yüksek performansla çalışanların taktir edilerek ödüllendirileceğini düşünürken, %20,3'ü ise performans denetiminin faydaları arasında personelin daha fazla iş yapmasını sağlayacağını düşündüğü görülmektedir.

Bunun yanında, geçici personelin, %21,8'inin yüksek performansla çalışanların taktir edilerek ödüllendirileceğini düşündükleri yine aynı oranda geçici personelin %21,8'inin performans denetiminin faydaları arasında performans denetiminin personelin daha fazla iş yapmasını sağlayacağını düşündüğü görmekteyiz.

İlgili soruya verilen cevaplar incelendiğinde belediye çalışanlarının büyük bir çoğunluğunun performans denetiminin faydaları arasında yüksek performansla çalışanların taktir edilerek ödüllendirileceğini ve performans denetiminin belediye çalışanlarının daha fazla iş yapmasını sağlayacağını düşündükleri öncelikle ön plana çıkmaktadır. Verilen yanıtların performans denetiminin temel amacını oluşturan etkinlik verimlilik ve tutumluluk ilkeleriyle örtüştüğü görülmektedir.

Yine aşağıdaki tabloda "performans denetiminin zararları nelerdir?" sorusuna belediye çalışanlarının tümünün verdiği cevaplar gösterilmektedir.

Tablo 4.12:Performans Denetiminin Zararları-I

3. Performans Denetiminin Zararları Nelerdir?	YNT. PER.		İDR. PER.		ATN. ENC.		SEÇ. ENC.	
	F	%	F	%	F	%	F	%
Çalışanların ücret dağılımında haklarının yenilmesine neden olur	59	11.8	115	13.5	9	18.0	11	13.1
Çalışanlar üzerinde politik baskılara neden olur	114	23.0	177	20.8	11	22.0	16	19.1
Çalışanlar arasında gruplaşmalar ve ayrışmalara neden olur	146	29.3	243	28.6	14	28.0	25	29.8
Kurumlarda sosyal devlet anlayışına aykırı durumlar oluşabilir	55	11.1	97	11.4	6	12.0	10	12.0
Çalışanlar performans artışı yerine yöneticilerle gayri resmi ilişki kurmanın yollarını arayabilirler	122	24.6	216	25.4	10	20.0	22	26.0
TOPLAM	**496**	**100**	**848**	**100**	**50**	**100**	**84**	**100**

Buna göre yöneticilerin %29,3'ü performans denetiminin çalışanlar arasında gruplaşmalara ve ayrışmalara neden olacağını düşündükleri, bunun yanında yöneticilerin %24,6'sının çalışanların performans artışı yerine yöneticilerle gayrı resmi ilişki kurmanın yollarını arayabileceklerini düşündükleri gözlenmektedir.

Öte yandan, idari personelin performans denetiminin zararları nelerdir sorusuna verdikleri yanıtlar değerlendirildiğinde %28,6'sının performans denetiminin çalışanlar arasında ayrışmalara neden olacağını düşündüğü, bunun yanında %25,4'ünün çalışanların performans denetimi artışı yerine yöneticilerle gayri resmi ilişki kurmanın yollarını arayacağını düşündükleri gözlenmektedir.

Yine, atanmış encümen üyelerinin %28,0'ı performans denetiminin çalışanlar arasında gruplaşmalar ve ayrışmalara neden olacağından dolayı zararlı sonuçlar doğuracağını düşündükleri görülmektedir. Yine atanmış encümen üyelerinin %22,0'ı performans denetiminin çalışanlar üzerinde politik baskılara neden olacağını belirttiği gözlenmektedir.

Seçilmiş encümen üyelerinin verdiği cevaplara incelendiğinde ise seçilmiş encümen üyelerinin %28,9'unun performans denetiminin çalışanlar arasında gruplaşmalar ve ayrışmalara neden olacağı düşündüğü, yine bunun yanında

%26,0'ının çalışanların performans denetimi artışı yerine yöneticileriyle gayri resmi ilişkiler kurmanın yollarını arayacağını düşündükleri gözlenmektedir.

Bunlara ilave olarak aşağıdaki tabloda "performans denetiminin zararları nelerdir?" sorusuna belediyelerin idari personelini oluşturan memur, işçi, sözleşmeli personel ve geçici personelin verdiği cevaplara yer verilmiştir.

Tablo 4.13:Performans Denetiminin Zararları-II

3. Performans Denetiminin Zararları Nelerdir?	Memur		İşçi		Sözleşmeli		Geçici	
	F	%	F	%	F	%	F	%
Çalışanların ücret dağılımında haklarının yenilmesine neden olur	49	13.6	32	15.6	29	12.5	5	9.4
Çalışanlar üzerinde politik baskılara neden olur	73	20.3	48	23.4	45	19.4	11	20.7
Çalışanlar arasında gruplaşmalar ve ayrışmalara neden olur	106	29.5	60	29.3	64	27.6	14	26.4
Kurumlarda sosyal devlet anlayışına aykırı durumlar oluşabilir	39	10.9	22	10.7	30	12.9	6	11.3
Çalışanlar performans artışı yerine yöneticilerle gayri resmi ilişki kurmanın yollarını arayabilirler	92	25.7	43	21.0	64	27.6	17	32.0
TOPLAM	**359**	**100**	**205**	**100**	**232**	**100**	**53**	**100**

Buna göre memurların %29,5'i performans denetiminin çalışanlar arasında gruplaşmalara ve ayrışmalara neden olacağını düşündükleri görülmektedir. Bunun yanında yöneticilerin %25,7'sinın çalışanların performans artışı yerine yöneticilerle gayrı resmi ilişki kurmanın yollarını arayabileceklerini düşündükleri gözlenmektedir.

Öte yandan, işçilerin performans denetiminin zararları nelerdir sorusuna verdikleri yanıtlar değerlendirildiğinde %29,3'ünün performans denetiminin çalışanlar arasında ayrışmalara neden olacağını düşündüğü, bunun yanında %23,4'ünün çalışanlar üzerinde politik baskılara neden olabileceğini düşündükleri gözlenmektedir.

Yine, sözleşmeli personelin %27,6'sının performans denetiminin çalışanlar arasında gruplaşmalar ve ayrışmalara neden olacağını düşündüğü bunun yanında yine sözleşmeli personelin %27,6'sının çalışanların performans artışı yerine yöneticilerle gayrı resmi ilişki kurmanın yollarını arayabileceklerinden dolayı performans denetimimin zararlı sonuçlar doğuracağını düşündükleri görülmektedir.

Geçici personelin verdiği cevaplar incelendiğinde ise geçici personelin %32,0'ının çalışanların performans denetimi artışı yerine yöneticileriyle gayri resmi ilişkiler kurmanın yollarını arayacağını düşündükleri, bunun yanında %26,4'ünün ise performans denetiminin çalışanlar arasında gruplaşmalar ve ayrışmalara neden olacağından dolayı sıkıntılara yol olacağını belirtikleri gözlenmektedir.

İlgili soruya verilen yanıtlar genel olarak değerlendirildiğinde öncelikle belediyelerde performans denetiminin ortaya çıkaracağı en ciddi sorunun performans denetiminin çalışanlar arasında gruplaşmalara ve ayrışmalara neden olacağını yönündeki kaygıların olduğu görülmektedir. Belediye çalışanları performans denetimi uygulamaları sonucunda belediye çalışanları arasında gruplar ve çatışmaların olmasından endişe duydukları gözlenmektedir.

4.6.2.2.Kurumlarında Uygulanan Performans Denetimi Uygulamalarına İlişkin Görüşler

Belediye çalışanlarının kurumlarında uygulanan performans denetimi uygulamalarına ilişkin algı ve beklentilerini değerlendirmeye yönelik ifadelere verdikleri (1) kesinlikle katılıyorum, (2) katılıyorum, (3) kararsızım, (4) katılmıyorum, (5) kesinlikle katılmıyorum şeklindeki yanıtlarının ortalamalarını gösteren tablo aşağıda verilmiştir.

Tablo 4.14:Araştırma Örneklemin İfadelere Katılım Ortalaması-II

Belediye Çalışanlarının Kurumlarında Uygulanan Performans Denetimi Uygulamalarına İlişkin Algı ve Beklentileri	**ORTALAMALAR**			
	SEÇ. ENC.	ATN. ENC.	YNT. PER.	İDR. PER
16.Belediyenizde performans denetimi istenilen düzeyde uygulanmaktadır	3.097	3.083	3.131	3.086
17.Belediyenizde performans denetimi uygulamalarına yeteri kadar önem verilmektedir	3.032	2.854	3.049	2.980
18.Belediyenizde performans denetimi hukuki mevzuata uydurulmak için yapılmaktadır	2.690	2.739	2.761	2.960
19.Belediyenizde performans denetimiyle hizmet sunumunda performans denetimi öncesi döneme göre önemli gelişmeler söz konusu olmuştur	2.710	2.809	2.823	2.820
20.Belediyenizde hakkaniyete uygun bir performans denetimi yürütülmektedir	2.967	3.149	3.021	2.980
21.Belediyenizde performans denetimiyle etkinlik, verimlilik, tutumluluk amaçlanmaktadır	2.323	2.447	2.523	2.486

22.Belediyenizde performans denetimi uygulamaları konusunda net bir bilgi vardır	2.897	3.109	3.137	2.989
23.Belediyenizde kurumun performans denetimi kadar çalışanlarında performans denetimi üzerinde önemle durulmaktadır	2.839	2.766	3.007	3.011
Ortalama	**2.815**	**2.861**	**2.931**	**2.914**

Yukarıdaki tabloda, belediye encümen üyeleri, belediye yöneticileri ve idari personelin "Belediye çalışanlarının kurumlarında uygulanan performans denetimi uygulamalarına ilişkin" algı ve beklentilerini değerlendirmeye yönelik ifadelere verdikleri yanıtların ortalamalarına yer verilmiştir.

Ortalamalardan da anlaşıldığı üzere, belediyenin seçilmiş encümenlerinin ortalamasının 2,81 olduğu, belediyenin atamayla belirlenen encümenlerinin ortalamasının 2,86 olduğu, gözlenmektedir. Yine belediye yöneticilerinin ifadelere katılım ortalamasının 2,93 olduğu ve son olarak idari personelin ifadelere verdikleri yanıtların ortalamasının 2.91 olduğu görülmektedir.

İlgili ortalamalar incelendiğinde, "Belediye çalışanlarının kurumlarında uygulanan performans denetimi uygulamaları" konusundaki algı ve beklentilerini değerlendirmeye yönelik ifadelere, en yüksek desteğin öncelikle seçilmiş encümen üyeleri tarafından ardından atanmış encümen üyeleri daha sonra idari personel ve son olarak yönetici personel tarafından verildiği gözlenmektedir.

Seçilmiş encümen üyelerinin ifadelere verdikleri yanıtlar incelendiğinde, seçilmiş encümen üyelerinin verdikleri cevaplar arasında ilgili ifadelere katılım ortalamalarının en yüksek olduğu ifadenin 2,323 ortalama ile "Belediyenizde performans denetimiyle etkinlik, verimlilik, tutumluluk amaçlanmaktadır" ifadesinin olduğu görülmektedir. Yani seçilmiş encümen üyelerinin ilgili ifadeyi katılıyorum ile kararsızım arasında katılıyorum ifadesine yakın bir düzeyde destekledikleri gözlenmektedir. Bunun yanında seçilmiş encümen üyelerinin verdikleri cevaplar arasında ilgili ifadelere katılım ortalamalarının en düşük olduğu ifadenin 3,097 ortalama ile "Belediyenizde performans denetimi istenilen düzeyde uygulanmaktadır" ifadesinin olduğu görülmektedir. Yani seçilmiş encümen üyelerinin ilgili ifadeyi kararsızım ile katılmıyorum arasında kararsızım ifadesine yakın bir düzeyde destekledikleri gözlenmektedir.

Atanmış encümen üyelerinin ifadelere verdikleri yanıtlar incelendiğinde, atanmış encümen üyelerinin verdikleri cevaplar arasında ilgili ifadelere katılım ortalamalarının en yüksek olduğu ifadenin 2,447 ortalama ile "Belediyenizde performans denetimiyle etkinlik, verimlilik, tutumluluk amaçlanmaktadır" ifadesinin olduğu görülmektedir. Yani atanmış encümen üyelerinin ilgili ifadeyi katılıyorum ile kararsızım arasında katılıyorum ifadesine yakın bir düzeyde destekledikleri gözlenmektedir. Bunun yanında atanmış encümen üyelerinin verdikleri cevaplar arasında ilgili ifadelere katılım ortalamalarının en düşük olduğu ifadenin 3,149 ortalama ile "Belediyenizde hakkaniyete uygun bir performans denetimi yürütülmektedir" ifadesinin olduğu görülmektedir. Yani atanmış encümen üyelerinin ilgili ifadeye kararsızım ile katılmıyorum arasında kararsızım ifadesine yakın bir düzeyde destek verdikleri gözlenmektedir.

Yönetici personelin ifadelere verdikleri yanıtlar incelendiğinde yönetici personelin verdikleri cevaplar arasında ilgili ifadelere katılım ortalamalarının en yüksek olduğu ifadenin 2,523 ortalama ile "Belediyenizde performans denetimiyle etkinlik, verimlilik, tutumluluk amaçlanmaktadır" ifadesinin olduğu görülmektedir. Yani yönetici personelin ilgili ifadeyi katılıyorum ile kararsızım arasında kararsızım ifadesine yakın bir düzeyde destekledikleri gözlenmektedir. Bunun yanında yönetici personelin verdikleri cevaplar arasında ilgili ifadelere katılım ortalamalarının en düşük olduğu ifadenin 3,137 ortalama ile "Belediyenizde performans denetimi uygulamaları konusunda net bir bilgi vardır" ifadesinin olduğu görülmektedir. Yani yönetici personelin ilgili ifadeye kararsızım ile katılmıyorum arasında kararsızım ifadesine yakın bir düzeyde destek verdikleri gözlenmektedir.

İdari personelin ifadelere verdikleri yanıtlar incelendiğinde, idari personelin verdikleri cevaplar arasında ilgili ifadelere katılım ortalamalarının en yüksek olduğu ifadenin 2,486 ortalama ile "Belediyenizde performans denetimiyle etkinlik, verimlilik, tutumluluk amaçlanmaktadır" ifadesinin olduğu görülmektedir. Yani idari personelin ilgili ifadeyi katılıyorum ile kararsızım arasında katılıyorum ifadesine yakın bir düzeyde destekledikleri gözlenmektedir. Bunun yanında idari personelin verdikleri cevaplar arasında ilgili ifadelere katılım ortalamalarının en düşük olduğu ifadenin 3,086 ortalama ile "Belediyenizde performans denetimi istenilen düzeyde uygulanmaktadır" ifadesinin olduğu görülmektedir. Yani yönetici personelin ilgili ifadeye kararsızım ile katılmıyorum arasında kararsızım ifadesine yakın bir düzeyde destek verdikleri gözlenmektedir.

Yine belediye çalışanlarına, kurumlarında uygulanan performans denetimi uygulamalarına ilişkin algı ve beklentilerini değerlendirmeye yönelik çoktan seçmeli ve birden fazla sıkkın işaretlenebileceği üç soru yöneltilmiştir. Bu sorulara belediye çalışanlarının vermiş olduğu cevaplar aşağıdaki tablolarda gösterilmektedir.

İlgili tablolarda belediye çalışanları önce genel olarak, yönetici personel, idari personel, seçilmiş encümen üyeleri, atanmış encümen üyeleri bir bütün olarak ele alınmıştır. Ardından da idari personel kendi içinde memur, işçi, sözleşmeli personel ve geçici personel olarak değerlendirilmiştir.

Aşağıdaki tabloda "Belediyenizde performans denetimine ne ölçüde yer verilmektedir?" sorusuna belediye çalışanlarının tümünün verdiği cevaplar gösterilmektedir.

Tablo 4.15:Belediyenizde Performans Denetimin Yeri-I

4.Belediyenizde Performans Denetimine Ne Ölçüde Yer Verilmektedir?	YNT. PER.		İDR. PER.		ATN. ENC.		SEÇ. ENC.	
	F	%	F	%	F	%	F	%
Hiç yer verilmez	43	14.9	51	11.2	4	12.9	5	10.4
Çok az yer verilir	74	25.7	112	24.5	10	32.3	13	27.1
Sadece mevzuatın gereği kadar yer verilir	137	47.6	229	50.1	14	45.2	23	47.9
Çok fazla yer verilmektedir	34	11.8	65	14.2	3	9.7	7	14.6
Toplam	**288**	**100**	**457**	**100**	**31**	**100**	**48**	**100**

Tabloda ilgili soruya verilen yanıtlar incelendiğinde belediye yöneticilerin %47,6'sının performans denetimine belediyelerinde sadece mevzuatın gereği kadar yer verildiğini belirtikleri, yine yöneticilerin %25,7'sinin performans denetimine kurumlarında çok az yer verildiğini ifade ettikleri gözlenmiştir.

Öte yandan idari personelin ilgili soruya verdiği yanıtlar incelendiğinde idari personelin %50,1'inin kurumlarında performans denetimine sadece mevzuatın gereği kadar yer verildiğini belirttikleri, %24,5'inin ise kurumlarında performans denetimine çok az yer verildiğini ifade ettikleri görülmektedir.

Yine atanmış encümen üyelerinin %45,2'sinin belediyelerinde performans denetimine sadece mevzuatın gereği kadar yer verildiğini belirttikleri görülür iken, yine atanmış encümen üyelerinin %32,3'ünün performans denetimine belediyelerinin çok az yer verdiğini ifade ettikleri de gözlenmektedir.

Bunun yanında seçilmiş encümen üyelerinin %47,9'u performans denetimine belediyelerinde sadece mevzuatın gereği kadar yer verildiğini belirtirken, yine seçilmiş encümen üyelerinin %27,1'inin belediyelerinde performans denetimine çok az yer verildiğini belirten beyanda bulunduğu gözlenmektedir.

Bunlara ilave olarak aşağıdaki tabloda "Belediyenizde performans denetimine ne ölçüde yer verilmektedir?" sorusuna belediyelerin idari personelini oluşturan memur, işçi, sözleşmeli personel ve geçici personelin verdiği cevaplara yer verilmiştir.

Tablo 4.16:Belediyenizde Performans Denetimin Yeri-II

4.Belediyenizde Performans Denetimine Ne Ölçüde Yer Verilmektedir?	**Memur**		**İşçi**		**Sözleşmeli**		**Geçici**	
	F	%	F	%	F	%	F	%
Hiç yer verilmez	29	15.5	7	6.2	10	7.9	5	17.2
Çok az yer verilir	54	28.9	30	26.5	25	19.7	3	10.3
Sadece mevzuatın gereği kadar yer verilir	87	46.5	56	49.6	68	53.5	18	62.1
Çok fazla yer verilmektedir	17	9.1	20	17.7	24	18.9	3	10.3
Toplam	**187**	**100**	**113**	**100**	**127**	**100**	**29**	**100**

Tabloda ilgili soruya verilen yanıtlar incelendiğinde memurların %46,5'inin performans denetimine belediyelerinde sadece mevzuatın gereği kadar yer verildiğini belirttikleri, yine memurların %28,9'unun ise performans denetimine kurumlarında çok az yer verildiğini ifade ettikleri gözlenmektedir.

Öte yandan işçilerin %49,6'sı kurumlarında performans denetimine sadece mevzuatın gereği kadar yer verildiğini belirtirken, yine işçilerin %26,5'inin kurumlarında performans denetimine çok az yer verildiğini belirttiği görülmektedir.

İlgili soruya sözleşmeli personelin verdiği yanıtlar incelendiğinde sözleşmeli personelin %53,5'inin belediyelerinde performans denetimine sadece mevzuatın gereği kadar yer verildiğini ifade ettikleri, bunun yanında 19,7'sinin ise performans denetimine belediyelerinin çok az yer verdiğini belirttikleri gözlenmektedir.

Bunun yanında geçici personelin ilgili soruya verdiği yanıtlar incelendiğinde ise geçici personelin %62,1'inin performans denetimine belediyelerinde sadece mevzuatın gereği kadar yer verildiğini ifade ettikleri, yine geçici personelin %17,2'sinin belediyelerinde performans denetimine hiç yer verilmediğini belirten beyanda bulunduğu gözlenmektedir.

İlgili soruya verilen yanıtlar incelendiğinde belediye çalışanlarının büyük bir çoğunluğunun belediyelerinde performans denetimine sadece mevzuatın gereği kadar yer verildiğini belirttikleri gözlenmektedir. Buradan çıkan sonuç hali hazırda belediyelerde performans denetimi uygulamalarının arkasında olan en büyük gücün idari yaptırımlar olduğu sonucudur.

Aşağıdaki tabloda ise "Belediyenizde performans denetimi hangi konular üzerinde yapılmaktadır?" sorusuna belediye çalışanlarının tümünün verdiği cevaplar gösterilmektedir.

Tablo 4.17:Belediyenizde Performans Denetiminin Uygulandığı Konular-I

5.Belediyenizde Performans Denetimi Hangi Konular Üzerinde Yapılmaktadır?	YNT. PER.		İDR. PER.		ATN. ENC.		SEÇ. ENC.	
	F	%	F	%	F	%	F	%
Sadece mali konularda	51	17.7	61	13.3	8	25.8	10	20.8
Sadece çalışanlar üzerinde	59	20.5	154	33.7	4	12.9	8	16.7
Hem mali hem de çalışanlar üzerinde	129	44.8	175	38.3	15	48.4	22	45.8
Hiçbir konuda	49	17.0	57	14.7	4	12.9	8	16.7
Toplam	**288**	**100**	**457**	**100**	**31**	**100**	**48**	**100**

Buna göre yöneticilerin %44,8'i belediyelerinde performans denetiminin hem mali hem de çalışanlar üzerinde yapıldığını belirtmiştir. Bunun yanında yöneticilerin %20,5'i sadece çalışanlar üzerinde performans denetiminin yapıldığını düşündüğü görülmektedir.

Öte yandan idari personelin verdiği cevaplar incelendiğinde idari personelin %38,3'ü hem mali konularda hem de çalışanlar üzerinde performans denetimine yer verildiğini düşünürken %33,7'si sadece çalışanlar üzerinde performans denetimine yer verildiğini belirttiği gözlenmektedir.

Yine atanmış encümen üyelerinin %48,4'ü belediyelerinde hem mali hem mali hem de çalışanlar üzerinde performans denetiminin gerçekleştirildiğini belirtikleri gözlenmektedir. Bunun yanında atanmış encümen üyelerinin %25,8'i belediyelerinde sadece mali konularda performans denetimi uygulamalarına yer verildiğini beyan ettiği görülmektedir.

Bunun yanında seçilmiş encümen üyelerinin %45,8'i belediyelerinde performans denetimin hem mali hem de çalışanlar üzerinde uygulandığını düşünürken %20,8'i sadece mali konularda performans denetimi uygulamalarına yer verildiği görüşündedir.

Bunlara ilave olarak aşağıdaki tabloda "Belediyenizde performans denetimi hangi konular üzerinde yapılmaktadır?" sorusuna belediyelerin idari personelini oluşturan memur, işçi, sözleşmeli personel ve geçici personelin verdiği cevaplara yer verilmiştir.

Tablo 4.18:Belediyenizde Performans Denetiminin Uygulandığı Konular-II

5.Belediyenizde Performans Denetimi Hangi Konular Üzerinde Yapılmaktadır?	**Memur**		**İşçi**		**Sözleşmeli**		**Geçici**	
	F	%	F	%	F	%	F	%
Sadece mali konularda	27	14.4	14	12.4	17	13.3	3	10.3
Sadece çalışanlar üzerinde	63	33.7	36	31.9	48	37.5	7	24.1
Hem mali hem de çalışanlar üzerinde	63	33.7	49	43.4	49	38.3	14	48.3
Hiçbir konuda	34	18.2	14	12.4	14	10.9	5	17.3
Toplam	**187**	**100**	**113**	**100**	**128**	**100**	**29**	**100**

Tabloda ilgili soruya verilen yanıtlar incelendiğinde, memurların %33,7'sinin belediyelerinde performans denetiminin hem mali hem de çalışanlar üzerinde yapıldığını belirttiği, yine memurların %33,7'si sadece çalışanlar üzerinde performans denetiminin yapıldığını düşündüğü gözlenmektedir.

Öte yandan işçilerin verdiği cevaplar incelendiğinde idari personelin %43,4'ü hem mali konularda hem de çalışanlar üzerinde performans denetimine yer verildiğini düşünürken %31,9'u sadece çalışanlar üzerinde performans denetimine yer verildiğini belirttiği gözlenmektedir.

Yine sözleşmeli personelin %38,3'ü belediyelerinde hem mali hem mali hem de çalışanlar üzerinde performans denetiminin gerçekleştirildiğini belirtikleri gözlenmektedir. Bunun yanında sözleşmeli personelin %37,5'i belediyelerinde sadece çalışanlar üzerinde performans denetimi uygulamalarına yer verildiğini beyan ettiği görülmektedir.

Bunun yanında geçici personelinde %48,3'ü belediyelerinde performans denetimin hem mali hem de çalışanlar üzerinde uygulandığını düşünürken %24,1'i sadece çalışanlar üzerinde performans denetimi uygulamalarına yer verildiği görüşündedir.

İlgili soruya verilen cevaplar genel olarak değerlendirildiğinde belediye çalışanlarının kurumlarında performans denetiminin ağırlıklı olarak hem mali hem de çalışanlar üzerinde yapıldığını düşündükleri görüşü ortaya çıkmaktadır. Oysa uygulamaya bakıldığında henüz belediyelerde mali anlamda bir performans denetimi kısmen söz konusu iken çalışanlar üzerinde böyle bir denetim tam olarak hayata geçirildiği görülmemektedir. Belediye çalışanlarının bu cevabı vermesinin arkasında yatan temel nedenin bilgi eksikliğinden kaynaklandığı düşünülmektedir.

Aşağıdaki tabloda "Belediyenizde performans denetimi uygulamalarıyla amaçlananlar nelerdir?" sorusuna belediye çalışanlarının tümünün verdiği cevaplar gösterilmektedir.

Tablo 4.19: Belediyenizde Performans Denetimi Uygulamalarının Amacı-I

6.Belediyenizde Performans Denetimi Uygulamalarıyla Amaçlananlar Nelerdir?	**YNT. PER.**		**İDR. PER.**		**ATN. ENC.**		**SEÇ. ENC.**	
	F	%	F	%	F	%	F	%
Kurumsal ve işlevsel etkinlik ve verimlilik artışı	168	31.4	233	29.5	18	31,0	27	28,2
Hizmet sunumunda halkın beklentilerine daha etkin cevap verebilme	142	26.5	192	24.3	19	32.8	29	30,2
Çalışanlar arasında rekabetin yaygınlaştırılması	57	10.7	83	10.5	1	1.8	14	14.6
Mevzuatın yerine getirilmesi	120	22.5	196	24.9	12	20.7	17	17.7
Kurumda adil ücret politikasının yerleşmesi	16	3.0	25	3.2	4	6.9	3	3.1
Performans uygulamaları çalışanların birbirleriyle olan ilişkilerini pekiştirmektedir	32	6.0	61	7.7	4	6.9	6	6.3
Toplam	**535**	**100**	**790**	**100**	**58**	**100**	**96**	**100**

Buna göre yöneticilerin %31,4'ü belediyelerinin performans denetimi uygulamalarıyla amaçladıklarını kurumsal ve işlevsel etkinlik ve verimlilik artışı olarak belirtirken, yöneticilerin % 26,5'i hizmet sunumunda halkın beklentilerine daha etkin cevap verebilme şeklinde görüş belirtmişlerdir.

Öte yandan idari personelinde ilgili soruya %29,5'i belediyelerinde performans denetimiyle amaçlananın, kurumsal ve işlevsel etkinlik ve verimlilik artışı olduğunu belirttikleri gözlenirken, idari personelin %24,9'unun belediyelerde performans denetimiyle amaçlananın, belediyelerde mevzuatın yerine getirilmesinin amaçlandığı yönünde görüş belirttiği görülmektedir.

Yine atanmış encümen üyelerinin %32,8'i belediyelerinde performans denetimiyle amaçlananın, hizmet sunumunda halkın beklentilerine daha etkin cevap verebilmek olduğunu belirtirken, atanmış encümen üyelerinin %31,0'ının belediyelerinde performans denetimiyle amaçlananın, kurumsal ve işlevsel etkinlik ve verimlilik artışı olduğu yönünde cevap verdiği görülmektedir.

Bunun yanında seçilmiş encümen üyelerinin %30,2'si belediyelerinde performans denetimiyle amaçlananın, hizmet sunumunda halkın beklentilerine daha etkin cevap verebilme olduğunu düşünürken, seçilmiş encümen üyelerinin %28,2'sinin performans denetimi uygulamalarıyla amaçlananın kurumsal ve işlevsel etkinlik ve verimlilik artışı olduğunu belirttikleri gözlenmektedir.

Bunlara ilave olarak aşağıdaki tabloda "Belediyenizde performans denetimi uygulamalarıyla amaçlananlar nelerdir?" sorusuna belediyelerin idari personelini oluşturan memur, işçi, sözleşmeli personel ve geçici personelin verdiği cevaplara yer verilmiştir.

Tablo 4.20:Belediyenizde Performans Denetimi Uygulamalarının Amacı-II

6.Belediyenizde Performans Denetimi Uygulamalarıyla Amaçlananlar Nelerdir?	**Memur**		**İşçi**		**Sözleşmeli**		**Geçici**	
	F	%	F	%	F	%	F	%
Kurumsal ve işlevsel etkinlik ve verimlilik artışı	84	28.9	47	22.8	87	36.4	15	28.3
Hizmet sunumunda halkın beklentilerine daha etkin cevap verebilme	65	22.3	57	27.7	58	24.3	12	22.6
Çalışanlar arasında rekabetin yaygınlaştırılması	35	12.0	27	13.1	20	8.4	1	1.9
Mevzuatın yerine getirilmesi	76	26.1	45	21.8	56	23.4	19	35.8
Kurumda adil ücret politikasının yerleşmesi	11	3.8	7	3.4	5	2.1	1	1.9
Performans uygulamaları çalışanların birbirleriyle olan ilişkilerini pekiştirmektedir	20	6.9	23	11.2	13	5.4	5	9.4
Toplam	**291**	**100**	**206**	**100**	**239**	**100**	**53**	**100**

Buna göre memurların %28,9'u belediyelerinin performans denetimi uygulamalarıyla amacının, kurumsal ve işlevsel etkinlik ve verimlilik artışını sağlamak olduğunu belirtirken, yine % 26,1'i belediyelerinin temel amacının mevzuatın yerine getirilmesi olarak ifade ettikleri görülmektedir.

Öte yandan işçilerin %27,7'si belediyelerinde performans denetimiyle amaçlananın, hizmet sunumunda halkın beklentilerine daha etkin cevap verebilmek olduğunu belirtirken, %22,8'i belediyelerinin temel amacının kurumsal ve işlevsel etkinlik ve verimlilik artışı olduğunu düşündükleri gözlenmektedir.

Yine sözleşmeli personelin %36,4'ü belediyelerinde performans denetimiyle amaçlananın kurumsal ve işlevsel etkinlik ve verimlilik artışı olduğu yönünde cevap verirken, %24,3'ü hizmet sunumunda halkın beklentilerine daha etkin cevap verebilmek olduğunu belirtmektedir.

Bunun yanında geçici personelin %35,8'i belediyelerinde performans denetimiyle amaçlananın, mevzuatın yerine getirilmesi olduğunu belirtirken, %28,3'ü performans denetimi uygulamalarıyla amaçlananın kurumsal ve işlevsel etkinlik ve verimlilik artışı olduğunu belirttikleri gözlenmektedir.

Belediye çalışanlarının ilgili soruya verdikleri cevaplar genel olarak değerlendirildiğinde belediye çalışanlarının, belediyelerinin performans denetimi uygulamalarıyla amaçlananın kurumsal ve işlevsel etkinlik ve verimlilik artışı yanı sıra hizmet sunumunda halkın beklentilerine daha etkin cevap verebilme olarak ifade ettikleri gözlenmektedir. Bu cevap belediyelerde performans denetimiyle amaçlanan hedefi yansıtmaktadır.

Anacak belediyelerin idari personelini oluşturan memur, işçi, sözleşmeli personel ve geçici personelin önemli bir kısmımın yukarıdaki cevabın dışında belediyelerinde performans denetimiyle amaçlananın sadece mevzuatın yerine getirilmesi olduğunu düşünmesi altı çizilmesi gereken önemli bir sıkıntıyı ortaya çıkarmaktadır. İdari çalışanların bu kanıda olması belediyelerde performans denetimi uygulamalarının sadece lafta, mevzuat gereği uygulandığını göstermektedir. Bu algı çalışanların performans denetiminin gerçek amacına hizmet etmek yerine sadece şeklen kurumlarında uygulandığını göstermesi açısından önemlidir.

4.6.2.3.Performans Denetimi Uygulamalarının Çalışanlar Üzerindeki Etkilerine İlişkin Görüşler

Belediye çalışanlarının performans denetimi uygulamalarından etkilenme düzeyleri konusuna ilişkin algı ve beklentilerini değerlendirmeye yönelik ifadelere verdikleri (1) kesinlikle katılıyorum, (2) katılıyorum, (3) kararsızım, (4) katılmıyorum, (5) kesinlikle katılmıyorum şeklindeki yanıtlarının ortalamalarını gösteren tablo aşağıda verilmiştir.

Tablo 4.21:Araştırmaya Katılan Örneklemin İfadelere Katılım Ortalaması-III

Belediye Çalışanlarının Performans Denetimi Uygulamalarından Etkilenme Düzeyleri	**ORTALAMALAR**			
	SEÇ. ENC.	ATN. ENC.	YNT. PER.	İDR. PER
24.Performans denetimi iş odaklıdır; çalışanların sosyal yönünü ihmal etmektedir	3.226	3.000	2.719	2.991
25.Performans denetimi uygulamaları çalışanlar açısından adaletsizliğe yol açacaktır	3.258	3.021	3.171	3.316
26.Performans denetimi uygulamaları çalışanların verimini artırmaktadır	2.133	3.826	2.465	2.482
27.Performans denetimi çalışanların yöneticilerine karşı olumsuz bakışına neden olacaktır	2.871	3.021	3.011	3.275
28.Çalışanlar performans artışı yerine yöneticilerine daha iyi gözükmeye çalışacaklardır	2.690	2.681	2.581	2.886
29.Performans denetimi konusu çalışanlar açısından yeteri kadar bilinmemektedir	2.258	2.375	2.428	2.523
30.Performans denetimiyle çalışanlara hakkaniyetli davranılacaktır	2.867	2.979	2.796	2.732
Ortalamalar	**2.757**	**2.841**	**2.741**	**2.888**

Yukarıdaki tabloda, belediye encümen üyeleri, belediye yöneticileri ve idari personelin "Belediye çalışanlarının performans denetimi uygulamalarından etkilenme düzeyleri" konusuna ilişkin algı ve beklentilerini değerlendirmeye yönelik ifadelere verdikleri yanıtların ortalamalarına yer verilmiştir.

Ortalamalardan da anlaşıldığı üzere, belediyenin seçilmiş encümenlerinin ortalamasının 2,75 olduğu, belediyenin atamayla belirlenen encümenlerinin ortalamasının 2,84 olduğu gözlenmektedir. Yine belediye yöneticilerinin ifadelere katılım ortalamasının 2,74 olduğu ve son olarak idari personelin ifadelere verdikleri yanıtların ortalamasının 2,88 olduğu görülmektedir.

İlgili ortalamalar incelendiğinde "Belediye çalışanlarının performans denetimi uygulamalarından etkilenme düzeyleri" konusundaki algı ve beklentilerini değerlendirmeye yönelik ifadelere, en yüksek desteğin öncelikle yönetici personel tarafından ardından seçilmiş encümen üyeleri daha sonra atanmış encümen üyeleri ve son olarak idari personel tarafından verildiği gözlenmektedir.

Seçilmiş encümen üyelerinin ifadelere verdikleri yanıtlar incelendiğinde, seçilmiş encümen üyelerinin verdikleri cevaplar arasında ilgili ifadelere katılım ortalamalarının en yüksek olduğu ifadenin 2,133 ortalama ile "Performans denetimi uygulamaları çalışanların verimini artırmaktadır" ifadesinin olduğu görülmektedir. Yani seçilmiş encümen üyelerinin ilgili ifadeyi katılıyorum ile kararsızım arasında katılıyorum ifadesine yakın bir düzeyde destekledikleri gözlenmektedir. Bunun yanında seçilmiş encümen üyelerinin verdikleri cevaplar arasında ilgili ifadelere katılım ortalamalarının en düşük olduğu ifadenin 3,258 ortalama ile "Performans denetimi uygulamaları çalışanlar açısından adaletsizliğe yol açacaktır" ifadesinin olduğu görülmektedir. Yani seçilmiş encümen üyelerinin ilgili ifadeyi kararsızım ile katılmıyorum arasında kararsızım ifadesine yakın bir düzeyde destekledikleri gözlenmektedir.

Atanmış encümen üyelerinin ifadelere verdikleri yanıtlar incelendiğinde, atanmış encümen üyelerinin verdikleri cevaplar arasında ilgili ifadelere katılım ortalamalarının en yüksek olduğu ifadenin 2,375 ortalama ile "Performans denetimi konusu çalışanlar açısından yeteri kadar bilinmemektedir" ifadesinin olduğu görülmektedir. Yani atanmış encümen üyelerinin ilgili ifadeyi katılıyorum ile kararsızım arasında katılıyorum ifadesine yakın bir düzeyde destekledikleri gözlenmektedir. Bunun yanında atanmış encümen üyelerinin verdikleri cevaplar arasında ilgili ifadelere katılım ortalamalarının en düşük olduğu ifadenin 3,826 ortalama ile "Performans denetimi uygulamaları çalışanların verimini artırmaktadır" ifadesinin olduğu görülmektedir. Yani atanmış encümen üyelerinin ilgili ifadeye kararsızım ile katılmıyorum arasında katılmıyorum ifadesine yakın bir düzeyde destek verdikleri gözlenmektedir.

Yönetici personelin ifadelere verdikleri yanıtlar incelendiğinde yönetici personelin verdikleri cevaplar arasında ilgili ifadelere katılım ortalamalarının en yüksek olduğu ifadenin 2,428 ortalama ile "Performans denetimi konusu çalışanlar açısından yeteri kadar bilinmemektedir" ifadesinin olduğu görülmektedir. Yani yönetici personelin ilgili ifadeyi katılıyorum ile kararsızım arasında katılıyorum ifadesine yakın bir düzeyde destekledikleri gözlenmektedir. Bunun yanında yönetici personelin verdikleri cevaplar arasında ilgili ifadelere katılım ortalamalarının en düşük olduğu ifadenin 3,171 ortalama ile "Performans denetimi uygulamaları çalışanlar açısından adaletsizliğe yol açacaktır" ifadesinin olduğu görülmektedir. Yani yönetici personelin ilgili ifadeye kararsızım ile katılmıyorum arasında kararsızım ifadesine yakın bir düzeyde destek verdikleri gözlenmektedir.

İdari personelin ifadelere verdikleri yanıtlar incelendiğinde, idari personelin verdikleri cevaplar arasında ilgili ifadelere katılım ortalamalarının en yüksek olduğu ifadenin 2,482 ortalama ile "Performans denetimi uygulamaları çalışanların verimini artırmaktadır" ifadesinin olduğu görülmektedir. Yani idari personelin ilgili ifadeyi katılıyorum ile kararsızım arasında katılıyorum ifadesine yakın bir düzeyde destekledikleri gözlenmektedir. Bunun yanında idari personelin verdikleri cevaplar arasında ilgili ifadelere katılım ortalamalarının en düşük olduğu ifadenin 3,316 ortalama ile "Performans denetimi uygulamaları çalışanlar açısından adaletsizliğe yol açacaktır" ifadesinin olduğu görülmektedir. Yani yönetici personelin ilgili ifadeye kararsızım ile katılmıyorum arasında kararsızım ifadesine yakın bir düzeyde destek verdikleri gözlenmektedir.

Yine belediye çalışanlarına, "belediye çalışanlarının performans denetimi uygulamalarından etkilenme düzeyleri" konusuna ilişkin algı ve beklentilerini değerlendirmeye yönelik çoktan seçmeli ve birden fazla sıkkın işaretlenebileceği bir soru yöneltilmiştir.

İlgili tabloda belediye çalışanları önce genel olarak, yönetici personel, idari personel, seçilmiş encümen üyeleri, atanmış encümen üyeleri bir bütün olarak ele alınmıştır. Ardından da idari personel kendi içinde memur, işçi, sözleşmeli personel ve geçici personel olarak değerlendirilmiştir.

Aşağıdaki tabloda "Belediye çalışanları üzerinde performans denetiminin etkisi nasıl gerçekleşmektedir, çalışanlar bu denetim türünü nasıl algılamaktadır?" sorusuna belediye çalışanlarının tümünün verdiği cevaplar gösterilmektedir.

Tablo 4.22:Performans Denetiminin Çalışanlar Üzerinde Etkisi-I

7. Belediye Çalışanları Üzerinde Performans Denetiminin Etkisi Nasıl Gerçekleşmektedir, Çalışanlar Bu Denetim Türünü Nasıl Algılamaktadır?	**YNT. PER.**		**İDR. PER.**		**ATN. ENC.**		**SEÇ. ENC.**	
	F	%	F	%	F	%	F	%
Çalışanların performans denetimi uygulamalarından rahatsız olduklarını düşünüyorum	83	22.0	161	27.0	10	23.3	13	21.7
Çalışanların performans denetimi uygulamalarını desteklediklerini düşünüyorum	85	22.5	126	21.0	8	18.7	15	25.0
Çalışanların performans denetimi uygulamaları konusunda kaygılandıklarını düşünüyorum	103	27.2	171	28,6	12	28.0	16	26,7
Çalışanların performans denetimi konusunda ilgisiz olduklarını düşünüyorum	107	28.3	140	23.4	13	30.2	16	26,7
Toplam	**378**	**100**	**598**	**100**	**43**	**100**	**60**	**100**

Buna göre yöneticilerin %28,3'ü çalışanların performans denetimi konusunda ilgisiz olduklarını düşündüğü görülmektedir. Yine yöneticilerin %27,2'si çalışanların performans denetimi uygulamaları konusunda kaygılandıklarını düşünmektedir. Yine yöneticilerin %22,5'i çalışanların performans denetimi uygulamalarını desteklediklerini düşünürken, yöneticilerin %22,0'ı çalışanların performans denetimi uygulamalarından rahatsız oldukları yönünde görüş belirttikleri gözlenmektedir.

Bunun yanın da idari personelin %28,6'sı çalışanların performans denetimi uygulamaları konusunda kaygılandıklarını düşünürken %27,0'ı çalışanların performans denetimi uygulamalarından rahatsız olduklarını düşünmektedir. Yine idari personelin %23,4'ü çalışanların performans denetimi konusunda ilgisiz olduklarını düşünürken, idari personelin %21,0'ı çalışanların performans denetimi uygulamalarını desteklediklerini düşündükleri gözlenmektedir.

Yine atanmış encümen üyelerinin %30,2'si çalışanların performans denetimi konusunda ilgisiz olduklarını düşünmektedir. Yine atanmış encümen üyelerinin %28,0'ı çalışanların performans denetimi uygulamaları konusunda kaygı duyduklarını düşündüğü ifade etmektedir. Yine atanmış encümen üyelerinin %23,3'ü çalışanların performans denetimi uygulamalarından rahatsız olduklarını düşünmekte, son olarak atanmış encümen üyelerinin %18,7'si çalışanların performans denetimi uygulamalarını desteklediklerini düşündükleri belirttiği gözlenmektedir.

Bunun yanında seçilmiş encümen üyelerinin %26,7'si çalışanların performans denetimi konusunda ilgisiz olduğunu düşünürken, yine encümen üyelerinin %26,7'si çalışanların performans denetimi uygulamaları konusunda kaygı duyduklarını düşündüklerini belirtmektedir. Yine seçilmiş encümen üyelerinin %25,0'ı çalışanların performans denetimi uygulamalarını desteklediklerini düşünürken, seçilmiş encümen üyelerinin %21,7'sinin çalışanların performans denetimi uygulamalarından rahatsız olduklarını düşündükleri yönünde cevap vermişlerdir.

Bunlara ilave olarak aşağıdaki tabloda "Belediye çalışanları üzerinde performans denetiminin etkisi nasıl gerçekleşmektedir, çalışanlar bu denetim türünü nasıl algılamaktadır?" sorusuna belediyelerin idari personelini oluşturan memur, işçi, sözleşmeli personel ve geçici personelin verdiği cevaplara yer verilmiştir.

Tablo 4.23:Performans Denetiminin Çalışanlar Üzerinde Etkisi-II

7. Belediye Çalışanları Üzerinde Performans Denetiminin Etkisi Nasıl Gerçekleşmektedir, Çalışanlar Bu Denetim Türünü Nasıl Algılamaktadır?	**Memur**		**İşçi**		**Sözleşmeli**		**Geçici**	
	F	%	F	%	F	%	F	%
Çalışanların performans denetimi uygulamalarından rahatsız olduklarını düşünüyorum	68	28.5	40	26.7	45	26.2	8	21.6
Çalışanların performans denetimi uygulamalarını desteklediklerini düşünüyorum	51	21.3	36	24.0	32	18.6	8	21.6
Çalışanların performans denetimi uygulamaları konusunda kaygılandıklarını düşünüyorum	71	29.7	36	24.0	58	33.7	6	16.2
Çalışanların performans denetimi konusunda ilgisiz olduklarını düşünüyorum	49	20.5	38	25.3	37	21.5	15	40.5
Toplam	**239**	**100**	**150**	**100**	**172**	**100**	**37**	**100**

Buna göre memurların %29,7'si çalışanların performans denetimi uygulamaları konusunda kaygılandıklarını düşünürken, %28,5'i çalışanların performans denetimi uygulamalarından rahatsız olduklarını düşünmekte, yine memurların %21,3'ü çalışanların performans denetimi uygulamalarını desteklediklerini düşünürken, memurların %20,5'i çalışanların performans denetimi konusunda ilgisiz oldukları yönünde görüş belirttikleri gözlenmektedir.

Bunun yanın işçilerin %26,7'si çalışanların performans denetimi uygulamalarından rahatsız olduklarını düşünürken, %25,0'ı çalışanların performans denetimi konusunda ilgisiz olduklarını düşünmektedir. Bunun yanında işçilerin %24,0'ı ise çalışanların performans denetimi uygulamaları konusunda kaygılandıklarını düşünürken yine %24,0'ı çalışanların performans denetimi uygulamalarını desteklediklerini düşündükleri gözlenmektedir.

Yine sözleşmeli personelin %33,7'si çalışanların performans denetimi uygulamaları konusunda kaygı duyduklarını düşünürken,%26,2'sinin çalışanların performans denetimi uygulamalarından rahatsız olduklarını düşündükleri gözlenmektedir. Bunun yanında sözleşmeli personelin %21,5'i çalışanların performans denetimi konusunda ilgisiz olduklarını düşünürken, %18,6'sının çalışanların performans denetimi uygulamalarını desteklediklerini düşündükleri gözlenmektedir.

Bunun yanında geçici personelin %40,5'i çalışanların performans denetimi konusunda ilgisiz olduğunu düşünürken, yine geçici personelin %21,6'sı çalışanların performans denetimi uygulamalarını desteklediklerini belirttiği görülmektedir. Yine geçici personelin %21,6'sının performans denetimi uygulamaları konusunda kaygı duyduklarını düşündüklerini ifade ederken, bunun yanında %16,2'sinin çalışanların performans denetimi uygulamaları konusunda kaygı duyduklarını düşündükleri yönünde cevap verdikleri gözlenmektedir.

İlgili soruya verilen cevaplar incelendiğinde belediye çalışanlarının performans denetiminden çalışanların genel olarak olumsuz yönde etkilendikleri, performans denetimi konusunda kaygılarının olduğu ve performans denetimi konusunda çalışanların rahatsız oldukları ve ilgisiz oldukları yönünde görüş belirttikleri gözlenmektedir.

Özellikle yönetici personel ve atanmış encümen üyelerinin çalışanların performans denetiminin etkileri konusunda ilgisiz olduğunu düşündükleri bunun yanında idari personel ve seçilmiş encümen üyelerinin çalışanlar üzerinde performans denetiminin kaygı yaratıcı bir etkiye sahip olduğunu vurgulamaları önemli bir göstergedir. İlgili soruya verilen yanıtlardan da rahatlıkla anlaşılacağı üzere performans denetimi çalışanlar üzerinde önemli etkiler ortaya çıkaran bir denetim türü olarak algılanmakta ve kaygıyla takip edilmektedir.

4.6.2.4.Performans Denetiminin Hukuki Boyutuyla İlgili Görüşler

Belediye çalışanlarına, performans denetiminin hukuki boyutuyla ilgili algı ve görüşlerini belirlemeye yönelik çoktan seçmeli olarak üç soru yöneltilmiştir. Bu sorulara belediye çalışanlarının vermiş olduğu cevaplar aşağıdaki tablolarda gösterilmektedir.

İlgili tabloda belediye çalışanları önce genel olarak, yönetici personel, idari personel, seçilmiş encümen üyeleri, atanmış encümen üyeleri bir bütün olarak ele alınmıştır. Ardından da idari personel kendi içinde memur, işçi, sözleşmeli personel ve geçici personel olarak değerlendirilmiştir.

Aşağıdaki tabloda "Belediyelerin denetiminde hangi denetim yolunun daha faydalı olduğunu düşünüyorsunuz?" sorusuna belediye çalışanlarının tümünün verdiği cevaplar gösterilmektedir.

Tablo 4.24:Belediyelerin Denetiminde En Faydalı Denetim Yolu-I

8.Belediyelerin Denetiminde Hangi Denetim Yolunun Daha Faydalı Olduğunu Düşünüyorsunuz?	**YNT. PER.**		**İDR. PER.**		**ATN. ENC.**		**SEÇ. ENC.**	
	F	%	F	%	F	%	F	%
Hiyerarşik denetim	102	24.5	153	25.3	10	23.9	19	23.2
Vesayet denetimi	17	4.1	28	4.6	3	7.1	3	3.7
Performans denetimi	168	40.4	260	43.0	16	38.1	34	41.5
Kamuoyu denetimi	119	28.6	154	25.5	12	28.6	25	30.5
Diğerleri	10	2.4	10	1.7	1	2.4	1	1.2
Toplam	**416**	**100**	**605**	**100**	**42**	**100**	**82**	**100**

Buna göre yöneticilerin %40,4'ü performans denetiminin belediyelerde uygulanması gereken en faydalı denetim yolu olduğunu düşünürken, yöneticilerin %28,6'sı kamuoyu denetiminin en faydalı denetim yolu olduğunu düşündüğü görülmektedir.

Öte yandan idari personelin %43,0'ı performans denetimini belediyelerde uygulanması gereken en faydalı denetim yolu olarak görürken idari personelin %25,5'i kamuoyu denetimini en faydalı denetim yolu olarak değerlendirdiği gözlenmektedir.

Yine atanmış encümen üyelerinin %38,1'i performans denetimini belediyelerin denetiminde en faydalı denetim olarak belirttikleri gözlenmektedir. Bunun yanın da atanmış encümen üyelerinin %28,6'sıda kamuoyu denetimini, belediyelerin denetiminde en faydalı denetim yolu olarak düşündükleri görülmektedir.

Yine seçilmiş encümen üyelerinin verdikleri cevaplar incelendiğinde seçilmiş encümen üyelerinin %41,5'i belediyelerin denetiminde performans denetimini en faydalı denetim yolu olarak düşünürken seçilmiş encümen üyelerinin %30,5'inin kamuoyu denetimini belediyelerin denetiminde uygulanması gereken en iyi denetim yolu olarak değerlendirdiği gözlenmiştir.

Bunlara ilave olarak aşağıdaki tabloda "Belediyelerin denetiminde hangi denetim yolunun daha faydalı olduğunu düşünüyorsunuz?" sorusuna belediyelerin idari personelini oluşturan memur, işçi, sözleşmeli personel ve geçici personelin verdiği cevaplara yer verilmiştir.

Tablo 4.25:Belediyelerin Denetiminde En Faydalı Denetim Yolu-II

8.Belediyelerin Denetiminde Hangi Denetim Yolunun Daha Faydalı Olduğunu Düşünüyorsunuz?	Memur		İşçi		Sözleşmeli		Geçici	
	F	%	F	%	F	%	F	%
Hiyerarşik denetim	70	27.8	33	22.9	44	25.3	6	17.1
Vesayet denetimi	15	6.0	6	4.2	5	2.9	1	2.9
Performans denetimi	89	35.3	70	48.6	79	45.4	22	62.9
Kamuoyu denetimi	74	29.4	32	22.2	43	24.7	6	17.1
Diğerleri	4	1.6	3	2.1	3	1.7	0	0.0
Toplam	**252**	**100**	**144**	**100**	**174**	**100**	**35**	**100**

Buna göre memurların %35,3'ü performans denetiminin belediyelerde uygulanması gereken en faydalı denetim yolu olduğunu düşünürken, memurların %29,4'ü kamuoyu denetiminin en faydalı denetim yolu olduğunu düşündüğü görülmektedir.

Öte yandan işçilerin %48,6'sı performans denetimini belediyelerde uygulanması gereken en faydalı denetim yolu olarak görürken yine işçilerin %22,9'unun hiyerarşik denetimini en faydalı denetim yolu olarak değerlendirdiği gözlenmektedir.

Yine sözleşmeli personelin %45,4'ü performans denetimini belediyelerin denetiminde en faydalı denetim olarak belirttikleri gözlenirken, sözleşmeli personelin %25,3'ü hiyerarşik denetimini, belediyelerin denetiminde en faydalı denetim yolu olarak düşündükleri görülmektedir.

Bunların yanında geçici personelin verdiği cevaplar incelendiğinde geçici personelin %62,9'u belediyelerin denetiminde performans denetimini en faydalı denetim yolu olarak düşünürken, yine geçici personelin %17,1'nin kamuoyu denetimini ve hiyerarşik denetimi belediyelerin denetiminde uygulanması gereken en faydalı denetim yolu olarak değerlendirdiği gözlenmiştir.

İlgili soruya verilen cevaplar genel olarak değerlendirildiğinde belediye çalışanlarının büyük bir çoğunluğunun performans denetimini belediye çalışanlarının önceki sorularda belirttikleri olumsuzluklarına rağmen belediyelerin denetiminde uygulanması gereken en önemli denetim türü olarak gördükleri gözlenmektedir. Yine üzerinde durulması gereken önemli bir durum ise belediyelerin mevcut denetim sisteminde önemli bir yer teşkil eden vesayet denetiminin çok az kişi tarafından tercih edildiği gerçeğidir.

Yine aşağıdaki tabloda "Belediyelerde performans denetiminin uygulanmasında yasal mevzuatın etkisi ne düzeydedir?" sorusuna belediye çalışanlarının tümünün verdiği cevaplar gösterilmektedir.

Tablo 4.26:Performans Denetiminin Uygulanmasında Yasal Mevzuatın Etkisi-I

9.Belediyelerde Performans Denetiminin Uygulanmasında Yasal Mevzuatın Etkisi Ne Düzeydedir?	YNT. PER.		İDR. PER.		ATN. ENC.		SEÇ. ENC.	
	F	%	F	%	F	%	F	%
Performans denetiminin uygulanmasında temel etken hukuki düzenlemelerdir	104	30.0	140	26.9	11	29.0	20	32.2
Hukuki zorlama olmasa da bu tip denetime yer verilmelidir	115	33.1	135	26.0	10	26.3	19	31.0
Hukuki düzenlemeler olmasaydı bu tip denetimlere yer verilmezdi	66	19.0	138	26.5	12	31.6	11	17.8
Performans denetimi hukuk denetiminin dışında değerlendirilmelidir	62	17.9	108	20.8	5	13.2	12	19.4
Toplam	**347**	**100**	**521**	**100**	**38**	**100**	**62**	**100**

Buna göre yöneticilerin %33,1'i hukuki zorlama olmasa da bu tip denetimlere yer verilmelidir derken, yine yöneticilerin %30'u performans denetiminin uygulanmasındaki temel etkenin hukuki düzenlemeler olduğunu belirttiği gözlenmektedir.

Öte yandan idari personelin verdiği yanıtlar incelendiğinde idari personelin %26,9'u performans denetiminin uygulanmasında temel etkenin hukuki düzenlemeler olduğunu belirtirken, idari personelin %26,5'i belediyelerde performans denetimiyle ilgili hukuki düzenlemeler olmasaydı bu tip denetimlere yer verilmezdi dediği gözlenmektedir.

Yine atanmış encümen üyelerinin %36,1'i hukuki düzenlemeler olmasaydı bu tip denetime yer verilmezdi derken, %29,0'ı performans denetimi uygulanmasındaki temel etkenin hukuki düzenlemeler olduğunu belirttiği gözlenmektedir.

Bunun yanında seçilmiş encümen üyelerinin verdiği cevaplar incelendiğinde seçilmiş encümen üyelerinin %32,2'sinin hukuki düzenlemelerin performans denetimi uygulanmasında temel etken olduğunu düşündüğü bunun yanın da %31,0'ının hukuki düzenleme olmasa da performans denetimine yer verilmesi gerektiğini düşündüğü gözlenmektedir.

Bunlara ilave olarak aşağıdaki tabloda "Belediyelerin denetiminde hangi denetim yolunun daha faydalı olduğunu düşünüyorsunuz?" sorusuna belediyelerin idari personelini oluşturan memur, işçi, sözleşmeli personel ve geçici personelin verdiği cevaplara yer verilmiştir.

Tablo 4.27:Performans Denetiminin Uygulanmasında Yasal Mevzuatın Etkisi-II

9.Belediyelerde Performans Denetiminin Uygulanmasında Yasal Mevzuatın Etkisi Ne Düzeydedir?	Memur		İşçi		Sözleşmeli		Geçici	
	F	%	F	%	F	%	F	%
Performans denetiminin uygulanmasında temel etken hukuki düzenlemelerdir	65	30.1	27	22.3	38	26.0	10	25.6
Hukuki zorlama olmasa da bu tip denetime yer verilmelidir	51	23.6	29	24.0	44	30.1	11	28.2
Hukuki düzenlemeler olmasaydı bu tip denetimlere yer verilmezdi	56	25.9	34	28.1	39	26.7	10	25.6
Performans denetimi hukuk denetiminin dışında değerlendirilmelidir	44	20.4	31	25.6	25	17.1	8	20.5
Toplam	**216**	**100**	**121**	**100**	**146**	**100**	**39**	**100**

Buna göre memurların %30,1'i performans denetiminin uygulanmasındaki temel etkenin hukuki düzenlemeler olduğunu belirttiği, %25,9'unun ise belediyelerde performans denetimiyle ilgili hukuki düzenlemeler olmasaydı bu tip denetimlere yer verilmezdi yanıtını verdiği görülmektedir.

Öte yandan işçilerin verdiği yanıtlar incelendiğinde işçilerin %28,1'i belediyelerde performans denetimiyle ilgili hukuki düzenlemeler olmasaydı bu tip denetimlere yer verilmezdi derken, %25,6'sı performans denetiminin hukuk denetiminin dışında değerlendirilmelidir dediği görülmektedir.

Yine sözleşmeli personelin %30,1'i hukuki zorlama olmasa da bu tip denetime yer verilmelidir derken, %26,7'si belediyelerde performans denetimiyle ilgili hukuki düzenlemeler olmasaydı bu tip denetimlere yer verilmezdi yanını verdiği görülmektedir.

Bunun yanında geçici personelin %28,2'sinin hukuki zorlama olmasa da bu tip denetime yer verilmelidir derken, %25,6'sının performans denetiminin uygulanmasındaki temel etkenin hukuki düzenlemeler olduğunu belirttiği yine %25,6'sının belediyelerde performans denetimiyle ilgili hukuki düzenlemeler olmasaydı bu tip denetimlere yer verilmezdi yanıtını verdiği görülmektedir.

İlgili soruya belediye çalışanlarını verdiği yanıtlar değerlendirildiğinde belediye çalışanlarının önemli bir kısmının performans denetiminin uygulanmasındaki temel etkenin hukuki düzenlemeler olduğunu ifade ettiği gözlenmektedir. Yine çalışanlara göre hukuki düzenlemeler olmasaydı belediyelerde performans denetimine yer verilmezdi denilerek, performans denetiminin belediyelerde hukuki bir dayatmanın gergi uygulanmaya çalışıldığı gerçeğini bir kez daha karşımıza çıkarmaktadır.

Yine aşağıdaki tabloda "Türkiye'de belediyelerin performans denetimi konusuyla ilgili çıkarılan yasal düzenlemeleri yeterli buluyor musunuz?" sorusuna belediye çalışanlarının tümünün verdiği cevaplar gösterilmektedir.

Tablo 4.28:Performans Denetiminde Yasal Düzenlemelerin Yeterliliği-I

10.Türkiye'de Belediyelerin Performans Denetimi Konusuyla İlgili Çıkarılan Yasal Düzenlemeleri Yeterli Buluyor Musunuz?	**YNT. PER.**		**İDR. PER.**		**ATN. ENC.**		**SEÇ. ENC.**	
	F	%	F	%	F	%	F	%
Çok yeterli	3	1.0	16	3.5	1	3.2	1	2.1
Kısmen yeterli	95	33.0	115	25.2	9	29.0	20	41.7
Kararsızım	67	23.3	143	31.3	8	25.8	6	12.5
Yetersiz	95	33.0	119	26.0	7	22.6	15	31.3
Çok yetersiz	28	9.7	64	14.0	6	19.4	6	12.5
Toplam	**288**	**100**	**457**	**100**	**31**	**100**	**48**	**100**

Tabloya göre yöneticilerin %33,0'ı Türkiye'de belediyelerin performans denetimi konusuyla ilgili çıkarılan yasal düzenlemeleri kısmen yeterli bulur iken, yöneticilerin %33,0'ı Türkiye de performans denetimiyle ilgili yasal düzenlemelerin yetersiz olduğu düşündüğü görülmektedir.

Öte yandan idari personelin verdikleri cevaplar incelendiğinde idari personelin %31,3'ü Türkiye de performans denetimiyle ilgili yasal düzenlemelerin yeterliliği konusunda kararsız olduğunu bildirirken %26,0'ı Türkiye de performans denetimiyle ilgili düzenlemelerin yetersiz olduğunu düşündükleri gözlenmektedir.

Yine atanmış encümen üyelerinin %29,0'ı Türkiye'de belediyelerin performans denetimi konusuyla ilgili çıkarılan yasal düzenlemeleri kısmen yeterli bulur iken, atanmış encümen üyelerinin %25,8'i Türkiye'de belediyelerin performans denetimi konusuyla ilgili çıkarılan yasal düzenlemelerin yeterliliği konusunda kararsız olduklarını ifade etmektedir.

Bunun yanında seçilmiş encümen üyelerinin verdikleri yanıtlar incelendiğinde %41,7 kişinin performans denetimi ile ilgili yasal düzenlemelerin kısmen yeterli olduğunu düşündüğü bunun yanın da seçilmiş encümen üyelerinin %31,3'ünün Türkiye'de belediyelerin performans denetimi konusuyla ilgili çıkarılan yasal düzenlemeleri yetersiz bulduğu görülmektedir.

Bunlara ilave olarak aşağıdaki tabloda "Türkiye'de belediyelerin performans denetimi konusuyla ilgili çıkarılan yasal düzenlemeleri yeterli buluyor musunuz?" sorusuna belediyelerin idari personelini oluşturan memur, işçi, sözleşmeli personel ve geçici personelin verdiği cevaplara yer verilmiştir

Tablo 4.29:Performans Denetiminde Yasal Düzenlemelerin Yeterliliği-II

10. Türkiye'de Belediyelerin Performans Denetimi Konusuyla İlgili Çıkarılan Yasal Düzenlemeleri Yeterli Buluyor Musunuz?	Memur		İşçi		Sözleşmeli		Geçici	
	F	%	F	%	F	%	F	%
Çok yeterli	6	3.2	1	0.9	4	3.1	1	3.4
Kısmen yeterli	42	22.5	35	32.1	29	22.7	9	31.0
Kararsızım	53	28.3	34	31.2	50	39.1	6	20.7
Yetersiz	58	31.0	28	25.7	26	20.3	7	24.1
Çok yetersiz	28	15.0	11	10.1	19	14.8	6	20.7
Toplam	**187**	**100**	**109**	**100**	**128**	**100**	**29**	**100**

Buna göre memurların %31,0'ı Türkiye'de belediyelerin performans denetimi konusuyla ilgili çıkarılan yasal düzenlemeleri yetersiz bulur iken, memurların %28,3'ü Türkiye de performans denetimiyle ilgili yasal düzenlemelerin yeterliliği konusunda kararsız olduğu görülmektedir.

Öte yandan işçilerin verdiği cevaplar incelendiğinde işçilerin %32,1'i Türkiye de performans denetimiyle ilgili yasal düzenlemelerin kısmen yeterli olduğunu bildirirken %31,2'sinin Türkiye de performans denetimiyle ilgili yasal düzenlemelerin yeterliliği konusunda kararsız olduğu görülmektedir.

Yine sözleşmeli personelin %39,1'i Türkiye de performans denetimiyle ilgili yasal düzenlemelerin yeterliliği konusunda kararsız olduğu görülürken, sözleşmeli personelin %22,7'si Türkiye'de belediyelerin performans denetimi konusuyla ilgili çıkarılan yasal düzenlemeleri kısmen yeterli bulduğu ifade ettiği görülmektedir.

Bunun yanında geçici personelin ilgili soruya verdikleri yanıtlar incelendiğinde, geçici personelin %31,0'ının Türkiye'de belediyelerin performans denetimi konusuyla ilgili çıkarılan yasal düzenlemeleri kısmen yeterli olduğunu düşündüğü, bunun yanın da geçici personelin %24,1'inin ise Türkiye'de belediyelerin performans denetimi konusuyla ilgili çıkarılan yasal düzenlemeleri yetersiz bulduğu görülmektedir.

Belediye çalışanlarının ilgili soruya verdikleri yanıtlar değerlendirildiğinde karşımıza çıkan ilk sonuç belediye çalışanlarının Türkiye'de belediyelerin performans denetimi konusuyla ilgili çıkarılan yasal düzenlemeler konusunda net bir bilgilerinin olmadığı yönündedir. Özellikle belediye çalışanlarının ilgili soruda kararsızım yanıtını çok yüksek seviyede işaretlemelerinin arkasında yatan gerçeğin bilgi eksikliğinden kaynaklandığı düşünülmektedir.

Yine Türkiye'de belediyelerin performans denetimi konusuyla ilgili çıkarılan yasal düzenlemelerin yeterliliği konusunda verilen cevaplar incelendiğinde belediyelerde performans denetimine yönelik hazırlanan yasal düzenlemelerin yetersiz ve kısmen yeterli olduğu yönünde fikirlerinde öne sürüldüğü gözlenmektedir.

4.6.3.Kişisel, Sosyo-ekonomik ve Siyasal Farklılıklar

Araştırmanın bu kısmında, belediye çalışanların kişisel özelliklerinden kaynaklanan farklılıkların, yine belediye çalışanların görev yaptığı bölgenin sosyo-ekonomik yapısından kaynaklanan farklılıkların ve son olarak belediye çalışanların görev yaptığı belediyenin bağlı olduğu siyasi pati farklılığının, belediye çalışanların anketteki ifadeleri algılamaları üzerindeki etkisi analiz edilerek incelenecektir.

4.6.3.1.Kişisel Özelliklerinden Kaynaklanan Farklılıklar

Araştırmanın bu kısmında belediye çalışanlarının kişisel özelliklerinden (yaş, cinsiyet, medeni hal, hizmet süresi, eğitim durumu, görev vb.) kaynaklanan farklılıklarının belediye çalışanlarının anketteki ifadeleri algılamaları üzerindeki etkisi analiz edilecektedir. Bu analizlerin sonuçları aşağıda sırasıyla verilmektedir.

Belediye çalışanlarının, belediyelerde performans denetimi uygulamaları konusundaki ifadelere katılım düzeylerinin, çalışanların cinsiyetleri açısından karşılaştırılması;

Belediye çalışanlarının, *belediyelerde performans denetimi uygulamaları konusundaki algı ve beklentilerini değerlendirmeye yönelik ifadelere* verdikleri yanıtlar üzerinde çalışanların cinsiyetlerinden kaynaklanan bir farklılığın olup olmadığını tespit etmek için T testi analizi yapılmıştır. Yapılan analiz sonucunda belediye çalışanlarının ilgili ifadelere verdikleri yanıtlar üzerinde çalışanların cinsiyetlerinden kaynaklanan istatistiksel olarak anlamlı bir farklılığın bulunmadığı tespit edilmiştir. ($p=,208 > 0,05$)

Bu sonuca göre, belediyelerde çalışan kadın ve erkek personelin cinsiyet farklılıklarının, *belediye çalışanlarının, belediyelerde performans denetimi uygulamaları konusundaki ifadelere katılım düzeylerini* farklılaştıran bir değişken olmadığı tespit edilmiştir.

Belediye çalışanlarının, belediyelerinde performans denetimi uygulamaları konusundaki ifadelere katılım düzeylerinin çalışanların cinsiyetleri açısından karşılaştırılması;

Belediye çalışanların, *belediyelerinde performans denetimi uygulamaları konusundaki algı ve beklentilerini değerlendirmeye yönelik ifadelere* verdikleri yanıtlar üzerinde çalışanların cinsiyetlerinden kaynaklanan bir farklılığın olup olmadığını tespit etmek için T testi analizi yapılmıştır. Yapılan analiz sonucunda belediye çalışanlarının, ilgili ifadeye verdikleri yanıtlar üzerinde çalışanların cinsiyetlerinden kaynaklanan istatistiksel olarak anlamlı bir farklılığın bulunmadığı tespit edilmiştir. ($p=,499 > 0,05$)

Bu sonuca göre, belediyelerde çalışan kadın ve erkek personelin cinsiyet farklılıklarının, *belediye çalışanlarının, belediyelerinde performans denetimi uygulamaları konusundaki ifadelere katılım düzeylerini* farklılaştıran bir değişken olmadığı tespit edilmiştir.

Belediye çalışanlarının, performans denetimi uygulamalarından etkilenme düzeyleriyle ilgili ifadelere katılım düzeylerinin çalışanların cinsiyetleri açısından karşılaştırılması;

Belediye çalışanlarının, performans denetimi uygulamalarından etkilenme düzeyleriyle ilgili algı ve beklentilerini değerlendirmeye yönelik ifadelere verdikleri yanıtlar üzerinde çalışanların cinsiyetlerinden kaynaklanan bir farklılığın olup olmadığını tespit etmek için T testi analizi yapılmıştır. Yapılan analiz sonucunda belediye çalışanlarının, ilgili ifadelere verdikleri yanıtlar üzerinde çalışanların cinsiyetlerinden kaynaklanan istatistiksel olarak anlamlı bir farklılığın bulunduğu tespit edilmiştir. ($p=,017 < 0,05$), $T=-2,382$

Tablo 4.30:Performans Uygulamalarından Etkilenme Düzeyi - Cinsiyet Analizi

	Varyansların eşitliği için L testi		Ortalamaların eşitliği için T testi				
	F	Anlamlılık	T	Serbestlik Derecesi	İki Yönlü Anlamlılık	Ortalama Fark	Standart Hata Farkı
Varyansların aynı olduğu varsayımı	898	,169	-2,382	882	,017	-,1068	,04487
Varyansların farklı olduğu varsayımı			-2,464	555,560	,014	-,1068	,04336

Bu sonuca göre, *belediye çalışanlarının, performans denetimi uygulamalarından etkilenme düzeyleriyle ilgili ifadeleri* belediyelerin erkek çalışanları, kadın çalışanlarına nazaran daha yüksek düzeyde olumlu algıladığı gözlenmektedir.

Bu durumun nedenini, belediyelerin kadın çalışanlarının, erkek çalışanlara nazaran ilgili ifadeleri daha duygusal bir gözle ele alarak değerlendirdiklerinden kaynaklandığı düşünülmektedir.

Belediye çalışanlarının, belediyelerde performans denetimi uygulamaları konusundaki ifadelere katılım düzeylerinin, çalışanların yaşları açısından karşılaştırılması;

Belediye çalışanlarının, *belediyelerde performans denetimi uygulamaları konusundaki algı ve beklentilerini değerlendirmeye yönelik ifadelere* verdikleri yanıtlar üzerinde çalışanların yaşlarından kaynaklanan bir farklılığın olup olmadığını tespit etmek için ANOVA analizi yapılmıştır. Yapılan analiz sonucunda belediye çalışanlarının, ilgili ifadelere verdikleri yanıtlar üzerinde çalışanların yaşlarından kaynaklanan istatistiksel olarak anlamlı bir farklılığın bulunmadığı tespit edilmiştir. ($p= 0,396 > 0,05$)

Bu sonuca göre, belediyelerde çalışan her yaş kategorisinden personelin yaş farklılıklarının *belediye çalışanlarının, belediyelerde performans denetimi uygulamaları konusundaki ifadelere katılım düzeylerini* farklılaştıran bir değişken olmadığı tespit edilmiştir.

Belediye çalışanlarının, belediyelerinde performans denetimi uygulamaları konusundaki ifadelere katılım düzeylerinin, çalışanların yaşları açısından karşılaştırılması;

Belediye çalışanlarının, *belediyelerinde performans denetimi uygulamaları konusundaki algı ve beklentilerini değerlendirmeye yönelik ifadelere* verdikleri yanıtlar üzerinde çalışanların yaşlarından kaynaklanan bir farklılığın olup olmadığını tespit etmek için ANOVA analizi yapılmıştır. Yapılan analiz sonucunda belediye çalışanlarının, ilgili ifadelere verdikleri yanıtlar üzerinde çalışanların yaşlarından kaynaklanan istatistiksel olarak anlamlı bir farklılığın bulunmadığı tespit edilmiştir. ($p= 0,458 > 0,05$)

Bu sonuca göre, belediyelerde çalışan her yaş kategorisinden personelin yaş farklılıklarının *belediye çalışanlarının, belediyelerinde performans denetimi uygulamaları konusundaki ifadelere katılım düzeylerini* farklılaştıran bir değişken olmadığı tespit edilmiştir.

Belediye çalışanlarının, performans denetimi uygulamalarından etkilenme düzeyleriyle ilgili ifadelere katılım düzeylerinin, çalışanların yaşları açısından karşılaştırılması;

Belediye çalışanlarının, performans denetimi uygulamalarından etkilenme düzeyleriyle ilgili algı ve beklentilerini değerlendirmeye yönelik ifadelere verdikleri yanıtlar üzerinde çalışanların yaşlarından kaynaklanan bir farklılığın olup olmadığını tespit etmek için ANOVA analizi yapılmıştır. Yapılan analiz sonucunda belediye çalışanlarının, ilgili ifadelere verdikleri yanıtlar üzerinde çalışanların yaşlarından kaynaklanan istatistiksel olarak anlamlı bir farklılığın bulunmadığı tespit edilmiştir. ($p= 0,228 > 0,05$)

Bu sonuca göre, belediyelerde çalışan her yaş kategorisinden personelin yaş farklılıklarının *belediye çalışanlarının, performans denetimi uygulamalarından etkilenme düzeyleriyle ilgili ifadelere katılım düzeylerini* farklılaştıran bir değişken olmadığı tespit edilmiştir.

Belediye çalışanlarının, belediyelerde performans denetimi uygulamaları konusundaki ifadelere katılım düzeylerinin, çalışanların hizmet süreleri açısından karşılaştırılması;

Belediye çalışanlarının, *belediyelerde performans denetimi uygulamaları konusundaki algı ve beklentilerini değerlendirmeye yönelik ifadelere* verdikleri yanıtlar üzerinde çalışanların hizmet sürelerinden kaynaklanan bir farklılığın olup olmadığını tespit etmek için ANOVA analizi yapılmıştır. Yapılan analiz sonucunda belediye çalışanlarının, ilgili ifadelere verdikleri yanıtlar üzerinde çalışanların hizmet sürelerinden kaynaklanan istatistiksel olarak anlamlı bir farklılığın bulunduğu tespit edilmiştir. (p= 0,045 < 0,05)

Tablo 4.31:Belediyelerde Performans Uygulamaları - Hizmet Süresi Analizi-I

	Kareler toplamı	Serbestlik derecesi	Ortalama kareler	F	Anlamlılık
Gruplar arası	2,800	5	,560	2,282	,045
Gruplar içi	200,779	818	,245		
Toplam	203,579	823			

Bu farklılığın hangi hizmet süresi içinde çalışan personel arasında olduğunu tespit etmek için LSD testi yapılmıştır. Bu testin tablosu aşağıda verilmiştir.

Tablo 4.32:Belediyelerde Performans Uygulamaları - Hizmet Süresi Analizi-II

Hizmet süreleri	Hizmet süreleri	Ortalama fark	Standart hata	Anlamlılık
1-5 yıl	6-10 yıl	-,0461	,05262	,382
	11-15 yıl	-,1423(*)	,05334	,008
	16-20 yıl	-,1283(*)	,05262	,015
	21-25 yıl	-,0088	,05793	,879
	26 ve üzeri yıl	-,0920	,07070	,194
6-10 yıl	1-5 yıl	,0461	,05262	,382
	11-15 yıl	-,0962	,05944	,106
	16-20 yıl	-,0822	,05880	,162
	21-25 yıl	,0372	,06359	,559
	26 ve üzeri yıl	-,0459	,07541	,543
11-15 yıl	1-5 yıl	,1423(*)	,05334	,008
	6-10 yıl	,0962	,05944	,106
	16-20 yıl	,0140	,05944	,814
	21-25 yıl	,1335(*)	,06419	,038
	26 ve üzeri yıl	,0503	,07592	,507
16-20 yıl	1-5 yıl	,1283(*)	,05262	,015
	6-10 yıl	,0822	,05880	,162
	11-15 yıl	-,0140	,05944	,814
	21-25 yıl	,1195	,06359	,061
	26 ve üzeri yıl	,0363	,07541	,630

21-25 yıl	1-5 yıl	,0088	,05793	,879
	6-10 yıl	-,0372	,06359	,559
	11-15 yıl	-,1335(*)	,06419	,038
	16-20 yıl	-,1195	,06359	,061
	26 ve üzeri yıl	-,0831	,07921	,294
26 ve üzeri yıl	1-5 yıl	,0920	,07070	,194
	6-10 yıl	,0459	,07541	,543
	11-15 yıl	-,0503	,07592	,507
	16-20 yıl	-,0363	,07541	,630
	21-25 yıl	,0831	,07921	,294

Bu sonuca göre, belediyelerde (1-5) yıl aralığında görev yapan personel ile (11-15) ve (16-20) yıl aralığında çalışan personel arasında ve yine (11-15) yıl aralığında çalışan personel ile (21-25) yıl aralığında belediyede görev yapan personel arasında istatistiksel olarak anlamlı bir farkın olduğu görülmektedir.

Bu farklılığa göre, belediyelerde (1-5) yıl arasında çalışan personelin *belediyelerde performans denetimi uygulamaları konusundaki ifadelere* katılım düzeyinin (11-15) ve (16-20) yıl görev yapan personele oranla daha yüksek olduğu görülmektedir. Yine (11-15) yıl arasında çalışan personelin *belediyelerde performans denetimi uygulamaları konusundaki ifadelere* katılım düzeyinin (21-25) yıl arasında görev yapan personele oranla daha düşük olduğu sonucuna da ulaşılmaktadır.

Sonuç olarak, "Belediyelerde performans denetimi uygulamaları konusundaki algı ve beklentiler" belediyelerde görev yapan yeni çalışanlar ve çok eski çalışanlar tarafından daha olumlu algılanırken orta vadede çalışan personel tarafından daha düşük seviyede destek bulduğu görülmektedir.

Bu durumun nedeninin belediyelerde yeni görev alan personelin, performans denetimi konusunda daha fazla bilgi sahibi olmasının yanı sıra performans denetiminden olumlu yönde beklenti içerisinde olmalarından kaynaklanıldığı düşünülmektedir.

Orta vadede çalışan personelin daha düşük seviyede destek vermesinin arkasında yatan neden ise yeni çalışanlara göre daha az bilgi sahibi olmaları ve performans denetimiyle gelen değişim karşısında daha zor adaptasyon sağlayacakları endişesinden kaynaklandığı düşünülmektedir.

Bunun yanında çok eski çalışanlar ise yaklaşan emekliliklerinden dolayı konuyla fazla ilgilenmedikleri ve performans denetimi konusunda çok az bilgilerinin olduğu düşünülmektedir.

Belediye çalışanlarının, belediyelerinde performans denetimi uygulamaları konusundaki ifadelere katılım düzeylerinin, çalışanların hizmet süreleri açısından karşılaştırılması;

Belediye çalışanlarının, *belediyelerinde performans denetimi uygulamaları konusundaki algı ve beklentilerini değerlendirmeye yönelik ifadelere* verdikleri yanıtlar üzerinde çalışanların hizmet sürelerinden kaynaklanan bir farklılığın olup olmadığını tespit etmek için ANOVA analizi yapılmıştır. Yapılan analiz sonucunda belediye çalışanlarının, ilgili ifadelere verdikleri yanıtlar üzerinde çalışanların hizmet sürelerinden kaynaklanan istatistiksel olarak anlamlı bir farklılığın bulunmadığı tespit edilmiştir. ($p= 0{,}419 > 0{,}05$)

Bu sonuca göre belediyelerde farklı hizmet süreleri içerisinde çalışan tüm personelin çalıştıkları hizmet süresi farklılıklarının *belediye çalışanlarının, belediyelerinde performans denetimi uygulamaları konusundaki ifadelere katılım düzeylerini* farklılaştıran bir değişken olmadığı tespit edilmiştir.

Belediye çalışanlarının, performans denetimi uygulamalarından etkilenme düzeyleriyle ilgili ifadelere katılım düzeylerinin, çalışanların hizmet süreleri açısından karşılaştırılması;

Belediye çalışanlarının, performans denetimi uygulamalarından etkilenme düzeyleriyle ilgili algı ve beklentilerini değerlendirmeye yönelik ifadelere verdikleri yanıtlar üzerinde çalışanların hizmet sürelerinden kaynaklanan bir farklılığın olup olmadığını tespit etmek için ANOVA analizi yapılmıştır. Yapılan analiz sonucunda belediye çalışanlarının, ilgili ifadelere verdikleri yanıtlar üzerinde çalışanların hizmet sürelerinden kaynaklanan istatistiksel olarak anlamlı bir farklılığın bulunmadığı tespit edilmiştir. ($p= 0{,}159 > 0{,}05$)

Bu sonuca göre belediyelerde farklı hizmet süreleri içerisinde çalışan tüm personelin çalıştıkları hizmet süresi farklılıklarının *belediye çalışanlarının, performans denetimi uygulamalarından etkilenme düzeyleriyle ilgili ifadelere katılım düzeylerini* farklılaştıran bir değişken olmadığı tespit edilmiştir.

Belediye çalışanlarının, belediyelerde performans denetimi uygulamaları konusundaki ifadelere katılım düzeylerinin, çalışanların medeni halleri açısından karşılaştırılması;

Belediye çalışanlarının, *belediyelerde performans denetimi uygulamaları konusundaki algı ve beklentilerini değerlendirmeye yönelik ifadelere* verdikleri yanıtlar üzerinde çalışanların medeni hallerinden kaynaklanan bir farklılığın olup olmadığını tespit etmek için ANOVA analizi yapılmıştır. Yapılan analiz sonucunda belediye çalışanlarının, ilgili ifadelere verdikleri yanıtlar üzerinde çalışanların medeni hallerinden kaynaklanan istatistiksel olarak anlamlı bir farklılığın bulunmadığı tespit edilmiştir. ($p= 0,064 > 0,05$)

Bu sonuca göre, belediyelerde çalışan personelin farklı medeni hallere sahip olmalarının *belediye çalışanlarının, belediyelerde performans denetimi uygulamaları konusundaki ifadelere katılım düzeylerini* farklılaştıran bir değişken olmadığı tespit edilmiştir.

Belediye çalışanlarının, belediyelerinde performans denetimi uygulamaları konusundaki ifadelere katılım düzeylerinin çalışanların medeni halleri açısından karşılaştırılması;

Belediye çalışanlarının, *belediyelerinde performans denetimi uygulamaları konusundaki algı ve beklentilerini değerlendirmeye yönelik ifadelere* verdikleri yanıtlar üzerinde çalışanların medeni hallerinden kaynaklanan bir farklılığın olup olmadığını tespit etmek için ANOVA analizi yapılmıştır. Yapılan analiz sonucunda belediye çalışanlarının, ilgili ifadelere verdikleri yanıtlar üzerinde çalışanların medeni hallerinden kaynaklanan istatistiksel olarak anlamlı bir farklılığın bulunmadığı tespit edilmiştir. ($p= 0,070>0,05$)

Bu sonuca göre, belediyelerde çalışan personelin farklı medeni hallere sahip olmalarının *belediye çalışanlarının, belediyelerinde performans denetimi uygulamaları konusundaki ifadelere katılım düzeylerini* farklılaştıran bir değişken olmadığı tespit edilmiştir.

Belediye çalışanlarının, performans denetimi uygulamalarından etkilenme düzeyleriyle ilgili ifadelere katılım düzeylerinin, çalışanların medeni halleri açısından karşılaştırılması;

Belediye çalışanlarının, performans denetimi uygulamalarından etkilenme düzeyleriyle ilgili algı ve beklentilerini değerlendirmeye yönelik ifadelere verdikleri yanıtlar üzerinde çalışanların medeni hal farklılıklarından kaynaklanan bir farklılığın olup olmadığını tespit etmek için ANOVA analizi yapılmıştır. Yapılan analiz sonucunda belediye çalışanlarının, ilgili ifadelere verdikleri yanıtlar üzerinde çalışanların medeni hal farklılıklarından kaynaklanan istatistiksel olarak anlamlı bir farklılığın bulunmadığı tespit edilmiştir. ($p= 0,078>0,05$)

Bu sonuca göre, belediyelerde çalışan personelin farklı medeni hallere sahip olmalarının *belediye çalışanlarının, performans denetimi uygulamalarından etkilenme düzeyleriyle ilgili ifadelere katılım düzeylerini* farklılaştıran bir değişken olmadığı tespit edilmiştir.

Belediye çalışanlarının, belediyelerde performans denetimi uygulamaları konusundaki ifadelere katılım düzeylerinin, çalışanların eğitim düzeyleri açısından karşılaştırılması;

Belediye çalışanlarının, *belediyelerde performans denetimi uygulamaları konusundaki algı ve beklentilerini değerlendirmeye yönelik ifadelere* verdikleri yanıtlar üzerinde çalışanların eğitim düzeylerinden kaynaklanan bir farklılığın olup olmadığını tespit etmek için ANOVA analizi yapılmıştır. Yapılan analiz sonucunda belediye çalışanlarının, ilgili ifadelere verdikleri yanıtlar üzerinde çalışanların eğitim düzeyi farklılıklarından kaynaklanan istatistiksel olarak anlamlı bir farklılığın bulunmadığı tespit edilmiştir. ($p= 0,450>0,05$)

Bu sonuca göre, belediyelerde çalışan personelin farklı eğitim düzeylerine sahip olmalarının *belediye çalışanlarının, belediyelerde performans denetimi uygulamaları konusundaki ifadelere katılım düzeylerini* farklılaştıran bir değişken olmadığı tespit edilmiştir.

Belediye çalışanlarının, belediyelerinde performans denetimi uygulamaları konusundaki ifadelere katılım düzeylerinin, çalışanların eğitim düzeyleri açısından karşılaştırılması;

Belediye çalışanlarının, *belediyelerinde performans denetimi uygulamaları konusundaki algı ve beklentilerini değerlendirmeye yönelik ifadelere* verdikleri yanıtlar üzerinde çalışanların eğitim düzeyler farklılıklarından kaynaklanan bir farklılığın olup olmadığını tespit etmek için ANOVA analizi yapılmıştır. Yapılan analiz sonucunda belediye çalışanlarının, ilgili ifadelere verdikleri yanıtlar üzerinde çalışanların eğitim düzeyi farklılıklarından kaynaklanan istatistiksel olarak anlamlı bir farklılığın bulunmadığı tespit edilmiştir. (p= 0,062>0,05)

Bu sonuca göre, belediyelerde çalışan personelin, farklı eğitim düzeylerine sahip olmalarının *belediye çalışanlarının, belediyelerinde performans denetimi uygulamaları konusundaki ifadelere katılım düzeylerini* farklılaştıran bir değişken olmadığı tespit edilmiştir.

Belediye çalışanlarının, performans denetimi uygulamalarından etkilenme düzeyleriyle ilgili ifadelere katılım düzeylerinin, eğitim düzeyleri açısından karşılaştırılması;

Belediye çalışanlarının, performans denetimi uygulamalarından etkilenme düzeyleriyle ilgili algı ve beklentilerini değerlendirmeye yönelik ifadelere verdikleri yanıtlar üzerinde çalışanların eğitim düzeylerinden kaynaklanan bir farklılığın olup olmadığını tespit etmek için ANOVA analizi yapılmıştır. Yapılan analiz sonucunda belediye çalışanlarının, ilgili ifadelere verdikleri yanıtlar üzerinde çalışanların eğitim düzeylerinden kaynaklanan istatistiksel olarak anlamlı bir farklılığın bulunmadığı tespit edilmiştir. (p= 0,957>0,05)

Bu sonuca göre, belediyelerde çalışan personelin farklı eğitim düzeylerine sahip olmalarının, *belediye çalışanlarının, performans denetimi uygulamalarından etkilenme düzeyleriyle ilgili ifadelere katılım düzeylerini* farklılaştıran bir değişken olmadığı tespit edilmiştir.

Belediye çalışanlarının, belediyelerde performans denetimi uygulamaları konusundaki ifadelere katılım düzeylerinin çalışanların, görevleri açısından karşılaştırılması;

Belediye çalışanlarının, *belediyelerde performans denetimi uygulamaları konusundaki algı ve beklentilerini değerlendirmeye yönelik ifadelere* verdikleri yanıtlar üzerinde çalışanların belediyelerdeki görevlerinden kaynaklanan bir farklılığın olup olmadığını tespit etmek için ANOVA analizi yapılmıştır. Yapılan analiz sonucunda belediye çalışanlarının, ilgili ifadelere verdikleri yanıtlar üzerinde çalışanların belediyelerdeki görevlerinden kaynaklanan istatistiksel olarak anlamlı bir farklılığın bulunduğu tespit edilmiştir.(p= 0,020 < 0,05)

Tablo 4.33:Belediyelerde Performans Uygulamaları - Görev Analizi-I.a

	Kareler toplamı	Serbestlik derecesi	Ortalama kareler	F	Anlamlılık
Gruplar arası	2,427	3	,809	3.298	,020
Gruplar içi	201,152	820	,245		
Toplam	203,579	823			

Bu farklılığın hangi görevliler arasında olduğunu tespit etmek için LSD testi yapılmıştır. Bu testin tablosu aşağıda verilmiştir.

Tablo 4.34:Belediyelerde Performans Uygulamaları - Görev Analizi-II.a

Görevler	Görevler	Ortalama fark	Standart hata	Anlamlılık
Seçilmiş Encümen Üyesi	Atanmış Encümen Üyesi Yönetici personel İdari personel	-,0543 -,1103 -,1928(*)	,11412 ,09362 ,09192	,634 ,239 ,036
Atanmış Encümen Üyesi	Seçilmiş Encümen Üyesi Yönetici personel İdari personel	,0543 -,0560 -,1385	,11412 ,07722 ,07515	,634 ,469 ,066
Yönetici Personel	Seçilmiş encümen Üyesi Atanmış encümen Üyesi	,1103 ,0560 -,0825(*)	,09362 ,07722 ,03726	,239 ,469 ,027

	İdari personel			
İdari Personel	Seçilmiş encümen Üyesi Atanmış encümen Üyesi Yönetici personel	,1928(*) ,1385 ,0825(*)	,09192 ,07515 ,03726	,036 ,066 ,027

Bu sonuca göre, belediyelerde görev yapan idari personel ile seçilmiş encümen üyeleri arasında ve yine belediyelerde görev yapan idari personel ile yönetici personel arasında istatistiksel olarak anlamlı bir farkın olduğu görülmektedir. Bu farklılığa göre, belediyelerde görev yapan seçilmiş encümen üyelerinin ve yönetici personelin *belediyelerde performans denetimi uygulamaları konusundaki ifadelere* katılım düzeyinin belediyelerde görev yapan idari personele oranla daha yüksek olduğu sonucuna ulaşılmaktadır.

Bu sonuca göre belediyelerde performans denetimi uygulamaları konusunun belediyelerin yönetici personeli ve seçilmiş encümen üyeleri tarafından idari personele nazaran daha yüksek bir oranda destek bulduğu sonucuna ulaşılmaktadır.

Belediye çalışanlarının, belediyelerinde performans denetimi uygulamaları konusundaki ifadelere katılım düzeylerinin, çalışanların görevleri açısından karşılaştırılması;

Belediye çalışanlarının, *belediyelerinde performans denetimi uygulamaları konusundaki algı ve beklentilerini değerlendirmeye yönelik ifadelere* verdikleri yanıtlar üzerinde çalışanların belediyelerdeki görev farklılıklarından kaynaklanan bir farklılığın olup olmadığını tespit etmek için ANOVA analizi yapılmıştır. Yapılan analiz sonucunda belediye çalışanlarının, ilgili ifadelere verdikleri yanıtlar üzerinde çalışanların belediyelerdeki görev farklılıklarından kaynaklanan istatistiksel olarak anlamlı bir farklılığın bulunmadığı tespit edilmiştir. ($p= 0,678>0,05$)

Bu sonuca göre belediyelerde çalışan personelin farklı görevlerde çalışmalarının *belediye çalışanlarının, belediyelerinde performans denetimi uygulamaları konusundaki ifadelere katılım düzeylerini* farklılaştıran bir değişken olmadığı tespit edilmiştir.

Belediye çalışanlarının, performans denetimi uygulamalarından etkilenme düzeyleriyle ilgili ifadelere katılım düzeylerinin, çalışanların görevleri açısından karşılaştırılması;

Belediye çalışanlarının, performans denetimi uygulamalarından etkilenme düzeyleriyle ilgili algı ve beklentilerini değerlendirmeye yönelik ifadelere verdikleri yanıtlar üzerinde çalışanların belediyelerdeki görev farklılıklarından kaynaklanan bir farklılığın olup olmadığını tespit etmek için ANOVA analizi yapılmıştır. Yapılan analiz sonucunda belediye çalışanlarının, ilgili ifadelere verdikleri yanıtlar üzerinde çalışanların belediyelerdeki görev farklılıklarından kaynaklanan istatistiksel olarak anlamlı bir farklılığın bulunduğu tespit edilmiştir. (p= 0,000 < 0,05)

Tablo 4.35:Performans Uygulamalarından Etkilenme Düzeyi - Görev Analizi-I

	Kareler toplamı	Serbestlik derecesi	Ortalama kareler	F	Anlamlılık
Gruplar arası	6,651	3	2,217	6,244	,000
Gruplar içi	291,139	820	,355		
Toplam	297,791	823			

Bu farklılığın hangi görevliler arasında olduğunu tespit etmek için Scheffe testi yapılmıştır. Bu testin tablosu aşağıda verilmiştir.

Tablo 4.36:Performans Uygulamalarından Etkilenme Düzeyi - Görev Analizi-II

Görevler	Görevler	Ortalama fark	Standart hata	Anlamlılık
Seçilmiş Encümen Üyesi	Atanmış Encümen Üyesi	-,0031	,13730	1,000
	Yönetici personel	,0405	,11263	,988
	İdari personel	-,1478	,11059	,618
Atanmış Encümen Üyesi	Seçilmiş Encümen	,0031	,13730	1,000
	Üyesi	,0437	,09290	,974
	Yönetici personel	-,1447	,09041	,465
	İdari personel			
Yönetici Personel	Seçilmiş encümen Üyesi	-,0405	,11263	,988
	Atanmış encümen Üyesi	,0437	,09290	,974
	İdari personel	-,1884*	,04483	,001
İdari Personel	Seçilmiş encümen Üyesi	,1478	,11059	,618
	Atanmış encümen Üyesi	,1447	,09041	,465
	Yönetici personel	,1884*	,04483	,001

Bu sonuca göre, belediyelerde görev yapan yönetici personel ile belediyelerde görev yapan idari personel arasında istatistiksel olarak anlamlı bir farkın olduğu belirlemiştir.

Bu farklılığa göre, belediyelerde görev yapan yönetici personelin, *belediye çalışanlarının, performans denetimi uygulamalarından etkilenme düzeyleriyle ilgili ifadelere* katılım düzeylerinin belediyelerde görev yapan idari personele oranla daha yüksek olduğu sonucuna ulaşılmaktadır.

Yani, belediyelerde görev yapan yönetici personelin, idari personele göre ilgili ifade konusunda daha olumlu bir fikre sahip olduğu göstermektedir. Bu sonuç belediyelerde performans denetimi uygulamaları konusunda yönetici personelin pozisyonları gereği performans denetimi uygulamalarından daha az etkileneceklerini bunun yanında idari personelin performans denetimi uygulamalarından daha fazla etkilenecekleri düşünmelerinden kaynaklanmaktadır diyebiliriz.

Belediyelerin idari çalışanlarının, belediyelerde performans denetimi uygulamaları konusundaki ifadelere katılım düzeylerinin çalışanların görevleri açısından karşılaştırılması;

Belediyelerin idari çalışanlarının, *belediyelerde performans denetimi uygulamaları konusundaki algı ve beklentilerini değerlendirmeye yönelik ifadelere* verdikleri yanıtlar üzerinde çalışanların, belediyelerdeki görevlerinden kaynaklanan bir farklılığın olup olmadığını tespit etmek için ANOVA analizi yapılmıştır. Yapılan analiz sonucunda belediye çalışanlarının, ilgili ifadelere verdikleri yanıtlar üzerinde çalışanların belediyelerdeki görevlerinden kaynaklanan istatistiksel olarak anlamlı bir farklılığın bulunduğu tespit edilmiştir.($p= 0,001 < 0,05$)

Tablo 4.37:Belediyelerde Performans Uygulamaları - Görev Analizi-I.b

	Kareler toplamı	Serbestlik derecesi	Ortalama kareler	F	Anlamlılık
Gruplar arası	4,089	3	1,363	5.698	,001
Gruplar içi	108,358	453	,239		
Toplam	122,447	456			

Bu farklılığın hangi görevliler arasında olduğunu tespit etmek için Scheffe testi yapılmıştır. Bu testin tablosu aşağıda verilmiştir.

Tablo 4.38: Belediyelerde Performans Uygulamaları - Görev Analizi-II.b

Görevler	Görevler	Ortalama fark	Standart hata	Anlamlılık
Memur	İşçi	,0659	,05827	,734
	Sözleşmeli personel	,1981(*)	,05611	,006
	Geçici personel	,2770(*)	,09761	,046
İşçi	Memur	-,0659	,05827	,734
	Sözleşmeli personel	,1322	,06313	,224
	Geçici personel	,2111	,10181	,233
Sözleşmeli Personel	Memur	-,1981(*)	,05611	,006
	İşçi	-,1322	,06313	,224
	Geçici personel	,0789	,10058	,893
Geçici Personel	Memur	-,2770(*)	,09761	,046
	İşçi	-,2111	,10181	,233
	Sözleşmeli personel	-,0789	,10058	,893

Bu sonuca göre, belediyelerde görev yapan memurlar ile sözleşmeli personel ve geçici personel arasında istatistiksel olarak anlamlı bir farkın olduğu belirlemiştir.

Bu farklılığa göre, belediyelerde görev yapan memurların *belediyelerde performans denetimi uygulamaları konusundaki algı ve beklentilerini değerlendirmeye yönelik ifadelere* katılım düzeyinin belediyelerde görev yapan geçici personel ve sözleşmeli personele oranla daha düşük olduğu sonucuna ulaşılmaktadır.

Bu durumun da nedenini memurların mevcut sistem içerisinde sözleşmeli ve geçici personele göre korunan bir meslek yapısına sahip olmasından kaynaklandığı düşünülmektedir. Sözleşmeli ve geçici personel memurlara nazaran ilgili ifadeyi daha çok desteklerken, memurlar performans denetiminin şuan ki pozisyonlarını daha zorlaştırıcı bir durum ortaya koymasından çekinmektedirler diyebiliriz.

Belediye çalışanlarının, belediyelerinde performans denetimi uygulamaları konusundaki ifadelere katılım düzeylerinin, çalışanların görevleri açısından karşılaştırılması;

Belediyelerin idari çalışanlarının, *belediyelerinde performans denetimi uygulamaları konusundaki algı ve beklentilerini değerlendirmeye yönelik ifadelere* verdikleri yanıtlar üzerinde çalışanların belediyelerdeki görevlerinden kaynaklanan bir farklılığın olup olmadığını tespit etmek için ANOVA analizi yapılmıştır.

Yapılan analiz sonucunda belediye çalışanlarının, ilgili ifadelere verdikleri yanıtlar üzerinde çalışanların belediyelerdeki görevlerinden kaynaklanan istatistiksel olarak anlamlı bir farklılığın bulunduğu tespit edilmiştir. (p= 0,003 < 0,05)

Tablo 4.39:Belediyelerinde Performans Uygulamaları - Görev Analizi-I

	Kareler toplamı	Serbestlik derecesi	Ortalama kareler	F	Anlamlılık
Gruplar arası	6,959	3	2,320	4,841	,003
Gruplar içi	217,056	453	,479		
Toplam	224,015	456			

Bu farklılığın hangi görevliler arasında olduğunu tespit etmek için Scheffe testi yapılmıştır. Bu testin tablosu aşağıda verilmiştir.

Tablo 4.40:Belediyelerinde Performans Uygulamaları - Görev Analizi-II

Görevler	Görevler	Ortalama fark	Standart hata	Anlamlılık
Memur	İşçi	,2602(*)	,08248	,020
	Sözleşmeli personel	,2535(*)	,07941	,018
	Geçici personel	,1735	,13815	,665
İşçi	Memur	-,2602(*)	,08248	,020
	Sözleşmeli personel	-,0067	,08935	1,000
	Geçici personel	-,0867	,14409	,948
Sözleşmeli Personel	Memur	-,2535(*)	,07941	,018
	İşçi	,0067	,08935	1,000
	Geçici personel	-,0800	,14236	,957
Geçici Personel	Memur	-,1735	,13815	,665
	İşçi	,0867	,14409	,948
	Sözleşmeli personel	,0800	,14236	,957

Bu sonuca göre, belediyelerde görev yapan memurlar ile sözleşmeli personel arasında ve yine belediyelerde görev yapan memurlar ile işçiler arasında istatistiksel olarak anlamlı bir farkın olduğu görülmektedir.

Bu farklılığa göre, belediyelerde görev yapan memurların *belediyelerinde performans denetimi uygulamaları konusundaki algı ve beklentilerini değerlendirmeye yönelik ifadelere* katılım düzeyinin belediyelerde görev yapan sözleşmeli personel ve işçilere oranla daha düşük olduğu sonucuna ulaşılmaktadır.

Bu durumun da nedenini bir önceki analizde de benzer bir şekilde ifade edildiği gibi memurların mevcut sistem içerisinde sözleşmeli personel ve işçilere göre kurumlarında daha fazla korunan bir meslek yapısına sahip olmasından kaynaklandığı düşünülmektedir. Sözleşmeli personel ve işçiler, memurlara nazaran ilgili ifadeyi daha çok desteklerken, memurlar performans denetiminin şuan ki pozisyonlarını daha zorlaştırıcı bir durum ortaya koymasından dolayı ilgili ifade konusunda çekinceli bir duruş sergilediklerini düşünebiliriz.

Belediyelerin idari çalışanlarının, performans denetimi uygulamalarından etkilenme düzeyleriyle ilgili ifadelere katılım düzeylerinin, çalışanların görevleri açısından karşılaştırılması;

Belediyelerin idari çalışanlarının, *performans denetimi uygulamalarından etkilenme düzeyleriyle ilgili algı ve beklentilerini değerlendirmeye yönelik ifadelere* verdikleri yanıtlar üzerinde çalışanların belediyelerdeki görevlerinden kaynaklanan bir farklılığın olup olmadığını tespit etmek için ANOVA analizi yapılmıştır. Yapılan analiz sonucunda belediye çalışanlarının, ilgili ifadelere verdikleri yanıtlar üzerinde çalışanların belediyelerdeki görev farklılıklarından kaynaklanan istatistiksel olarak anlamlı bir farklılığın bulunmadığı tespit edilmiştir. ($p= 0,060 > 0,05$)

Bu sonuca göre belediyelerde çalışan idari personelin farklı görevlerde çalışmalarının *belediye çalışanlarının, performans denetimi uygulamalarından etkilenme düzeyleriyle ilgili ifadelere katılım düzeylerini* farklılaştıran bir değişken olmadığı tespit edilmiştir.

4.6.3.2.Belediyelerin Siyasal Yapısından Kaynaklanan Farklılıklar

Araştırmanın bu kısmında, belediye çalışanlarının görev yaptığı belediyelerin siyasal yapısından kaynaklanan farklılıklarının çalışanların anketteki ifadelere verdiği yanıtlar üzerinde bir farklılığa yol açıp açmadığının analizlerine yer verilecektir.

Belediye çalışanlarının, belediyelerde performans denetimi uygulamaları konusundaki ifadelere katılım düzeylerinin, çalışanların görev yaptığı belediyenin siyasal yapısı açısından karşılaştırılması;

Belediye çalışanlarının, *belediyelerde performans denetimi uygulamaları konusundaki algı ve beklentilerini değerlendirmeye yönelik ifadelere* verdikleri yanıtlar üzerinde çalışanların görev yaptığı belediyenin siyasi yapısından kaynaklanan anlamlı bir farklılığın olup olmadığını tespit etmek için ANOVA analizi yapılmıştır. Yapılan analiz sonucunda belediye çalışanlarının, ilgili ifadelere verdikleri yanıtlar üzerinde çalışanların görev yaptığı belediyenin siyasi yapısından kaynaklanan istatistiksel olarak anlamlı bir farklılığın bulunmadığı tespit edilmiştir. ($p= 0,324>0,05$)

Bu sonuca göre belediyelerde çalışan personelin, çalıştığı belediyelerin farklı siyasi partilere bağlı olmasının *belediye çalışanlarının, belediyelerde performans denetimi uygulamaları konusundaki ifadelere katılım düzeylerini* farklılaştıran bir değişken olmadığı tespit edilmiştir.

Belediye çalışanlarının, belediyelerinde performans denetimi uygulamaları konusundaki ifadelere katılım düzeylerinin, çalışanların görev yaptığı belediyenin siyasal yapısı açısından karşılaştırılması;

Belediye çalışanlarının, *belediyelerinde performans denetimi uygulamaları konusundaki algı ve beklentilerini değerlendirmeye yönelik ifadelere* verdikleri yanıtlar üzerinde çalışanların görev yaptığı belediyenin siyasi yapısından kaynaklanan anlamlı bir farklılığın olup olmadığını tespit etmek için ANOVA analizi yapılmıştır. Yapılan analiz sonucunda belediye çalışanlarının, ilgili ifadelere verdikleri yanıtlar üzerinde çalışanların görev yaptığı belediyenin siyasi yapısından kaynaklanan istatistiksel olarak anlamlı bir farklılığın bulunmadığı tespit edilmiştir. ($p= 0,075>0,05$)

Bu sonuca göre belediyelerde çalışan personelin, çalıştığı belediyenin farklı siyasi partilere bağlı olmasının *belediye çalışanlarının, belediyelerinde performans denetimi uygulamaları konusundaki ifadelere katılım düzeylerini* farklılaştıran bir değişken olmadığı tespit edilmiştir.

Belediye çalışanlarının, performans denetimi uygulamalarından etkilenme düzeyleriyle ilgili ifadelere katılım düzeylerinin, çalışanların görev yaptığı belediyenin siyasal yapısı açısından karşılaştırılması;

Belediye çalışanlarının, performans denetimi uygulamalarından etkilenme düzeyleriyle ilgili algı ve beklentilerini değerlendirmeye yönelik ifadelere verdikleri yanıtlar üzerinde çalışanların görev yaptığı belediyenin siyasi yapısından kaynaklanan anlamlı bir farklılığın olup olmadığını tespit etmek için ANOVA analizi yapılmıştır. Yapılan analiz sonucunda belediye çalışanlarının, ilgili ifadelere verdikleri yanıtlar üzerinde çalışanların görev yaptığı belediyenin siyasi yapısından kaynaklanan istatistiksel olarak anlamlı bir farklılığın bulunmadığı tespit edilmiştir. ($p= 0,165 > 0,05$)

Bu sonuca göre belediyelerde çalışan personelin, çalıştığı belediyenin farklı siyasi partilere bağlı olmasının *belediye çalışanlarının, performans denetimi uygulamalarından etkilenme düzeyleriyle ilgili ifadelere katılım düzeylerini* farklılaştıran bir değişken olmadığı tespit edilmiştir.

4.6.3.3.Sosyo-ekonomik Gelişmişlikten Kaynaklanan Farklılıklar

Araştırmanın bu kısmında, belediye çalışanlarının görev yaptığı belediyelerin bulunduğu bölgenin, sosyo-ekonomik gelişmişlik farklılığının belediye çalışanlarının ilgili ifadelere verdiği yanıtlar üzerinde bir farklılığa yol açıp açmadığının analizlerine yer verilecektir.

Belediye çalışanlarının, belediyelerde performans denetimi uygulamaları konusundaki ifadelere katılım düzeylerinin, çalışanların büyükşehir belediyesinde çalışıp/çalışmama durumu açısından karşılaştırılması;

Belediye çalışanlarının, *belediyelerde performans denetimi uygulamaları konusundaki algı ve beklentilerini değerlendirmeye yönelik ifadelere* verdikleri yanıtlar üzerinde çalışanların görev yaptığı belediyelerin büyükşehir belediyesi ya da diğer il belediyeleri olmasından kaynaklanan bir farklılığın olup olmadığını tespit etmek için T testi analizi yapılmıştır. Yapılan analiz sonucunda belediye çalışanlarının, ilgili ifadeye verdikleri yanıtlar üzerinde çalışanların büyükşehir belediyesinde ya da diğer il belediyelerinde çalışmalarından kaynaklanan istatistiksel olarak anlamlı bir farklılığın bulunduğu tespit edilmiştir. ($p=0,003 < 0,05$), $T=3,034$

Tablo 4.41:Belediyelerde Performans Uygulamaları - Görev Yeri Analizi-I

	Varyansların eşitliği için L testi		Ortalamaların eşitliği için T testi				
	F	Anlamlılık	T	Serbestlik Derecesi	İki Yönlü Anlamlılık	Ortalama Fark	Standart Hata Farkı
Varyansların aynı olduğu varsayımı	8,279	,004	,852	822	,004	,1050	,03683
Varyansların farklı olduğu varsayımı			3,034	619,979	,003	,1050	,03462

Bu sonuca göre, *belediyelerde performans denetimi uygulamaları konusundaki algı ve beklentilerini değerlendirmeye yönelik ifadeler,* büyükşehir olmayan belediyelerde çalışan personel tarafından büyükşehir belediyelerinde çalışan personele nazaran daha yüksek düzeyde olumlu algılandığı görülmektedir. Bu durumun nedeninin büyükşehir belediyelerinde çok daha fazla çalışanın istihdam edilmesine paralel olarak performans denetimi uygulamalarının bu birimlerde çalışan personel tarafından diğer il belediyelerinde çalışan personele nazaran daha karmaşık, uygulanma sansının daha güç olacağı yönündeki inançlarından kaynaklandığını düşünülmektedir.

Belediye çalışanlarının, belediyelerinde performans denetimi uygulamaları konusundaki ifadelere katılım düzeylerinin, çalışanların büyükşehir belediyesinde çalışıp-çalışmama durumu açısından karşılaştırılması;

Belediye çalışanlarının, *belediyelerinde performans denetimi uygulamaları konusundaki algı ve beklentilerini değerlendirmeye yönelik ifadelere* verdikleri yanıtlar üzerinde çalışanların görev yaptığı belediyelerin büyükşehir belediyesi ya da diğer il belediyeleri olmasından kaynaklanan bir farklılığın olup olmadığını tespit etmek için T testi analizi yapılmıştır. Yapılan analiz sonucunda belediye çalışanlarının, ilgili ifadeye verdikleri yanıtlar üzerinde çalışanların büyükşehir belediyesinde ya da diğer il belediyelerinde çalışmalarından kaynaklanan istatistiksel olarak anlamlı bir farklılığın bulunduğu tespit edilmiştir. ($p=0,008<0,05$), $T=2,680$

Tablo 4.42:Belediyelerinde Performans Uygulamaları - Görev Yeri Analizi-I

	Varyansların eşitliği için L testi		Ortalamaların eşitliği için T testi				
	F	Anlamlılık	T	Serbestlik Derecesi	İki Yönlü Anlamlılık	Ortalama Fark	Standart Hata Farkı
Varyansların aynı olduğu varsayımı	,664	,415	2,680	822	,008	,1423	,05308
Varyansların farklı olduğu varsayımı			2,641	508,315	,009	,1423	0,5386

Bu sonuca göre, belediye çalışanlarının *belediyelerinde performans denetimi uygulamaları konusundaki algı ve beklentilerini değerlendirmeye yönelik ifadeler* büyükşehir olmayan belediyelerde çalışan personel tarafından büyükşehir belediyelerinde çalışan personele nazaran daha yüksek düzeyde olumlu algılandığı görülmektedir. Bu durumun nedeni, bir önceki analizde de ifade edildiği gibi, büyükşehir belediyelerinde çalışan personelin performans denetimi uygulamalarının bu birimlerde çalışan personel tarafından diğer il belediyelerinde çalışan personele nazaran daha karmaşık, uygulanma sansının daha güç olacağı yönündeki inançlarının belediyelerinde bir fiil uygulamalara yansıdığını düşündükleri görmektedir.

Belediye çalışanlarının, performans denetimi uygulamalarından etkilenme düzeyleriyle ilgili ifadelere katılım düzeylerinin, çalışanların büyükşehir belediyesinde çalışıp-çalışmama durumu açsısından karşılaştırılması;

Belediye çalışanlarının, *performans denetimi uygulamalarından etkilenme düzeyleriyle ilgili algı ve beklentilerini değerlendirmeye yönelik ifadelere* verdikleri yanıtlar üzerinde çalışanların görev yaptığı belediyelerin büyükşehir belediyesi ya da diğer il belediyeleri olmasından kaynaklanan bir farklılığın olup olmadığını tespit etmek için T testi analizi yapılmıştır. Yapılan analiz sonucunda belediye çalışanlarının, ilgili ifadelere verdikleri yanıtlar üzerinde çalışanların büyükşehir belediyesinde ya da diğer il belediyelerinde çalışmalarından kaynaklanan istatistiksel olarak anlamlı bir farklılığın bulunduğu tespit edilmiştir. (p=,000< 0,05), T=4,145

Tablo 4.43:Performans Uygulamalarından Etkilenme Düzeyi - Görev Yeri Analizi-I

	Varyansların eşitliği için L testi		Ortalamaların eşitliği için T testi				
	F	Anlamlılık	T	Serbestlik Derecesi	İki Yönlü Anlamlılık	Ortalama Fark	Standart Hata Farkı
Varyansların aynı olduğu varsayımı	1,261	,262	4,145	822	,000	,1836	,04430
Varyansların farklı olduğu varsayımı			4,251	563,062	,000	,1836	,4320

Bu sonuca göre, çalışanların performans denetimi uygulamalarından etkilenme düzeyleriyle ilgili algı ve beklentilerini değerlendirmeye yönelik ifadeler, büyükşehir olmayan belediyelerde çalışan personel tarafından büyükşehir belediyelerinde çalışan personele nazaran daha yüksek düzeyde olumlu algılandığı görülmektedir. Bu sonuca göre performans denetiminin çalışanlar üzerindeki etkilerine yönelik ifadeler büyükşehir belediyesi olmayan belediyelerde çalışan personel tarafından büyükşehir belediyelerinde çalışan personele göre daha fazla hassasiyetle algılandığı ve performans denetiminin olası etkileri bu çalışanlar tarafından daha fazla yakından takip edilerek anlaşılmaya çalışıldığı görülmektedir.

Belediye çalışanlarının, belediyelerde performans denetimi uygulamaları konusundaki ifadelere katılım düzeylerinin, çalışanların farklı sosyo-ekonomik gelişmişliğe sahip bölgelerdeki belediyelerde çalışmaları açısından karşılaştırılması;

Belediye çalışanlarının, *belediyelerde performans denetimi uygulamaları konusundaki algı ve beklentilerini değerlendirmeye yönelik ifadelere* verdikleri yanıtlar üzerinde çalışanların farklı sosyo-ekonomik gelişmişliğe sahip bölgelerdeki belediyelerde çalışmalarından kaynaklanan bir farklılığın olup olmadığını tespit etmek için ANOVA analizi yapılmıştır. Yapılan analiz sonucunda belediye çalışanlarının, ilgili ifadelere verdikleri yanıtlar üzerinde çalışanların farklı sosyo-ekonomik gelişmişliğe sahip bölgelerdeki belediyelerde çalışmalarından kaynaklanan anlamlı bir istatistiksel farklılığın bulunduğu tespit edilmiştir. ($p=,015 < 0,05$)

Tablo 4.44:Belediyelerde Performans Uygulamaları - Görev Yeri Analizi-II

	Kareler toplamı	Serbestlik derecesi	Ortalama kareler	F	Anlamlılık
Gruplar arası	2,074	2	1,037	4,225	0,15
Gruplar içi	201,505	821	,245		
Toplam	203,579	823			

Bu farklılığın hangi gelişmişlik düzeyine sahip belediyede çalışan personel arasında olduğunu tespit etmek için LSD testi yapılmıştır. Bu testin tablosu aşağıda verilmektedir.

Tablo 4.45:Belediyelerde Performans Uygulamaları - Görev Yeri Analizi-III

Gelişmişlik	Gelişmişlik	Ortalama fark	Standart hata	Anlamlılık
Üst düzey gelişmiş iller	Orta düzey gelişmiş iller	,1257(*)	,05170	,015
	Alt düzey gelişmiş iller	,0906(*)	,04466	,043
Orta düzey gelişmiş iller	Üst düzey gelişmiş iller	-,1257(*)	,05170	,015
	Alt düzey gelişmiş iller	-,0350	,06152	,569
Alt düzey gelişmiş iller	Üst düzey gelişmiş iller	-,0906(*)	,04466	,043
	Orta düzey gelişmiş iller	,0350	,06152	,569

Bu sonuca göre belediyelerde çalışan personelin görev yaptığı belediyelerin bulunduğu üç düzey (üst-orta-alt düzey) gelişmişliğe sahip bölge arasında istatistiksel olarak anlamlı bir farkın olduğu belirlenmiştir. Yani üst düzey gelişmiş bölgelerde görev yapan belediye çalışanları ile orta ve alt düzey gelişmişliğe sahip bölgelerde görev yapan belediye çalışanları arasında istatistiksel olarak anlamlı bir farklılık söz konusudur.

Bu farklılığa göre, belediye çalışanları arasında *belediyelerde performans denetimi uygulamaları konusundaki algı ve beklentilerini değerlendirmeye yönelik ifadelere* katılım düzeyinin üst düzey gelişmişliğe sahip bölgelerde görev yapan personelin orta ve alt düzey gelişmişliğe sahip bölgelerde görev yapan personele göre daha düşük düzeyde olduğu sonucuna ulaşılmaktadır.

Bu durum, performans denetimi gereksiniminin alt düzey gelişmişliğe sahip bölgelerde yer alan belediyelerde çalışan personel tarafından üst düzey gelişmişliğe sahip bölgelerde yer alan belediyelerde çalışan personele göre daha çok önem verilen ve ihtiyaç duyulan bir konu olarak düşünülmektedir. Bu ihtiyacın nedeni olarak alt düzey gelişmişliğe sahip bölgelerde yer alan belediyelerin performans denetimini, içlerinde bulundukları etkinlik ve verimlilik sorunlarından kurtulmada bir araç olarak görmeleri düşüncesi yatmaktadır.

Belediye çalışanlarının, belediyelerinde performans denetimi uygulamaları konusundaki ifadelere katılım düzeylerinin, çalışanların farklı sosyo-ekonomik gelişmişliğe sahip bölgelerdeki belediyelerde çalışmaları açısından karşılaştırılması;

Belediye çalışanlarının, *belediyelerinde performans denetimi uygulamaları konusundaki algı ve beklentilerini değerlendirmeye yönelik ifadelere* verdikleri yanıtlar üzerinde çalışanların farklı sosyo-ekonomik gelişmişliğe sahip bölgelerdeki belediyelerde çalışmalarından kaynaklanan bir farklılığın olup olmadığını tespit etmek için ANOVA analizi yapılmıştır. Yapılan analiz sonucunda belediye çalışanlarının, ilgili ifadelere verdikleri yanıtlar üzerinde çalışanların farklı sosyo-ekonomik gelişmişliğe sahip bölgelerdeki belediyelerde çalışmalarından kaynaklanan anlamlı bir istatistiksel farklılığın bulunduğu tespit edilmiştir. (p= ,027 < 0,05)

Tablo 4.46:Belediyelerinde Performans Uygulamaları - Görev Yeri Analizi-II

	Kareler toplamı	Serbestlik derecesi	Ortalama kareler	F	Anlamlılık
Gruplar arası	3,705	2	1,853	3,632	,027
Gruplar içi	418,775	821	510		
Toplam	422,480	823			

Bu farklılığın hangi gelişmişlik düzeyine sahip belediyede çalışan personel arasında olduğunu tespit etmek için LSD testi yapılmıştır. Bu testin tablosu aşağıda verilmektedir.

Tablo 4.47:Belediyelerinde Performans Uygulamaları - Görev Yeri Analizi-III

Gelişmişlik	Gelişmişlik	Ortalama fark	Standart hata	Anlamlılık
Üst düzey gelişmiş iller	Orta düzey gelişmiş iller Alt düzey gelişmiş iller	,1265 ,1532(*)	,07453 ,06439	,090 ,018
Orta düzey gelişmiş iller	Üst düzey gelişmiş iller Alt düzey gelişmiş iller	-,1265 ,0267	,07453 ,08869	,090 ,764
Alt düzey gelişmiş iller	Üst düzey gelişmiş iller Orta düzey gelişmiş iller	-,1532(*) -,0267	,06439 ,08869	,018 ,764

Bu sonuca göre belediyelerde çalışan personelin görev yaptığı belediyelerin bulunduğu üç düzey (üst-orta-alt düzey) gelişmişliğe sahip bölgeler arasında istatistiksel olarak anlamlı bir farkın olduğu belirlemiştir. Yani üst düzey gelişmiş bölgelerde görev yapan belediye çalışanları ile alt düzey gelişmişliğe sahip bölgelerde görev yapan belediye çalışanları arasında anlamlı bir farklılık söz konusudur.

Bu farklılığa göre, belediye çalışanları arasında *belediyelerinde performans denetimi uygulamaları konusundaki algı ve beklentilerini değerlendirmeye yönelik ifadelere* katılım düzeyinin üst düzey gelişmişliğe sahip bölgelerde görev yapan personelin alt düzey gelişmişliğe sahip bölgelerde görev yapan personele göre daha düşük düzeyde olduğu sonucuna ulaşılmaktadır.

Bir önceki analizde ifade edildiği gibi belediyelerin bulundukları bölgenin gelişmişlik düzeyi azaldıkça performans denetimi ihtiyacı artmakta olduğu görülmektedir. Bu durum ise özelikle gelişmişlik düzeyi düşük olan belediyelerde çalışanlarca kendi belediyelerinde bu yöndeki adımların daha fazla önemsine ve bu tip uygulamaların yakından takip edilmesine yol açmaktadır.

Belediye çalışanlarının, performans denetimi uygulamalarından etkilenme düzeyleriyle ilgili ifadelere katılım düzeylerinin, çalışanların farklı sosyo-ekonomik gelişmişliğe sahip bölgelerdeki belediyelerde çalışmaları açısından karşılaştırılması;

Belediye çalışanlarının, performans denetimi uygulamalarından etkilenme düzeyleriyle ilgili algı ve beklentilerini değerlendirmeye yönelik ifadelere verdikleri yanıtlar üzerinde çalışanların farklı sosyo-ekonomik gelişmişliğe sahip bölgelerdeki belediyelerde çalışmalarından kaynaklanan bir farklılığın olup olmadığını tespit etmek için ANOVA analizi yapılmıştır.

Yapılan analiz sonucunda belediye çalışanlarının, ilgili ifadelere verdikleri yanıtlar üzerinde çalışanların farklı sosyo-ekonomik gelişmişliğe sahip bölgelerdeki belediyelerde çalışmalarından kaynaklanan anlamlı bir istatistiksel farklılığın bulunduğu tespit edilmiştir ($p= ,000 < 0,05$)

Tablo 4.48:Performans Uygulamalarından Etkilenme Düzeyi - Görev Yeri Analizi-II

	Kareler toplamı	Serbestlik derecesi	Ortalama kareler	F	Anlamlılık
Gruplar arası	6,587	2	3,294	9,286	,000
Gruplar içi	291,203	821	,355		
Toplam	297,791	823			

Bu farklılığın hangi gelişmişlik düzeyine sahip belediyede çalışan personel arasında olduğunu tespit etmek için Scheffe testi yapılmıştır. Bu testin tablosu aşağıda verilmiştir.

Tablo 4.49:Performans Uygulamalarından Etkilenme Düzeyi - Görev Yeri Analizi-III

Gelişmişlik	Gelişmişlik	Ortalama fark	Standart hata	Anlamlılık
Üst düzey gelişmiş iller	Orta düzey gelişmiş iller Alt düzey gelişmiş iller	,2348* ,1480*	0,6215 0,5369	,001 ,023
Orta düzey gelişmiş iller	Üst düzey gelişmiş iller Alt düzey gelişmiş iller	-,2348* -,0868	0,6215 0,7396	,001 ,502
Alt düzey gelişmiş iller	Üst düzey gelişmiş iller Orta düzey gelişmiş iller	-,1480* ,0868	0,5369 0,7396	0,23 ,502

Bu sonuca göre belediyelerde çalışan personelin görev yaptığı belediyelerin bulunduğu üç düzey (üst-orta-alt düzey) gelişmişliğe sahip bölgeler arasında istatistiksel olarak anlamlı bir farkın olduğu belirlemiştir. Yani üst düzey gelişmiş bölgelerde görev yapan belediye çalışanları ile orta ve alt düzey gelişmişliğe sahip bölgelerde görev yapan belediye çalışanları arasında anlamlı bir farklılık söz konusudur.

Bu farklılığa göre, belediye çalışanları arasında *performans denetimi uygulamalarından etkilenme düzeyleriyle ilgili algı ve beklentilerini değerlendirmeye yönelik ifadelere* katılım düzeyinin üst düzey gelişmişliğe sahip bölgelerde görev yapan personelin orta ve alt düzey gelişmişliğe sahip bölgelerde görev yapan personele göre daha düşük düzeyde olduğu sonucuna ulaşılmaktadır.

Bu durumun nedenini düşük gelişmişlik düzeyindeki bölgelerde çalışan personelin performans denetimi uygulamalarından etkilenme düzeylerini gelişmiş bölgelerdeki belediye çalışanlarına göre daha fazla kendileri üzerinde etkide bulunacağı düşünmelerinden kaynaklandığı tahmin edilmektedir.

4.6.4.Araştırma Örnekleminin Açık Uçlu İfadelere Verdiği Yanıtlar

Çalışmanın bu kısmında, belediye çalışanlarına, sorulan açık uçlu dört temel soruya belediye çalışanlarının verdiği yanıtlar sınıflandırılarak analiz edilecektir. Bu kapsamda belediye çalışanlarına, açık uçlu olarak dört temel soru sorulmuştur.

* Belediyelerde performans denetimine yer verilmesi gerekli midir? Niçin?

* Belediyelerde performans denetimi uygulanamama nedenleri nelerdir?

* Belediyelerdeki performans denetimi uygulamaları konusundaki düşünce ve eleştirilerinizi kısaca belirtiniz?

* Sizce belediyelerde kurumsal etkinlik nasıl daha iyi sağlanabilir? Alternatif değerlendirme yolları neler olabilir?

Aşağıda belediye çalışanlarının, açık uçlu bu sorulara verdikleri yanıtlar sırayla yer almaktadır.

Belediyelerde Performans Denetimine Yer Verilmesi Gerekli Midir? Niçin?

Belediye çalışanlarının "Belediyelerde performans denetimine yer verilmeli midir, niçin?" Sorusuna verdiği yanıtlar incelendiğinde karşımıza üç grup ifadenin çıktığı görülmektedir. Bunlar performans denetimini gerekli bulan görüşler, performans denetimini gerekli bulmayan görüşler ve performans denetimiyle ilgili beklenti ve temenniler şeklinde aşağıdaki tablolarda sınıflandırılmaktadır.

Belediye çalışanlarının, belediyelerde performans denetimini gereksiz bulan görüşleri ve gerekçeleri aşağıdaki tabloda verilmektedir.

Tablo 4.50:Belediyelerde Performans Denetimini Gereksiz Bulan Görüşler

	YNT. PER.		İDR. PER.		TOPLAM	
	F	%	F	%	F	%
1.GEREKSİZDİR	28	51	27	49	55	5.7
2.Performans denetimi siyasi, baskı, gruplaşma, kayırma, taraf tutma kriterlerinin göreceli olması gibi nedenlerden dolayı adil uygulanamaz	10	45	12	55	22	2.3

3.Performans denetimiyle amaçlananlarla sonuçlar uyuşmamaktadır, gereksiz bürokrasi yaratır.	2	40	3	60	5	0.5
4.Performans denetimine gerek yoktur, seçimlerle halk denetimini en iyi şekilde yapar.	4	100	0	0	4	0.4
5.Performans denetimi, sosyal devlet anlayışıyla bağdaşmaz, belediyeler ticaret hane olamazlar.	3	100	0	0	3	0.3
TOPLAM	**47**	**53**	**42**	**47**	**89**	**9.3**

Yukarıdaki tablo incelendiğinde ilgili soruyu yanıtlayanların %9,3'lük bir kısmının belediyelerde performans denetimine yer verilmesinin gereksiz olduğunu düşündüğü görülmektedir. Bu kişilerin de %53'ünün yönetici personel %42'sinin de idari personel olduğu görülmektedir.

Belediyelerde uygulanan performans denetiminin gereksiz olduğunu düşünen kişilerin %5,7'si bu denetimi, gereksiz bulduğunu belirtmekle birlikte, buna gerekçe olarak %2,3'lük bir kesim belediyelerde performans denetiminin siyasi sebeplerden dolayı, baskı, gruplaşma, kayırma, taraf tutma gibi sorunlara yol açacağını, performans denetimiyle ilgili belediyelerde değerlendirme kriterlerinin objektif belirlenemeyeceği gibi nedenlerden dolayı adil uygulanamayacağını ifade ettiği görülmektedir. Bu kişilerin de %45'inin yönetici personel %55'inin de idari personel olduğu görülmektedir.

Yine ilgili soruya olumsuz cevap veren kişilerin %0,5'lik bir kesiminin performans denetimiyle amaçlananlarla, sonuçların uyuşmamasından dolayı belediyelerde performans denetiminin gereksiz olduğunu düşündüğü görülmektedir. Bu kişilerin de %40'ının yönetici personel %60'ının da idari personel olduğu görülmektedir.

Bunların yanında ilgili soruya cevap verenlerin %0,4'lük bir kesiminin ise yerel seçimlerle belediyelerin en iyi şekilde zaten halk tarafından denetlendiğini ileri sürdüğü, bu nedenle performans denetimine gerek olmadığı yönünde görüş belirttikleri gözlenmektedir. Bu kişilerin de %100'ünün yönetici personel %0'ını de idari personel olduğu görülmektedir.

Son olarak ilgili ifadeye olumsuz yanıt veren %0,3'lük bir kesiminde belediyelerde performans denetiminin, sosyal devlet anlayışıyla bağdaşmamakta olduğunu, çünkü belediyelerin ticaret hane olamadığını belirttikleri gözlenmektedir. Bu kişilerin de %100'ünün yönetici personel %0'ının idari personel olduğu görülmektedir.

Belediyelerde performans denetimini gerekli bulan görüşler ve gerekçeleri ise aşağıdaki tabloda verilmektedir.

Tablo 4.51:Belediyelerde Performans Denetimini Gerekli Bulan Görüşler

	YNT. PER.		İDR. PER.		TOPLAM	
	F	%	F	%	F	%
6. GEREKLİDİR	230	49	235	51	465	48.4
7.Performans denetimi, kıyaslama, ölçme, değerlendirmenin sağlıklı yapılmasını sağlayarak, disiplin, düzen ve uyumlu çalışma ortamı sağlar, keyfi uygulamalara son verir, hakkaniyet ve adaleti gerçekleştirir.	14	31	31	69	45	4.7
8.Performans denetimi, kurumun amaçlarına ulaşıp ulaşmadığını, hizmet sunumunun hızlı, verimli, etkin, uzmanlaşmaya dayalı bir yönetimle gerçekleşmesini sağlar.	111	58	80	42	191	20.0
9. Performans denetimi, çalışan çalışmayan ayrımı sağlar, ücrette adalet sağlar.	40	54	34	46	74	7.7
10.Performans denetimi, halkın beklentilerine cevap vererek, çalışanların kurumlarına ve halka karşı sorumluluğunu artırır, kamusal yarar sağlar.	18	72	7	28	25	2.7
11.Performans denetimi, çalışanlar arasında rekabet ortamı yaratarak onların motivasyonunu artırır, onları teşvik eder.	5	45	6	55	11	1.1
TOPLAM	**418**	**52**	**393**	**48**	**811**	**84.5**

Yukarıdaki tablo incelendiğinde ilgili soruyu yanıtlayanların %84,5'lik bir kısmının belediyelerde performans denetimine yer verilmesinin gerekli olduğunu düşündüğü görülmektedir. Bu kişilerin de %52'sinin yönetici personel %48'inin de idari personel olduğu görülmektedir.

Belediyelerde performans denetimi uygulamalarının gerekli olduğunu düşünen kişilerin %48,4'ünün bu denetimin belediyelerde uygulanmasının gerekli olduğunu düşündüğü görülmektedir. Bu kişilerin de %49'unun yönetici personel %51'inin de idari personel olduğu görülmektedir.

Belediyelerde performans denetiminin gerekli olduğunu düşünen kişiler, bu denetime gerekçe olarak %20'lik bir katılımla, belediyelerde performans denetiminin, kurumun amaçlarına ulaşıp ulaşmadığını göstermesi açısından, hizmet sunumunun hızlı, verimli, etkin, bir şekilde yerine getirilmesinde ve belediyelerde uzmanlaşmaya dayalı bir yönetim anlayışının benimsenmesi için gerekli olduğunu vurguladıkları gözlenmektedir. Bu kişilerin de %58'inin yönetici personel %42'sinin de idari personel olduğu görülmektedir.

Yine ilgili soruyu yanıtlayanların %7,7'lik bir kısmı, performans denetiminin belediyelerde çalışan - çalışmayan personelin ayrımını sağlayarak, çalışanlar arasında ücret adaletinin gerçekleştirilmesine katkıda bulunacağı düşüncesine sahip olduğu görülmektedir. Bu kişilerin de %54'ünün yönetici personel %46'sınında idari personel olduğu görülmektedir.

İlave olarak ilgili soruyu olumlu yanıtlayanların %4,7'sinin belediyelerde performans denetimiyle, kıyaslama, ölçme ve değerlendirmenin sağlıklı yapılacağını, disiplin, düzen ve uyumlu çalışma ortamının sağlanarak keyfi uygulamalara son verileceğini, hakkaniyet ve adaletin gerçekleştirileceğini belirttikleri görülmektedir. Bu kişilerin de %31'inin yönetici personel %69'unun da idari personel olduğu görülmektedir.

Yine ilgili soruyu olumlu olarak yanıtlayan kişilerin %2,7'lik bir kesimi, performans denetimini, halkın beklentilerine cevap veren, çalışanların kurumlarına ve halka karşı sorumluluğunu artıran, kamusal yarar sağlayan bir denetim olarak gördükleri gözlenmektedir. Bu kişilerin de %72'sinin yönetici personel %28'inin de idari personel olduğu görülmektedir.

Son olarak, ilgi soruyu cevaplayanların %1,1'lik bir kesimi performans denetimini, çalışanlar arasında rekabet ortamı yaratan, çalışanların motivasyonlarını artıran ve onları, teşvik eden bir denetim türü olarak düşündükleri ve belediyelerde uygulanması gereken bir denetim türü olarak algıladıkları gözlenmektedir. Bu kişilerin de %45'inin yönetici personel %55'inin de idari personel olduğu görülmektedir.

Belediyelerde performans denetimini gerekli bulan ve bulmayan bu görüşler yanında "Belediyelerde performans denetimine yer verilmeli midir, niçin?" sorusuna cevap veren kişilerin, belediyelerde uygulanan performans denetimi konusuyla ilgili beklenti ve temennilerine yönelik cevapların gösterildiği tablo da aşağıda verilmektedir.

Tablo 4.52:Belediyelerde Performans Denetimi Uygulamalarından Beklentiler

OLMASI GEREKEN / BEKLENİLEN	YNT. PER.		İDR. PER.		TOPLAM	
	F	%	F	%	F	%
12.Performans denetimi, siyasetten uzak, tarafsız, ölçülebilir, objektif kriterlere göre, yaptırıma yer veren, hukuki mevzuata uygun olarak yapılmalıdır.	15	43	20	57	35	3.6
13.Performans denetimi, her birimin kendi içinde ayrı ayrı bağımsız birimlerce değerlendirilmelidir.	1	17	5	83	6	0.6
14.Belediyelerde performans denetimi uygulanmaktadır, ancak; üzerinde daha fazla durularak sistem doğru kurulmalıdır.	7	70	3	30	10	1.0
15.Performans denetimi, insana odaklı olmalı, iletişime önem vermelidir.	0	0	4	100	4	0.4
16.Performans denetimi konusunda personel yeterli bilgiye sahip değildir, çalışanlara denetimle ilgili bilgi verilmelidir.	3	60	2	40	5	0.5
TOPLAM	**26**	**42**	**34**	**48**	**60**	**6.3**
GENEL TOPLAM	**491**	**51**	**469**	**49**	**960**	**100**

Yukarıdaki tablo incelendiğinde ilgili soruyu yanıtlayanların %6,3'lük bir kısmının belediyelerde performans denetimine yer verilmesi konusunda beklenti ve temennilerini belirttikleri gözlenmektedir. Bu kişilerin de %42'sinin yönetici personel %48'ininde idari personel olduğu görülmektedir.

Buna göre ilgili soruyu cevaplayanların %3,6'sı belediyelerde uygulanması planlanan performans denetiminin, siyasetten uzak, tarafsız, ölçülebilir, objektif kriterlere göre yapılmasını, bunun yanında sonuçların yaptırıma bağlanarak, hukuki mevzuata uygun bir şekilde yerine getirilmesini istedikleri görülmektedir. Bu kişilerin de %43'ünün yönetici personel %57'sininde idari personel olduğu görülmektedir.

Yine %1,0'lık bir kesim belediyelerde performans denetimi uygulamalarını desteklediği, ancak; üzerinde daha fazla durularak sistemin doğru kurulması şartı ile performans denetiminden beklenilen faydanın gerçekleşebileceğini düşündüğü görülmektedir. Bu kişilerin de %70'ini yönetici personel %30'unuda idari personel olduğu görülmektedir.

Bunların yanında %0,6'lık bir kesim performans denetimi, her birimin kendi içinde ayrı ayrı bağımsız birimlerce değerlendirilmesi gerektiğini belirttiği gözlenmektedir. Bu kişilerin de %17'sini yönetici personel %83'ünüde idari personel olduğu görülmektedir.

Yine ilgili soruyu cevaplayanların %0,5'lik bir kesimi, performans denetimi konusunda belediye personelinin yeterli bilgiye sahip olmadığını, belediye çalışanlarına performans denetimiyle ilgili bilgi verilmesi gerektiğini belirttiği görülmektedir. Bu kişilerin de %60'ınn yönetici personel %40'ınında idari personel olduğu görülmektedir.

Son olarak ilgili soruyu cevaplayan kişilerin belediyelerde performans denetimine yer verilmesi konusunda beklenti ve temennileri arasında %0,4'lük bir kesimi performans denetiminin, insana odaklı, iletişime önem veren bir denetimi olması gerekliliğine vurgu yaptığı gözlenmektedir. Bu kişilerin de %0'ının yönetici personel %100'ününde idari personel olduğu görülmektedir.

Belediyelerde Performans Denetimi Uygulanamama Nedenleri Nelerdir?

Araştırma örnekleminin "Belediyelerde performans denetimi uygulanamama nedenleri nelerdir?" Sorusuna verdikleri yanıtlar incelendiğinde karşımıza aşağıdaki tabloda verilen cevapların çıktığı gözlenmektedir.

Tablo 4.53:Belediyelerde Performans Denetimi Uygulanamama Nedenleri

	YNT. PER.		İDR. PER.		TOPLAM	
	F	%	F	%	F	%
1.Yasal hukuki mevzuatın yetersiz olması	24	65	13	35	37	8.4
2.Yönetici davranışları, inisiyatif almamaları, ilgisizlikleri, önemsememeleri ve ciddiye almamaları	30	53	27	47	57	13.0
3.Siyasi nedenler, kamuoyu baskısı, kayırma, taraf tutma, ayrımcılık gibi nedenlerden dolayı adaletin sağlanamaması ve güvenilmemesi	77	46	89	54	166	37.7
4.Performans denetiminin kurumsallaşamaması, beklenen faydayı sağlayamaması, ihtiyaç duyulmaması ve sadece mevzuat gereği yapılıyor olması	9	56	7	44	16	3.6
5.Kişisel faktörler, yönetici ve çalışanların tutum ve düşünceleri, baskı aracı olarak algılanma, tepki, ön yargı, bilgisizlik, bilinçsizlik ve kalıplaşmış düşünceler	17	60	11	40	28	6.3

6.Belediyelerin çok farklı hizmet birimlerine sahip olması, iş yükü ve çalışma şartlarının ağır olması	8	67	4	33	12	2.7
7.Sistem kaynaklı, altyapı, kaynak, planlama, ölçme, değerlendirme kriterlerin net olmaması, yaptırım, ödül ceza siteminin yetersiz olması ve yetki karmaşası	25	55	19	45	44	10.0
8.Personelin yetersiz, niteliksiz olması, konu hakkında bilgisinin olmaması ve personel kaynaklı iletişim ve ilişki sorunu	45	65	24	35	69	15.7
9.Sosyal devlet anlayışıyla bağdaşmama, klasik geleneksel anlayış ve zihniyet, değişime karsı gözlenen direnç ve bürokrasi sorunu	4	33	8	67	12	2.7
TOPLAM	**239**	**54**	**202**	**46**	**441**	**100**

Yukarıdaki tablolar incelendiğinde ilgili soruyu yanıtlayanların % 37,7'sinin belediyelerde performans denetiminin uygulanmama nedeni olarak, siyasi nedenler, kamuoyu baskısı, kayırma, taraf tutma, ayrımcılık gibi nedenlerden dolayı adaletin sağlanamaması ve güvenilmemesi gibi kaygılarının olduğu gözlenmektedir. Bu kişilerinde %46'sını yönetici personel %54'ününde idari personel oluşturmaktadır.

Bunların yanında %15,7'lik bir kesim belediyelerde performans denetiminin uygulanmama nedeni olarak konu ile ilgili personelin yetersiz, niteliksiz olması, ilgili konu hakkında bilgisinin olmaması ve personel kaynaklı iletişim ve ilişki sorununu sebep olarak gösterdiği görülmektedir. Bu kişilerin de %65'ini yönetici personel %35'ininde idari personel olduğu görülmektedir.

Yine %13,0'lık bir kesim belediyelerde performans denetiminin uygulanmama nedeni olarak yöneticilerin performans denetimiyle ilgili davranışlarını, inisiyatif almamalarını, ilgili konuya ilgisizliklerini, önemsememeleri ve ciddiye almamalarını sebep olarak belirttiği de görülmektedir. Bu kişilerin de %53'ünün yönetici personel %47'sininde idari personel olduğu görülmektedir.

Yine %8,4'lük bir kesim performans denetiminin uygulanmama nedeni olarak, performans denetimi konusunda yasal, hukuki mevzuatın yetersiz olmasını gerekçe göstermektedir. Bu kişilerin de %65'inin yönetici personel %35'ininde idari personel olduğu görülmektedir.

İlgili soruyu cevaplayanların %6,3'lük bir kesimi, kişisel faktörler, yönetici ve çalışanların tutum ve düşünceleri, baskı aracı olarak algılanma, tepki, ön yargı, bilgisizlik, bilinçsizlik ve kalıplaşmış düşünceler gibi faktörleri performans denetiminin belediyelerde uygulanmama nedeni olarak görmektedir. Bu kişilerin de %60'ının yönetici personel %40'ınında idari personel olduğu görülmektedir.

Yine ilgili soruyu yanıtlayanların %3,6'sının performans denetiminin, kurumsallaşamaması, beklenen faydayı sağlayamaması, ihtiyaç duyulmaması ve sadece mevzuat gereği yapılıyor olmasını belediyelerde performans denetiminin uygulanmama nedeni olarak belirttiği gözlenmektedir. Bu kişilerin de %56'sının yönetici personel %44'ününde idari personel olduğu görülmektedir.

Bunlara ilave olarak belediyelerde performans denetiminin uygulanamama nedeni olarak %2,7'lik bir kısım, sosyal devlet anlayışıyla bağdaşmama, klasik geleneksel anlayış ve zihniyet, değişime karsı gözlenen direnç ve bürokrasi sorununa ve belediyelerin çok farklı hizmet birimlerine sahip olması, iş yükü ve çalışma şartlarının ağır olması gibi nedenleri belirttiği gözlenmektedir.

Belediyelerdeki Performans Denetimi Uygulamaları Konusundaki Düşünce ve Eleştirilerinizi Kısaca Belirtiniz?

Araştırma örnekleminin "Belediyelerde performans denetimi uygulamaları konusundaki düşünce ve eleştirilerinizi kısaca belirtiniz?" Sorusuna verdiği yanıtlar incelendiğinde karşımıza yine üç grup ifadenin çıktığı görülmektedir.

Bunlar, belediyelerde performans denetimi uygulamalarını olumlu bulan görüşler, performans denetimini uygulamalarını olumsuz olarak değerlendiren görüşler ve belediyelerde performans denetimi konusuyla ilgili öneri mahiyetinde düşüncelerden oluşmaktadır. Aşağıdaki tablolarda bu ifadelere yer verilmiştir.

Belediyelerde performans denetimi uygulamalarını olumlu bulan görüşler ve gerekçeleri aşağıdaki tabloda verilmektedir.

Tablo 4.54:Belediyelerde Performans Denetimi Uygulamalarını Olumlu Bulan Görüşler

OLUMLU DÜŞÜNCELER	YNT. PER.		İDR. PER.		TOPLAM	
	F	%	F	%	F	%
1.Performans denetimi, kurumda hakkaniyet ve adalet gözetir, çalışan çalışmayan ayrımı yaparak ücrette adalet	6	50	6	50	12	3.1

sağlar.						
2.Performans denetimi, kurum kültürü oluşturur, bilgiye erişimi hızlandırır, bürokrasiyi azaltır, şeffaf bir yönetim sağlar, rekabet ortamı oluşturur.	4	44	5	56	9	2.3
3.Performans denetimi, işin ehline verilmesini sağlayarak, halkın beklentilerine uygun, verimlilik, etkinlik ve kalite hizmet sunumu sağlar.	12	57	9	43	21	5.4
4.Performans denetimi, faydalı bir denetimdir, yeterli düzeyde uygulanmaktadır, daha da yaygınlaşmalıdır.	45	69	20	31	65	16.7
5.Performans denetimi, çalışanların başarısını artırır, onları iş konusunda motive eder, teşvik ve maddi olanak sağlar.	5	45	6	55	11	2.8
TOPLAM	**72**	**61**	**46**	**39**	**118**	**30.4**

Yukarıdaki tablo incelendiğinde ilgili soruyu yanıtlayanların %30,4'lük bir kısmının belediyelerde performans denetimi uygulamaları konusunda olumlu düşüncelere sahip olduğu görülmektedir. Bu kişilerinde %61'ini yönetici personel %39'unu idari personel oluşturmaktadır. Bu düşünceler kapsamında ilgili soruyu yanıtlayanların %16,7'si belediyelerde böyle bir denetimin olumlu sonuçlar doğuracağını düşündüğü, belediyelerde uygulanan performans denetiminin, faydalı bir denetim olduğunu, yeterli düzeyde uygulanması ve yaygınlaştırması gerektiğini belirtti görülmektedir. Bu kişilerin de %69'unun yönetici personel %31'inin de idari personel olduğu görülmektedir.

Bunun yanında %5,4'lük bir kesim belediyelerde performans denetimi uygulamalarının, işin ehline verilmesini sağlayarak, halkın beklentilerine uygun, verimlilik, etkinlik ve kaliteli hizmet sunumuna katkı sağlayacağı yönünde görüş belirttikleri gözlenmektedir. Bu kişilerin de %57'unun yönetici personel %43'ününde idari personel olduğu görülmektedir.

Yine ilgili soruya olumlu cevap verenlerin %3,1'lik bir kesimi, performans denetiminin, kurumlarda hakkaniyet ve adaleti gözeten, çalışan çalışmayan ayrımı yaparak ücrette adaletini sağlayan bir denetim olduğunu belirtmektedir. Bu kişilerin de %50'sinin yönetici personel %50'sininde idari personel olduğu görülmektedir.

Yine ilgili soruyu olumlu yanıtlayanların %2,8'lik bir kesimi, performans denetimini, çalışanların başarısını artıran, onları iş konusunda motive eden, onları teşvik eden ve çalışanlara maddi olanak sağlayan bir denetim olarak belirttikleri gözlenmektedir. Bu kişilerin de %45'ini yönetici personel %55'ininde idari personel olduğu görülmektedir.

Son olarak ilgili soruya olumlu cevap verenlerin %2,3'lük kesimi, performans denetimini, kurum kültürü oluşturan, bilgiye erişimi hızlandıran, bürokrasiyi azaltan, şeffaf bir yönetim sağlayan, rekabet ortamı oluşturan bir denetim olarak algıladıkları gözlenmektedir. Bu kişilerin de %45'inin yönetici personel %55'ininde idari personel olduğu görülmektedir.

Bunların yanında belediyelerde performans denetimi uygulamalarını olumsuz bulan görüşler ve gerekçeleri aşağıdaki tabloda verilmektedir.

Tablo 4.55:Belediyelerde Performans Denetimi Uygulamalarını Olumsuz Bulan Görüşler

OLUMSUZ DÜŞÜNCELER	YNT. PER.		İDR. PER.		TOPLAM	
	F	%	F	%	F	%
6.Belediyelerde performans denetimi uygulanamaz, zararlı bir denetimdir, belediyeler ticaret hane değildir.	6	60	4	40	10	2.6
7.Performans denetiminden dolayı, kurum içi ilişkilerde sıkıntılar söz konusudur çalışanlar bu denetime sıcak bakmıyorlar.	3	50	3	50	6	1.5
8.Performans denetimi, gereksiz bürokrasiye neden olur, şekli bir denetimdir.	5	100	0	0	5	1.3
9.Siyasi sebeplerden dolayı, adil olmayabilir, yöneticiler taraf tutarak, çalışanlar arasında ayrımcılık yapabilir.	15	41	22	59	37	9.5
TOPLAM	**29**	**50**	**29**	**50**	**58**	**15.0**

Yukarıdaki tablo incelendiğinde ilgili soruyu yanıtlayanların %15'lik bir kısmının belediyelerde performans denetimi uygulamaları konusunda olumsuz düşüncelere sahip olduğu görülmektedir. Bu kişilerin de %50'si yönetici personel %50'si idari personeldir.

Bu düşünceler kapsamında ilgili soruyu yanıtlayanların %9,5'i belediyelerde böyle bir denetimin olumsuz sonuçlar doğuracağını düşündüğü, belediyelerde uygulanan performans denetiminin, siyasi sebeplerden dolayı, adil olamayacağını, yöneticilerin taraflı yaklaşımlarından dolayı, çalışanlar arasında ayrımcılıkların söz konusu olabileceğini belirtti görülmektedir. Bu kişilerin de %41'inin yönetici personel %59'unuda idari personel olduğu görülmektedir.

Bunun yanında %2,6'lık bir kesim belediyelerde performans denetimi uygulamalarının, uygulanamaz olduğunu, uygulanması halinde zararlı sonuçların meydana gelebileceğini, belediyelerin ticaret hane gibi yönetilemeyeceği yönünde görüş belirttikleri görülmektedir. Bu kişilerin de %60'ının yönetici personel %40'ınında idari personel olduğu görülmektedir.

Yine ilgili soruyu olumsuz olarak cevaplayanların %1,5'lik bir kesimi performans denetiminden dolayı, kurum içi ilişkilerde sıkıntılar söz konusu olabileceğini, çalışanların bu denetime sıcak bakmadıklarını belirttikleri gözlenmektedir. Bu kişilerin de %50'sinin yönetici personel %50'sininde idari personel olduğu görülmektedir.

Son olarak ilgili soruyu olumsuz cevaplayanların %1,3'ü performans denetiminin, gereksiz bürokrasiye neden olacağı ve sadece şekli bir denetim türü olduğu yönünde beyanda bulunduğu görülmektedir. Bu kişilerin de %100'üünün yönetici personel %0'ınında idari personel olduğu görülmektedir.

Belediyelerde performans denetimini uygulamalarını olumlu bulan ve bulmayan bu görüşler yanında ilgili soruya cevap veren kişilerin, belediyelerde uygulanan performans denetimi uygulamaları konusuyla ilgili beklenti ve temennilerinin gösterildiği tablo aşağıda verilmiştir.

Tablo 4.56:Belediyelerde Performans Denetimi Uygulamaları Konusunda Beklentiler

ÖNERİ VE BEKLENTİLER	YNT. PER.		İDR. PER.		TOPLAM	
	F	%	F	%	F	%
10.Performans denetimi kriter ve ölçütleri yetersizdir, kriterler net, değerlendirme objektif olmalı, siyasetten kayırmadan uzak, adil bir denetim olmalıdır.	29	41	41	59	70	18.0
11.Performans sonuçlarına ilişkin yaptırımlar belli değildir, ödül ceza sistemi yaptırımlar net olmalıdır.	5	71	2	29	7	1.8
12.Performans denetimi, yeni bir sistemdir, ciddiye alınmalı, insan ilişkilerine önem vermeli, sistematik, düzenli bir denetim sistemi kurulmalıdır.	19	48	21	52	40	10.3
13.Performans denetiminde yasal mevzuat, kaynak ve bütçe nitelikli personel yetersizliği söz konusudur.	11	58	8	42	19	4.9
14.Çalışanlar performans denetimi hakkında yeterli bilgiye sahip değildir, çalışanlara gerekli olan eğitim,	22	52	20	48	42	10.8

bilgi ve bilinç kazandırılmalıdır.						
15.Yönetici tutumları performans denetiminin uygulanmasında, önemli bir etkendir, yöneticiler gerekli ilgi ve hassasiyeti göstermelidir	5	36	9	64	14	3.6
16.Performans denetimine sadece mevzuat gereği yer verilmektedir ve mali konularla sınırlı kalınmaktadır	7	58	5	42	12	3.1
17.Performans denetimi tüm personeli kapsamalı, Sayıştay, yerel yönetim bakanlığı gibi tarafsız birimlerce yapılmalıdır.	7	88	1	12	8	2.1
TOPLAM	**105**	**50**	**107**	**50**	**212**	**54.6**
GENEL TOPLAM	**206**	**53**	**182**	**47**	**388**	**100**

Yukarıdaki tablo incelendiğinde ilgili soruyu yanıtlayanların %54,6'lık bir kısmının, belediyelerde performans denetimine yer verilmesi konusunda beklenti, eleştiri ve temennilerini ifade ettikleri gözlenmektedir. Bu kişilerinde %50'sini yönetici personel %50'sini idari personel oluşturmaktadır.

Buna göre ilgili soruyu cevaplayanların %18'i belediyelerde uygulanan performans denetimi kriterlerini ve ölçütleri yetersiz olduğunu düşündüğü görülmektedir. Bu nedenle, örneklemin performans kriterlerinin net olmasını, belediyelerde yapılacak olan performans değerlendirmelerinin objektif, siyasetten ve kayırmadan uzak, adil bir denetimle gerçekleştirilmesi gerektiğini ifade ettikleri görülmektedir. Bu kişilerin de %41'nin yönetici personel %59'ununda idari personel olduğu görülmektedir.

Bunların yanında ilgili soruyu yanıtlayan kişilerin %10,8'lik bir kesimi, belediyelerde uygulanan performans denetimi uygulamaları hakkında belediye çalışanlarının yeterli bilgiye sahip olmadığını, bu konu hakkında çalışanlara gerekli olan eğitim, bilgi ve bilincin kazandırılması gerektiğini belirtikleri gözlenmektedir. Bu kişilerin de %52'sinin yönetici personel %48'inide idari personel olduğu görülmektedir.

Yine ilgili soruyu yanıtlayanların %10,3'lük bir kesimi, belediyelerde uygulanan performans denetiminin, yeni bir sistem olduğunu, ciddiye alınması gerektiğini, özellikle insan ilişkilerine önem veren, sistematik, düzenli bir denetim sisteminin kurulması gerektiğini belirttikleri gözlenmektedir. Bu kişilerin de %48'ini yönetici personel %52'sininde idari personel olduğu görülmektedir.

Yine, ilgili soruyla alakalı, çalışanların %4,9'u performans denetiminde yasal mevzuatın yetersiz olduğu, bunu yanında kaynak, bütçe ve nitelikli personel yetersizliğinin söz konusu olduğunu belirttikleri gözlenmektedir. Bu kişilerin de %58'inin yönetici personel %52'sininde idari personel olduğu görülmektedir.

Bunların yanında, ilgili soruyu cevaplayanların %3,6'sının, yönetici tutumlarının performans denetiminin uygulanmasında, önemli bir etken olduğunu düşündüğü, performans denetimi uygulamalarında, yöneticilerin gerekli ilgi ve hassasiyeti göstermeleri gerektiğini belirttikleri görülmektedir. Bu kişilerin de %36'sının yönetici personel %64'ününde idari personel olduğu görülmektedir.

Bunlarla beraber ilgili soruyu cevaplayanların %3,1'nin performans denetimine sadece mevzuat gereği yer verildiğini ve mali konularla sınırlı kaldığını belirttiği gözlenmektedir. Bu kişilerin de %58'ini yönetici personel %42'sininde idari personel olduğu görülmektedir.

İlave olarak araştırma örnekleminin %2,1'nin performans denetiminin tüm personeli kapsaması gerektiği ve performans denetimini Sayıştay ya da kurulması öngörülen yerel yönetim bakanlığı gibi tarafsız birimlerce yapılması gerektiğine vurgu yapıldığı gözlenmektedir. Bu kişilerin de %88'inin yönetici personel %12'sininde idari personel olduğu görülmektedir.

Son olarak ilgili soruyu cevaplayanların %1,8'inin performans denetiminde performans sonuçlarına ilişkin yaptırımların belli olmadığını, ödül-ceza sistemi ve yaptırımların net olması gerektiğini belirttikleri gözlenmektedir. Bu kişilerin de %71'inin yönetici personel %29'ununda idari personel olduğu görülmektedir.

Sizce Belediyelerde Kurumsal Etkinlik Nasıl Daha İyi Sağlanabilir? Alternatif Değerlendirme Yolları Neler Olabilir?

Araştırma örnekleminin "Sizce belediyelerde kurumsal etkinlik nasıl daha iyi sağlanabilir? Alternatif değerlendirme yolları neler olabilir?" Sorusuna verdikleri yanıtlar incelendiğinde karşımıza aşağıdaki tabloda verilen cevapların çıktığı görülmektedir.

Tablo 4.57:Belediyelerde Daha Fazla Etkinlik ve Verimliliğin İçin Alternatif Yollar

	YNT. PER.		İDR. PER.		TOPLAM	
	F	%	F	%	F	%
1.Adalete, objektif bir değerlendirme sistemine yer verilerek, ayrımcılık ve kayırmaya izin vermeyen, siyasi baskılardan uzak, hukuka uygun bir sistem	41	46	48	54	89	21.7
2.Yönetici, personel ve vatandaş ilişiklilerinin, ortak hareket ve iş birliğine dayandığı, insan odaklı, memnuniyeti gözeten, uyumlu, katılımcı bir yönetim anlayışı	15	34	29	66	44	10.7
3.Motivasyon, ödül, ceza, teşvik sisteminin hakim olduğu ve sosyal olanakların sıkça yer aldığı bir anlayış	12	46	14	54	26	6.3
4.Ön yargıdan uzak, eleştiriye açık, şeffaf, samimi, bilinçli, öz veriyle çalışan yeterli, nitelikli sorumluluk sahibi yöneticiler ve personel	19	59	13	41	32	7.8
5.Belediyelerin yetki, sorumluluk, mali ve idari özerklik artışının sağlanması ve belediyelerden vesayetin kaldırılarak güçlendirilmesi	7	100	0	0	7	1.7
6.Belediyelerin bağlı olacağı yerel yönetim bakanlığı aracılığıyla iç ve dış denetiminin takip edilmesi	6	50	6	50	12	2.9
7.Hizmet politikalarının net olması, bilinçli, etkin, verimli çalışma düzeni ve kaynak kullanımıyla	11	61	7	39	18	4.4
8.Belediyelerin denetiminin performans esaslı bir denetime dayanmasıyla	14	61	9	39	23	5.6
9.Belediyelerin denetiminde kamuoyu denetimi, siyasi denetim ve halk katılımına yer verilerek	4	33	8	67	12	2.9
10.Çalışanların hizmet içi eğitimi, bilgi paylaşımı ve bilgilendirtmeleri, bilinçlendirilmeleri ve iletişimin yaygınlaşmasıyla	29	53	26	47	55	13.4
11.Bilimsel metot ve teknolojiden faydalanan, rekabete dayalı, sonuçlara önem veren bürokrasiden uzak, profesyonel, bir yönetim	9	56	7	44	16	3.9
12.Personel politikaları (liyakate dayalı, eşit işe eşit ücret, adil iş yükü) dikkate alınmasıyla	25	63	15	37	40	9.7
13.Belediyelerin denetiminde ast-üst mesafesi korunmalı, disipline ve hiyerarşik denetime ağırlık verilerek	13	59	9	41	22	5.3
14.Kurum kültürünün oluşturulması, çalışanların desteği, sitemin iyileştirilerek güven ortamının sağlanmasıyla	10	67	5	33	15	3.6
TOPLAM	**215**	**52**	**196**	**48**	**411**	**100**

Yukarıdaki tablo incelendiğinde ilgili soruyu yanıtlayanların %21,7'si belediyelerde kurumsal etkinliğin, belediyelerde adalete, objektif bir değerlendirme sistemine yer verilerek, ayrımcılık ve kayırmaya izin vermeyen, siyasi baskılardan uzak, hukuka uygun bir yönetim anlayışı ile ulaşılabileceğini belirttiği gözlenmektedir. Bu kişilerin de %46'sının yönetici personel %54'ününde idari personel olduğu görülmektedir.

Bunların yanında örneklemin %13,4'ü belediyelerde kurumsal etkinliğin sağlanmasında belediye çalışanlarının hizmet içi eğitimi, çalışanlarla karşılıklı bilgi paylaşımı ve çalışanların bilgilendirilmeleriyle, kurum kültürünün yaygınlaştırılarak bilinç düzeylerinin geliştirilmesi ile sağlanılacağı yönünde düşüncenin hakim olduğu görülmektedir. Bu kişilerin de %53'ünün yönetici personel %47'sininde idari personel olduğu görülmektedir.

Yine ilgili soruya cevap veren %10,7'lik bir kesim belediyelerin etkin verimli bir işleve sahip olabilmesi için yönetici, personel ve vatandaş ilişiklilerinin, ortak hareket ve iş birliğine dayandığı, insan odaklı, memnuniyeti gözeten, uyumlu, katılımcı bir yönetim anlayışının benimsenmesi ile sağlanacağı yönünde görüş belirttikleri gözlenmektedir. Bu kişilerin de %34'ünün yönetici personel %66'sınında idari personel olduğu görülmektedir.

Bunların yanında belediyelerde kurumsal etkinliğin sağlanamasın da %9,7'lik bir kesim personel politikalarının (liyakate dayalı, eşit işe eşit ücret, adil iş yükü) dikkate alınmasının önemine vurgu yaptığı görülmektedir. Bu kişilerin de %63'ünün yönetici personel %37'sininde idari personel olduğu görülmektedir.

Yine ilgili soruyu yanıtlayanların %7,8'lik bir kesimi, belediye yönetiminin ön yargıdan uzak, eleştiriye açık, şeffaf, samimi, bilinçli, öz veriyle çalışan yeterli, nitelikli sorumluluk sahibi yöneticiler ve personelle kurumsal etkinliğe ulaşılabileceğini düşünebilmektedir. Bu kişilerin de %59'unun yönetici personel %41'inin de idari personel olduğu görülmektedir.

Yine ilgili soruyu yanıtlayanların %6,3'lük bir kesimi motivasyon, ödül, ceza, teşvik sisteminin hakim olduğu ve sosyal olanakların sıkça yer aldığı bir anlayışın benimsenmesiyle kurumsal etkinliğin sağlanabileceğini belirttiği görülmektedir. Bu kişilerin de %46'sının yönetici personel %54'ününde idari personel olduğu görülmektedir.

Yine belediyelerde kurumsal etkinliğin sağlanmasında ilgili soruyu cevaplayanların %5,6'lık bir kesimi belediyelerin denetiminin performans esaslı bir denetime dayanmasıyla istenilen kurumsal etkinliğin sağlanacağını düşündüğü görülmektedir. Bu kişilerin de %61'nin yönetici personel %39'ununda idari personel olduğu görülmektedir.

Yine ilgili soruyu cevaplandıranların %5,3'lük bir kesimi, belediyelerin denetiminde ast-üst mesafesinin korunması, disipline ve hiyerarşik denetime ağırlık verilmesiyle kurumsal etkinliğin gerçekleştirileceğini düşündüğü gözlenmektedir. Bu kişilerin de %59'unun yönetici personel %41'ininde idari personel olduğu görülmektedir.

Belediyelerde kurumsal etkinliğin sağlanması konusunda %4,4'lük bir kesim ise belediyelerin hizmet politikalarının net olması, bilinçli, etkin, verimli çalışma düzeni ve kaynak kullanımıyla hayata geçeceği yönünde görüş belirtmektedir. Bu kişilerin de %61'inin yönetici personel %39'ununda idari personel olduğu görülmektedir.

Yine ilgili soruyu cevaplandıranların %3,9'luk bir kesimi belediyelerin bilimsel metot ve teknolojiden faydalanan, rekabete dayalı, sonuçlara önem veren bürokrasiden uzak, profesyonel, bir yönetim anlayışı kazanmasıyla kurumsal etkinliklerini artıracağını düşünmektedir. Bu kişilerin de %56'sının yönetici personel %44'ününde idari personel olduğu görülmektedir.

Bunların yanında ilgili soruya cevap verenlerin %3,6'lık bir kesimi belediyelerin kurumsal etkinliklerini sağlamalarında, kurum kültürünün önemine, çalışanların desteğine, mevcut sitemin iyileştirilerek güven ortamının sağlanması gerekliliği üzerinde durduğu görülmektedir. Bu kişilerin de %67'sinin yönetici personel %33'ünüde idari personel olduğu görülmektedir.

Yine ilgili soruyu cevaplayanların %2,9'luk bir kesimi belediyelerin kurumsal etkinlikleri için belediyelerin bağlı olacağı yerel yönetim bakanlığı aracılığıyla iç ve dış denetiminin yapılmasına ve belediyelerin denetiminde kamuoyu denetimi, siyasi denetim ve halk katılımına yer verilmesi gerektiğine vurgu yaptıkları gözlenmektedir.

Bu kişilerin de %33'ünün yönetici personel %67'sininde idari personel olduğu görülmektedir.

Son olarak belediyelerin kurumsal etkinliklerini artırılmasında ilgili soruyu cevaplayanların %1,7'lik bir kesimi belediyelerde yetki, sorumluluk, mali ve idari özerklik artışının sağlanması ve belediyelerden vesayetin kaldırılarak belediyelerin güçlendirilmesiyle sağlanabileceğini düşündükleri görülmektedir. Bu kişilerin de %100'ünun yönetici personel %0'ınında idari personel olduğu görülmektedir.

SONUÇ

1980'lerden günümüze kadar geçen yaklaşık otuz yılı aşkın süre içerisinde tüm dünyada kamu yönetimi ve yerel yönetim politikaları üzerinde önemli gelişmelerin yaşandığı görülmektedir. 1980'li yıllarda tüm dünyayı sarmaya başlayan yeni kamu yönetimi yaklaşımı olarak adlandırılan yeni yönetim yaklaşımları günümüzde artık neredeyse tüm kamu kurumlarında ve yerel yönetim birimlerinde hakim görüş haline gelmiştir.

Yönetim biliminde son otuz yıllık dar boğazın aşılmasında bir alternatif olarak ortaya konmaya çalışılan yeni kamu yönetimi yaklaşımının ayaklarından birini oluşturan performans denetimi bu kapsamda yerel yönetimlerde uygulanmaya çalışılan önemli bir konuyu oluşturmaktadır. Başta kamu yönetimi olmak üzere, yerel yönetimlerde etkinlik ve verimlilik sorunu üzerinde yoğunlaşan tartışma ve fikirlerin son zamanlarda giderek artan bir oranda işletme yönetiminin kullandığı teknik ve metotların kullanılmasını zorunlu kıldığı görülmektedir. Bu tekniklerden biri olan performans denetimi de bu kapsamda yerel yönetimlerde son zamanlar da üzerinde sıkça kafa yorulan kavramlar arasında yer almaktadır.

Performans denetimi, örgütlerin mevcut durumları ile gelecekte ulaşacakları durum arasındaki farkı ortaya koyan ve geleceğe dönük planların ortaya çıkmasında önemli görevler üstlenen bir denetim türü olarak karşımıza çıkmaktadır. Örgütlerin performansa dayalı denetimleriyle başta etkinlik ve verimlilik artışı hedeflenirken beraberinde kaliteli hizmet sunumu, vatandaş-müşteri memnuniyetinin gözetilmesi, bilgiye ve katılıma dayalı bir yönetim anlayışının geliştirilmesi çabası, performansa dayalı denetimlerin yaygınlaşmasında önemli bir unsuru oluşturmaktadır.

Çıkış menşeini işletme yönetiminin oluşturduğu performans denetiminin kamu yönetiminde ve yerel yönetimlerde kullanımının kolay olmayacağı düşünülmektedir. Kamu yönetiminin doğasıyla işletme yönetiminin doğasının birbirinden çok farklı olması, görünüşte her iki örgütün benzer amaçlar gütmelerine rağmen uygulamada çeşitli sıkıntılarla karşılaşmasına neden olmaktadır. Her iki yönetim çeşidinin de ortak hedefini kurumsal/örgütsel hedeflere en iyi şekilde ulaşma arzusu oluşturmaktadır. Ancak benzer hedeflere ulaşma konusunda kullandıkları yöntemlerin farklı olması, belirlenecek politikalarda kullanılacak araçların ve yöntemlerin seçiminde dikkatli olunmasını gerekli kılmaktadır.

Klasik yönetim anlayışı kıskacında kalan yerel yönetimlerin bu durumdan kurtulmalarında performans denetiminin önemli bir işlev göreceği düşünülmektedir. Özellikle, klasik yönetim anlayışının etkilerinden kaynaklan ağır hantal işleyen bürokratik yapı ve değişime karşı gösterilen direnç yerel yönetimlerin halkın beklentilerine tam olarak ve yerinde cevap vermesinde güçlüklere neden olmaktadır. Yeni kamu yönetimi yaklaşımıyla klasik yönetim anlayışından kaynaklanan bu sorunlara çözüm üretilmek istenmektedir. Bu kapsamda yeni kamu yönetimi yaklaşımıyla yerel yönetim birimlerinde etkinlik, verimlilik artışı için işletme yönetiminin kullandığı araç ve teknikleri kullanma ihtiyacı içerisine girildiği ve özelliklede performans denetimi olgusu üzerinde durulduğu gözlenmektedir.

Ancak, bu ihtiyaçların karşılanmasında yerel yönetimlerin mevcut doğasının dikkate alınması önemli bir unsuru oluşturmaktadır. Aksi halde yerel yönetimlerin daha işlevsel olması, etkinlik ve verimli hizmet sunması amaçlanırken karşımıza daha ciddi sorunların çıkması kaçınılmaz olabilir. Bu nedenle, kamu yönetiminde moda bir akım gibi uygulanmaya başlayan ve yerel yönetimlerde de uygulanmaya çalışılan performans denetimi olgusunun iyi okunması iyi analiz edilmesi gerekmektedir.

Bu kapsamda öncelikle şu soruların yanıtı aranmalıdır. Yerel yönetimlerde performans denetimi bir ihtiyaç mıdır? Yerel yönetimlerde klasik denetim sistemleri nerelerde sıkıntı çıkarmıştır, performans denetimi bu sıkıntıları çözebilecek midir? Performans denetimi yerel yönetimlerde kamu yönetiminin doğasına uygun bir şekilde uygulanabilir mi? Yerel yönetimlerde uygulanacak olan performans denetiminin açmazları söz konusu mudur? Her şeyden önce performans denetimine sihirli bir değnek olarak mı bakılmalıdır, performans denetimi nasıl algılanmalıdır? Bu soruları çeşitlendirmek mümkündür.

Yukarıdaki sorular, beklentiler, kaygılar, beraberinde çok uzun tartışmaların gündeme gelmesine neden olmuştur. Bu kapsamda ilgili görüşleri üç başlık altında toplamak mümkündür. Bunlardan ilkini yerel yönetim birimlerinin sorunlarının çözümünde performans denetiminin önemli bir ihtiyaç olduğunu belirten görüşler oluşturmaktadır. İkincisini yerel yönetimlerde performans denetiminin çok ciddi sorunlar ortaya koyacağı, bunun yanında uygulanmasının zor olduğunu düşünen ikinci görüş oluşturmaktadır. Son olarak yerel yönetimlerde amaçlanan etkinlik ve verimlilik artışının performans denetimiyle gerçekleştirileceğini düşünen, ancak performans denetimi uygulamalarının kamu yönetiminin doğasına uygun bir anlayış içerisinde sağlam bir okumayla sağlanacağı yönünde kaygıları da içinde barındıran görüş oluşturmaktadır. Bu üç görüşle ilgili literatürde tartışmalarının halen devam ettiği ve etmeye devam da edeceği gözlenmektedir. Ancak bu tartışmalar eşiğinde performans denetiminin yerel yönetim birimlerinde uygulanmasına dönük hukuki ve siyasi alt yapısının hazırlandığı, dünyada ve Türkiye'de uygulama örneklerinin hızla artığı görülmektedir.

Performans denetiminin dünyadaki gelişimi incelendiğinde öncelikle özel sektörde uygulama olanağı bulduğu ardından kamu kurum ve kuruluşlarında yerel yönetimlerle eşanlı bir şekilde geliştiği görülmektedir. Bu durum Türkiye'de de benzer bir süreç izlemektedir. Türkiye'de de bu kapsamda öncelikle kamu kurumlarında ardından da yerel yönetim birimleri üzerinde projelerin ve hukuki düzenlemelerin yapıldığı, yapılmaya devam ettiği gözlenmektedir. Bu kapsamda Türkiye'de yerel yönetimler üzerinde 2000'li yılların başında hayata geçirilmeye çalışılan BEPER olarak adlandırılan "Belediyelerde Performans Ölçüm Projesi" yerel yönetimlerde bu anlamda hazırlanan ilk ve en kapsamlı projeyi oluşturmaktadır. Projenin temel amacını, yerel yönetimlerin performans göstergeleri çerçevesinde denetimine yer verilerek belediyeler arasında sağlıklı bir karşılaştırmanın yapılması ve belediyelerin performans düzeylerinin geliştirilmesine katkı sağlamak oluşturmaktadır.

BEPER projesinin, alanında yapılan ilk çalışma olmasından ve performans kriterlerinin tespit edilmesinden, değerlendirilmesine kadar birçok nedenden ötürü eleştirilere tabi tutulduğu görülmektedir. Ancak bu eleştirilerin yanında, projenin bu alanda yapılan ilk çalışma olması nedeniyle ilerde belediyelerde yapılacak ölçüm ve değerlendirmelere yol göstermesi açısından çok olumlu katkılarının da olacağı göz ardı edilmemelidir.

Bu proje ve araştırmaların yanında yerel yönetimlerde uzun zamandır üzerinde durulan ve bu yönde çok sayıda hukuki düzenlemeyle yerel yönetimlerin yeniden yapılandırılması gereksiniminin hayata geçirilmeye çalışıldığı gözlenmektedir. Temellerini MEHTAP ve KAYA raporlarında görebileceğimiz yerel yönetimlerin yeniden yapılandırılması ihtiyacı ve bu kapsamda hazırlanmaya çalışılan "Yerel Yönetimler Yasa Tasarısı" ve "Kamu Yönetimi Temel Kanun Tasarısı" bu anlamda karşımıza çıkan en önemli yeniden yapılandırma çalışmaları arasında yer almaktadır. Yine Türkiye'de kamu yönetiminde köklü değişiklikler ortaya koyan 5018 Sayılı "Kamu Mali Yönetimi ve Kontrol Kanunu" ile performans odaklı yönetim anlayışına yer verilerek, performans denetiminin en önemli yasal dayanağının hazırlanmaya çalışıldığı görülmektedir.

Bu kapsamda Türkiye'de uygulanmakta olan yeni yasal düzenlemelerle özellikle 5393 Sayılı Belediye Kanunu, 5216 Sayılı Büyükşehir Belediyesi Kanunu ve 5302 Sayılı İl Özel İdaresi Kanunu'nda yerel yönetimlerde performans denetimi ve performans ölçümünün gerekli olduğuna vurgu yapıldığı rahatlıkla görülmektedir. Performans denetimi konusunda ortaya çıkan tüm bu yasal ve politik gelişmeler, performans denetimi olgusunun artık yerel yönetimlerde kaçınılmaz bir şekilde uygulanması gerektiği yönünde algı ve kanaatlerin kamuoyunda oluşmasına neden olmaktadır.

Bu gelişmelerin yanında, ortaya çıkan bu tablonun yerel yönetim çalışanları açısından nasıl algılandığı, bu konunun yerel yönetim çalışanlarınca destek bulup bulmadığı konusu, yerel yönetimlerde performans denetiminin geleceği ve işleyişi üzerinde önemle durulması gereken bir konuyu oluşturduğu düşünülmektedir. Bu nedenle Türkiye'de yerel yönetim çalışanlarının performans denetimi uygulamalarını algılama düzeylerini ortaya koyan bir araştırma ihtiyacı gündeme gelmiştir. Bu kapsamda hazırlanan bu çalışmayla belediyeler üzerinde, yerel yönetim çalışanlarının performans denetimi uygulamaları konusundaki algı ve görüşlerini ortaya koyan bir alan araştırması yapılarak bu konudaki sorulara yanıtlar aranmıştır.

Bu amaçla hazırlanan alan araştırması, Türkiye'de sosyo-ekonomik gelişmişlik kriteri baz alınarak seçilen 25 il belediyesinde görev yapan idari personel, yönetici personel ve belediyelerin seçilmiş ve atanmış encümen üyeleri üzerinde gerçekleştirilmiştir. Araştırmaya 367 yönetici personel, 457 idari personel toplam 824 belediye çalışanı katılmıştır.

Yapılan araştırmayla, mevcut düzenlemeler eşliğinde Türk yerel yönetim birimleri arasında yer alan belediyelerin mevcut denetim durumlarıyla günümüz denetiminde yerini almaya başlayan performans denetimi konusu belediyelerde çalışan personelin verdiği ifadelerden hareketle karşılaştırmalı olarak incelenmiştir. Bu kapsamda araştırmaya katılan çalışanların anketteki ifadelere katılım düzeyleri ve ilgili sorulara verdikleri yanıtlar incelendiğinde başlıca şu sonuçların ortaya çıktığı görülmektedir:

Belediye çalışanlarının genel olarak performans denetimine ilişkin algı ve tutumları incelendiğinde, belediye çalışanlarının, "belediyelerde performans denetimi uygulamalarının gerekliliği" konusundaki ifadelere katılım düzeyinin en yüksek olduğu meslek grubunun yönetici personel ardından idari personel olduğu, bu sıralamayı seçilmiş encümen üyelerinin ve atanmış encümen üyelerinin takip ettiği gözlenmektedir. Bunun anlamı genel manada belediyelerde performans denetiminin gerekliliğine yönelik ifadelerin yönetici personel tarafından diğer personele oranla daha yüksek düzeyde destek görmesi anlamına gelmektedir.

İlgili ifadeye verilen yanıtlar incelendiğinde öncelikle belediyelerde performans denetimine ihtiyaç duyulduğu, çalışanların büyük bir çoğunluğu (%80) tarafından kabul gördüğü anlaşılmıştır. Bu sonucun yanında yine belediye çalışanlarının düşük bir kesimi (%10) performans denetiminin belediyelerde uygulanmasının gereksiz bir fikir olarak değerlendirdiği ve yine bu seviyeye yakın bir kitlenin de karasızlar arasında yer aldığı öncelikle saptanmıştır. Belediye çalışanlarının bu düşünceyi benimsemesinde, belediyelerde uygulanacak olan performans denetimiyle belediyelerin daha etkin verimli bir hizmet anlayışına kavuşacağı düşüncesinin olduğu görülmektedir. Performans denetiminin çalışanların daha fazla iş yapmasını sağlaması, belediyelerde daha başarılı faaliyetlerin görüleceği fikri çalışanlarda bu anlamda hakim görüş olarak ortay çıkarken, verilen cevaplardan da anlaşılacağı üzere belediye çalışanlarının performans denetiminin özünü oluşturan etkinlik, verimlilik ve tutumluluk olgusunun bilincinde oldukları anlaşılmaktadır.

Ancak her ne kadar belediye çalışanlarının büyük bir çoğunluğu performans denetimini belediyelerde uygulanması gereken bir denetim çeşidi olarak görseler de yine elde edilen verilerden hareketle belediye çalışanlarının performans denetimiyle ilgili düşünce ve eleştirileri incelendiğinde önemli bir oranının (%55) performans denetiminin ancak bazı temel özellikleri taşıması şartıyla uygulanabileceğini belirttikleri gözlenmiştir. Aksi halde belediyelerde, uygulanan performans denetiminin ciddi sıkıntılara neden olabileceği kaygısının çalışanların yarısından fazlasının da hakim olan temel görüş olduğu görülmüştür.

Belediye çalışanlarının belediyelerde performans denetimi uygulamaları konusunda, belediyelerde uygulanan performans denetimi kriterlerinin ve ölçütlerinin yetersiz olduğunu, bu nedenle performans kriterlerinin net olmasını, belediyelerde yapılacak olan performans değerlendirmelerinin objektif, siyasetten ve kayırmadan uzak, adil bir denetimle gerçekleştirilmesi gerektiğini ifade ettikleri gözlenmektedir. Bunların yanında, belediyelerde uygulanan performans denetimi uygulamaları hakkında belediye çalışanlarının yeterli bilgiye sahip olmadığını, bu konu hakkında çalışanlara gerekli olan eğitim, bilgi ve bilincin kazandırılması gerektiğini belirtikleri gözlenmektedir. İlgili ifadeyle alakalı öneri ve görüş belirten kişi oranının bu denli yüksek olması, performans denetimini gerekli gören çalışanların önemli bir oranının performans denetimi uygulamaları konusuna kaygıyla yaklaştığını göstermektedir. Bu nedenle bu kişilerin öncelikle belediyelerde uygulanması düşünülen performans denetimi konusunun kapsamının, sınırlarının ve içeriğinin net bir şekilde belirlenmesini istediği bu isteklerin gerçekleştirilmesinden sonra belediyelerde performans denetimi uygulamalarına yer verilebileceğini düşündükleri gözlenmektedir.

Yine elde edilen bulgular incelendiğinde "Belediyelerde performans denetimi uygulamaları konusundaki algı ve beklentiler" belediyelerde görev yapan yeni çalışanlar ve çok eski çalışanlar tarafından daha olumlu algılanırken orta vadede çalışan personel tarafından daha düşük seviyede destek bulduğu sonucuna ulaşılmıştır. Bu durumun nedeninin, yeni çalışanların performans denetimi konusunda daha fazla bilgi sahibi olmasının yanı sıra performans denetiminden olumlu beklentiler içinde olmasından kaynaklandığı düşünülebilir. İlgili ifadeye orta vadede çalışan personelin daha düşük seviyede destek vermesinin arkasında yatan nedenin ise, yeni çalışanlara göre daha az bilgi sahibi olmaları ve performans denetimiyle gelen değişim karşısında daha zor adaptasyon sağlayacakları endişesinden kaynaklandığı düşünülmektedir. Bunun yanında çok eski çalışanların ise, yaklaşan emekliliklerinden dolayı konuyla fazla ilgilenmedikleri ve performans denetimi konusunda çok az bilgilerinin olduğu düşünülmektedir.

Bunların yanında, ilgili ifadenin, büyükşehir olmayan belediyelerde çalışan personel tarafından büyükşehir belediyelerinde çalışan personele oranla ve yine üst düzey gelişmişliğe sahip bölgelerde çalışan personel tarafından orta ve alt düzey gelişmişliğe sahip bölgelerde çalışan belediye personeline oranla daha az olumlu algılandığı görülmektedir. Bu durumun nedeninin; belediyenin bulunduğu bölgenin gelişmişlik seviyesi ve belediyenin büyüklüğü azaldıkça belediyelerde etkinlik ve verimlilik ihtiyacına bağlı olarak belediye çalışanları tarafından performans denetimine duyulan ihtiyacın da artmasından kaynaklandığı düşünülmektedir.

Belediye çalışanlarının, kendi belediyelerinde performans denetimi uygulamaları konusundaki düşünceleri incelendiğinde; ilgili ifadeye katılımın en yüksek olduğu meslek grubunun seçilmiş ve atanmış encümen üyeleri olduğu, bunu da idari personel ve ardından yönetici personelin izlediği sonucuna ulaşılmaktadır. Kendi belediyelerinde uygulanmaya çalışılan performans denetimi konusunun belediye yöneticilerinin idari personele oranla daha düşük seviyede destek veren açıklamada bulunması, belediye yöneticilerinin sözde performans denetimine destek verdiklerini uygulamada ise biraz daha çekinceli davrandıklarını ya da hali hazırda belediyelerinde etkin bir performans denetimi uygulamasının olmadığını göstermektedir.

Belediye çalışanlarının "belediyelerinde performans denetimiyle hizmet sunumunda halkın beklentilerine daha etkin cevap vererek etkinlik ve verimlilik artışını sağlamak amacının güdüldüğünü" ifade etmesi bu konunun, çalışanların sadece genel olarak belediyelerde istedikleri bir durum olmadığını kendi kurumlarında da hayata geçirilmesi gerektiğini düşündüklerini göstermektedir. Yine bu durum belediye çalışanlarının kurumlarında uygulanan performans denetimi faaliyetlerinin amaçlarının bilincinde olduklarını göstermektedir.

Belediye çalışanları üzerinde performans denetiminin etkisi konusu incelendiğinde, belediye çalışanlarının ilgili ifadeye katılımının en yüksek olduğu meslek grubunun yönetici personel olduğu ardından seçilmiş encümen üyeleri daha sonra idari personel ve son olarak da atanmış encümen üyelerinin izlediği sonucuna ulaşılmaktadır. Özellikle katılım düzeyi incelendiğinde, belediyelerde performans denetimi uygulamaları konusunda yönetici personelin pozisyonları gereği performans denetimi uygulamalarından daha az etkileneceklerini bunun yanında idari personelin performans denetimi uygulamalarından daha fazla etkileneceklerini düşündükleri gözlenmektedir. Yine idari personel içerisinde de geçici personel ve sözleşmeli personelin ilgili ifadeye katılım düzeylerinin memurlara göre daha yüksek çıktığı görülmektedir. Bu durumun nedeninin de; memurların mevcut sistem içerisinde sözleşmeli ve geçici personele göre korunan bir meslek yapısına sahip olmasından kaynaklandığı düşünülmektedir. Yine memurların performans denetimini, şuan ki pozisyonlarını daha zorlaştırıcı bir durum ortaya koymasından dolayı, çekinceyle karşıladıkları düşünülmektedir.

Yine belediye çalışanlarının performans denetimi uygulamalarından nasıl etkilendiklerini ortaya koyan bulgular değerlendirildiğinde, belediye çalışanlarının bir kısmının bu konuda oldukça ilgisiz olduğu gözlemlenirken, diğer bir kısım belediye çalışanının ise bu konuyu kaygıyla izlediği gözlenmektedir. Bu durumun arkasında yatan nedenin; belediye çalışanlarınca performans denetimi uygulamalarının çalışanlar üzerinde ortaya çıkaracağı etkinin henüz tam olarak bilinmemesi ve olası etkisinin anlaşılamamasından kaynaklandığı düşünülebilir.

Belediye çalışanlarının belediyelerde performans denetimi konusunun hukuki boyutuyla ilgili değerlendirmeleri incelendiğinde, belediye çalışanlarınca performans denetiminin belediyelerde uygulanması gereken en önemli denetim çeşidi olarak algılandığı ve bunu kamuoyu denetiminin izlediği gözlenmektedir. Bunun yanında belediye çalışanlarının vesayet denetimine karşı olumsuz bir bakış açısına sahip olduklarının da altı çizilmesi gereken önemli bir sonucu oluşturmaktadır. Bu sonuca göre belediye çalışanlarının belediyelerde performans denetimini ilk sırada tercih ettikleri ancak performans denetiminin uygulanmasından kaynaklanabilecek olumsuz durumlar ve yasal mevzuattan kaynaklanan yetersizliklerden dolayı performans denetimi uygulamaları konusunda önyargı ve kaygılarının da olduğu düşünülmektedir.

Yine belediye çalışanlarına göre belediyelerde performans denetimi uygulamalarının hukuki bir zorlamanın gereği belediyelerde yer aldığı sonucuna ulaşılmaktadır. Çalışanlara göre hukuki düzenlemeler olmasaydı belediyelerde performans denetimine yer verilmeyeceği fikri ön plana çıkarken, çalışanlar tarafından hukuki zorlama olmasa da bu tip denetimlerin belediyelerde yer alması gerekliliği vurgulanmaktadır. Burada belediye çalışanları, performans denetimi uygulamalarının hukuki bir zorlama nedeniyle belediyelerde uygulanmakta olması açısından eleştirmekte, yine çalışanlarca performans denetiminin sadece yasal mevzuatın yerine getirilmesinden ziyade işlevsel bir uygulama alanına kavuşturulmasını istedikleri gözlenmektedir.

Genel olarak belediye çalışanlarının verdikleri yanıtlar değerlendirildiğinde performans denetiminin belediyelerde etkinlik ve verimlilik artışı sağlamaya yönelik bir denetim türü olarak değerlendirildiği ve bu manda belediyelerde uygulanması gereken bir ihtiyaç olarak algılandığı görülmektedir. Özellikle belediyelerin denetiminde başta vesayet denetimi olmak üzere klasik denetim araçlarının ortaya çıkardığı yetersizlikler ve sorunların giderilmesinde performans denetimin alternatif bir denetim türü olarak algılandığı görülmektedir. Ancak belediye çalışanlarının verdikleri ifadelerden hareketle vurgulanması gereken diğer bir önemli nokta, performans denetiminin tek başına belediyelerin denetiminde tüm sorunlarını çözen sihirli bir değnek olmadığı gerçeğidir. Belediye çalışanlarının performans denetimini belediyelerin denetiminde kullanılan bir araç olarak ele aldıkları, bu aracın istenilen amaca hizmet etmesi içinde dikkatli kullanılması gerektiğini vurguladıkları gözlenmektedir.

Son olarak genel bir değerlendirme yapılacak olursa, Türkiye'de Planlı Kalkınma Dönemi'nden günümüze kadar geçen süre zarfında yerel yönetimlerin daha etkin ve verimli bir yapıya kavuşturulmasına yönelik çok sayıda yeniden yapılandırılma çalışmasının söz konusu olduğunu görülmektedir. Bu çalışmalar kapsamında yerel yönetimlerin yeniden yapılandırılmaları konusunda bu birimlerin denetimlerinin önemli bir yere sahip olduğu görülmektedir. Özellikle 2000'li yıllardan itibaren Yerel Yönetimler Yasa Tasarısı ve Kamu Yönetimi Temel Kanun Tasarılarıyla bu anlamda en somut adımların atılmaya çalışıldığı, ancak bu iki çerçeve yasa tasarısının tıpkı önceki çalışmalarda olduğu gibi yasalaşamadığı görülmektedir. Bu temel kanun tasarılarından yoksun bir şekilde yasalaşma fırsatı bulan Büyükşehir Belediyesi Kanunu, Belediye Kanunu ve İl Özel İdaresi Kanun'unun bu anlamda yerel yönetimlerin yeniden yapılandırılmasında ortaya çıkan başlıca çalışmalar oldukları ancak yasalaşamayan çerçeve kanunların gölgesinde kaldıkları gözlenmektedir.

Yerel yönetimlerin yeniden yapılandırılması kapsamında üzerinde önemli durulan konulardan bir tanesini hiç kuşkusuz bu birimlerin denetimi olgusu oluşturmaktadır. Gerek iç dinamiklerin gerekse dış dinamiklerin etkisiyle günümüzde bu denetim türünün performans odaklı bir denetim anlayışı taşıdığı görülmektedir. Özellikle son yıllarda bu durum yerel yönetimlerin yeniden yapılandırılmasına yönelik çalışmalarda üzerinde önemle durulan bir konu haline gelmiştir.

Yerel yönetimlerde performans denetimi konusunun günümüzde kaçınılmaz bir realite haline geldiği bu yönde ortaya konan çalışma ve tartışmaların sayıca çokluğundan rahatlıkla anlaşılmaktadır. Ancak yerel yönetimlerde yeni yeni gelişen ve uygulama örneklerine rastladığımız performansa dayalı denetim anlayışının birçok denetim türünde olduğu gibi uygulamadan kaynaklanan bazı sıkıntı ve sorunları da ortaya çıkarması oldukça muhtemeldir. Bu nedenle yerel yönetimlerde performans denetimi konusundan istenilen düzeyde verim alınabilmesi için bu konunun etraflıca değerlendirilmesi, bu amaçla başta yerel yönetim çalışanları, yöneticileri olmak üzere bu denetimin etki alanına giren tüm kurum ve kuruluşların, özelliklede yerel halkın beklentilerine cevap veren ve katılımlarının sağlandığı bir sistemin hayata geçirilmesi gerekmektedir. Bunun sağlanabilmesi içinde yerel yönetimlerde performans denetimi uygulamalarının etki alanına giren birey ve kurumların bu konudaki düşüncelerine cevap verecek bir konsensüsün sağlanması gereklidir. Bu amaçla öncelikle yerel yönetimlerde performans denetimi uygulamaları konusunun başta yerel halk ve yerel yönetim çalışanları olmak üzere konuyla ilgili tüm tarafların performans denetimi konusunda etraflıca bilgilendirilmesi ve aydınlatılması gerekmektedir. Bu husus yerel yönetimlerde uygulanacak olan performans denetimi konusunun desteklenmesi ve geleceği için hayati önem sahip bir konudur.

Yine üzerinde önemle durulması gereken bir diğer konu, yerel yönetimlerde performans denetimi uygulamaları konusunda hazırlanan, hazırlanacak olan yasal düzenlemelerde görülen eksikliklerin, sıkıntıların biran önce giderilmesi konusudur. Bu amaçla öncelikle Anayasa'dan kaynaklana bilecek uyum problemini önlemeye yönelik çalışmanın bir an önce hayata geçirilmesi gerekmektedir. Hatırlanacağı üzere Kamu Yönetimi Temel Kanun Tasarısı'nın yasalaşamamasındaki en büyük nedenin Anayasa'yla bağdaşmayan hükümlerinin olmasından dolayı Cumhurbaşkanı'nca veto edilmesiydi. Bu nedenle günümüzde Anayasa değişikliği çalışmalarının hızlandığı bir ortamda bu sıkıntıların da göz önüne alınması gerekmektedir. Hazırlanacak olan Yeni Anayasa'nın, yerel yönetimlerde performans denetimini ön gören Kamu Yönetimi Temel Kanun Tasarısı'yla paralele bir yapıya sahip olması, performans denetimi uygulamaları konusundaki yasal düzenlemelerin sağlıklı bir şekilde hayata geçirilip uygulanmasında son derece önem arz etmektedir. Bu temel Anayasal düzenlemelerin ardından yerel yönetimlerde uygulanacak olan performans denetimi uygulamalarının net bir şekilde sınırlarının ve kapsamının çizilmesi ve bu konuda yerel yönetim çalışanları başta olmak üzere kamuoyunun kaygılarının giderilerek, zihinlerinde yer alan soru işaretleri, kaygı ve belirsizliklerin ortadan kaldırılmasına yönelik yasal düzenlemelerin de bu çerçevede yapılması gerekmektedir.

Yine yerel yönetimlerde performans denetiminin uygulanması aşamasında başta yerel çalışanlar ve yerel halka uygulamalar hakkında bilgi verilmesi de önemli bir konuyu oluşturmaktadır. Performans denetiminin yerel yönetimlerde ne amaçla uygulandığı, uygulamalar sonucunda nelerin hedeflendiği, performans denetimiyle kurumlarda nelerin elde edildiği, performans denetiminin sonuçlarının neler olduğu gibi konuların sık sık ilgililerle ve kamuoyuyla paylaşılması bu denetimden kaynaklanacak sıkıntıların saptanmasında ve bu denetimin istenilen etkinlikte yerine getirilip getirilmediğinin denetiminde önemli bir durum ortaya koymaktadır.

Yerel yönetimlerin yeniden yapılandırılması sürecinde yerel yönetimlerde performansa dayalı bir denetim anlayışının hakim kılınmasında, bu denetimim işlevsel olması ve kendinden beklenen faydayı sağlamasında performans denetimi konusunda halkın ve çalışanların bilgilendirilmesi ve bu konudaki desteği bu denetimin yerel yönetimlerdeki yerini ve geleceğini belirleyen önemli bir etken olacaktır. Bu nedenle yerel yönetimlerin denetiminde kullanılması düşünülen performans denetiminin bir denetim aracı olduğu unutulmadan, performans denetiminin bir amaca dönüştürülmeden yerel yönetimlerin etkin, verimli hizmet sunumu amacını yerine getirmesinde sadece bir denetim aracı olarak ele alınması gerekmektedir.

KAYNAKÇA

ACAR, A. ve İ. Sevinç (2005) "1980 Sonrası Türk Kamu Yönetiminin Merkez Örgütünde Yapılan Reform Çalışmaları", **Selçuk Üniversitesi Sosyal Bilimler Enstitüsü Dergisi**, Sayı 13, s.19-37.

ACAR, İ. A. (2007) "İç Denetim - Stratejik Plan - Performans Yönetimi Çerçevesinde Kavramsal Değerlendirmeler", **Yerel Siyaset Dergisi**, Sayı 14, s.78-83.

AGCA, A. ve E. Tunçer (2006) "Çok Boyutlu Performans Değerleme Modelleri ve Bir Balanced Scorecard Uygulaması" **Afyon Kocatepe Üniversitesi, İİBF Dergisi**, Cilt 8, Sayı 1, s.173-193.

AĞCAKAYA, S. (2009) "Yerel Yönetimlerde Performans Ölçümü ve Benzer Tip Belediyelerde Mali Performans Uygulamaları" **Sosyoekonomi,** 2009-1, s.27-46.

AKAL, Z. (2005) **İşletmelerde Performans Ölçümü ve Denetimi**, Milli Prodüktivite Merkezi Yayınları No: 473, Altıncı Baskı Ankara.

AKÇAY, A. (2009) "Kamuda Stratejik Plan Amaçlarının Gerçekleştirilmesine Yönelik Değerlendirme ve Denetim Modeli", **Tübav Bilim Dergisi**, Cilt 2, Sayı 1, s.29-45.

AKTEL, M. ve D. Memişoğlu (2005) "Yerel Yönetim Reformlarının Başarısızlık Nedenleri", Ed: Hüseyin Özgür ve Muhammet Kösecik, **Yerel Yönetimler Üzerine Güncel Yazılar-1**, Nobel Yayın Dağıtım, Ankara.

AL, H. (2007) "Kamu Kesiminde Yeni Denetim Yaklaşımları: Süreç Odaklı Denetimden Sonuç Odaklı Denetimi Geçiş", **Amme İdaresi Dergisi,** Cilt 40, Sayı 4.

ALADA, A. B. (2008) "Türkiye'de Yerel Yönetimleri 'Özerklik Meselesi' Üzerinden Yeniden Düşünmek" **Çağdaş Yerel Yönetimler Dergisi**, Cilt 17, Sayı 4.

ALTINTAŞ, A. (2008) "Mahalli İdarelerde Performans Yönetimi ve Riskleri" **Sayıştay Dergisi**, Sayı 69, s.3-16.

ALTUNIŞIK, R., R.Coşkun, S. Bayraktaroğlu ve E. Yıldırım (2004) **Sosyal Bilimlere Araştırma Yöntemleri SPSS Uygulamalı**, Sakarya Kitapevi, Üçüncü Baskı, Sakarya.

AREM (2010) Araştırma ve Etütler Merkezi Yönetimi Geliştirme Projesi AREM (çevrimiçi), http://www.arem.gov.tr/Proje/Yonetim/Miaper.Htm,31.05.2010.

ARSLAN, A. (2002) "Kamu Harcamalarında Verimlilik, Etkinlik ve Denetim", **Maliye Dergisi**, Sayı 131, 2002, s.1-14. (çevrimiçi),http://www.bayar.edu.tr/~iibf/sakinc/kamumaliyesi/AhmetARSLAN.pdf, 11.12.2009.

ATEŞ, H. ve D. Çetin (2004) "Kamuda Performans Yönetimi ve Performansa Dayalı Bütçe", **Çağdaş Kamu Yönetimi II: Konular, Kuramlar, Kavramlar**, Ed: Muhittin Acar, Hüseyin Özgür, Nobel Yayın Dağıtım. Ankara.

AYKAÇ, B. (1999) "Türkiye'de Kamu Yönetiminin Küçültülmesi, Yerel Yönetimler, Yerel Demokrasinin Amaçları", **Gazi Üniversitesi İİBF Dergisi**, Sayı 1, s.1-12.

BEHN, R. D. (2003) "Why Measure Performance? Different Purposes Require Different Measures", **Public Administration Review**, Vol. 63, No. 5 (Sep. - Oct., 2003). p.586-606.

BERTAN, S. (2009) "Otel İşletmelerinde Yönetim Aracı Olarak Kurumsal Karne" **Journal of Yasar University**, 4(16), s.2525-2538.

BİLGE, S. (2006) "Yerel Yönetimlerde Performans Ölçümü: Uluslararası Şehir/Belde Yönetimleri Birliği (ICMA)" **E-Akademi, Hukuk, Ekonomi ve Siyasal Bilimler, Aylık İnternet Dergisi**, Sayı 58.

BİLGE, S. (2007) "Belediyelerde Performans Ölçümü (Beper) Projesi", **E-Akademi, Hukuk,** Ekonomi ve Siyasal Bilimler, Aylık İnternet Dergisi, Sayı 59.

BİLGİN, K. U. (2007) "Kamuda Ölçülebilir Denetime Hazırlık Performans Yönetimi", Sayıştay Dergisi, Sayı 65, s.53-87.

BİNGÖL, D. (2006) İnsan Kaynakları Yönetimi, Arıkan Basım Yayım, Altıncı Baskı, İstanbul.

BOZKURT, Ö., Turgay Ergun, S. S. (Ed) (2008) **Kamu Yönetimi Sözlüğü**, TODAİE Yayın No:342, Ankara.

BOZLAĞAN R. (2008) "Geleneksel Kamu Yönetimi Yaklaşımı, Yeni Kamu Yönetimi Yaklaşımı ve Yerel Yönetimlere Etkileri", **Türkiye'de Yerel Yönetimler**, Ed. Recep Bozlağan, Yüksel Demirkaya, Nobel Yayınevi, Ankara.

BULUT, Z. A. (2004) "İşletmelerde Performans Değerlendirme Çalışmaları ve Uygulanan Yöntemler", **Mevzuat Dergisi**, Yıl 7, Sayı 79.

CANDAN, E. (2007) **Türk Bütçe Sisteminde Performans Denetimi**, Maliye Bakanlığı, Strateji Geliştirme Başkanlığı, Yayın No: 374, Ümit Ofset Matbaacılık, Ankara

CEYLAN, Z. (2009) "Performansa Dayalı Ücretlendirme Modelleri ve Türkiye Açısından Bir Değerlendirme" **Sayıştay Dergisi**, Sayı 74-75, s. 45-72.

COŞKUN, A., L. Karabeyli (2007) "Etkin Devlette Performans Denetimi ve Türkiye Deneyimi", **22. Türkiye Maliye Sempozyumu Süleyman Demirel Üniversitesi İktisadi ve İdari Bilimler Fakültesi,** 09-13 Mayıs 2007, Isparta.

COWANS, N., (K.H.S. Pickett) (2003) **The Internal Auditing Handbook**, Second Edition.

ÇETİN, S. (2008) "İngiltere'de "En İyi Değer" Rejimi ve Denetim Sistemi", **Sayıştay Dergisi**, Sayı 68, s.47-63.

ÇETİN, S. (2009) "Yerel Yönetim Birimi Olarak Türkiye'de İl Özel İdaresi" **Dumlupınar Üniversitesi Sosyal Bilimler Dergisi**, Sayı 25, s.249-258.

ÇEVİK, H. H., T. Göksu, V. K. Bilğiç., M. Karakaya, K. Seyhan, S. K. Gül (2008) **Kamu Kurumlarında Performans Yönetimi,** Seçkin Yayıncılık, 1. Baskı, Ankara.

ÇEVİK, H. H. (2004) "Türkiye'de Kamu Yönetimi Başarısızlığına Teorik Bir Yaklaşım", **Ankara Üniversitesi SBF Dergisi,** Cilt 59, Sayı 3.

ÇİÇEK, M. (2008) "Vali ve Kaymakam Performansının Mülkiye Müfettişlerince Değerlendirilmesi", **Türk İdare Dergisi**, Yıl 80, Sayı 460.

ÇUKURÇAYIR, M. A. (2003) "Dünyada Yerel Yönetimlerin Değişen Rolü ve Yeni Kimliği", **Çağdaş Yerel Yönetimler Dergisi**, Cilt 12, Sayı 3.

ÇUKURÇAYIR, M. A., H. T. Eroğlu (2004)"Yerel Yönetimlerde Yeniden Yapılanmaya Farklı Bir Yaklaşım: Verimlilik ve Başarı Karnesi (Balanced Scorecard)", **Sayıştay Dergisi** Sayı 53, s.41-67.

ÇUKURÇAYIR, M. A. (2009) **Küreselleşme ve Türkiye'de Yerel Yönetimler**, Gökçe Ofset, Ankara.

ÇUKURÇAYIR, M. A. (2009) **Yurttaş Odaklı Yerel Yönetim**, Çizgi Kitapevi, İkinci Baskı, Konya.

ÇUKURÇAYIR, M. A. (2009)"Yerel Yönetimde Değişim: Bürokratik Örgütten Hizmet İşletmesine Doğru", **Sayıştay Dergisi**, Sayı 73, s.31-49.

DİEFENBACH, T. (2009) "New Public Management in Publıc Sector Organızatıons: The Dark Sides Of Managerıalıstıc 'Enlightenment'" **Public Administration,** Vol. 87, No. 4, p.892-909.

EKİCİ, B., M. Koçyiğit ve Y. K. Küçük (2009) "Yerel Yönetim Hizmet Bildirgeleriyle Vatandaş Memnuniyetinin Artırılması: Su Abonelik İşlemleri" **Çağdaş Yerel Yönetimler**, Cilt 18, Sayı 1.

EKİCİ, B. (2002) "Performans Denetimi ve İl Yönetiminde Uygulanabilirliği" **Türk İdare Dergisi**, Yıl 74, Sayı 436.

ERBAŞI, A. (2008) **Belediyelerde Kurumsal Performans Yönetimi**, Nobel Yayın Dağıtım, Birinci Baskı, İstanbul.

ERDEM, B. (2006) "İşletmelerde Yeni Bir Yönetim Yaklaşımı: Kıyaslama (Benchmarkıng) (Yazınsal Bir İnceleme)", **B.Ü. S.B.E. Dergisi**, Cilt 9, Sayı 15, s.65-94.

ERDOĞAN, M. (2004) **Anayasa Hukukuna Giriş**, Adres Yayınları, 2. Baskı, Ankara.

EREN, V. ve U. Durna (2007) "Kamu Sektöründe Performansın Anlaşılması ve Geliştirilmesi" **Amme İdaresi Dergisi,** Cilt 40, Sayı 1.

EREN, V. (2009) "Kamu Performans Yönetiminde Ölçüt Sorunu: İdari Faaliyetlerde Başarı Ölçütleri", **Amme İdaresi Dergisi**, 42/2 Haziran 2009.

ERYILMAZ, B. (2004) **Kamu Yönetimi**, Erkam Matbaası, İstanbul.

FİSHER, J. G. (1998) **Kıyaslama (Bencmarking) Yoluyla Performans Nasıl Artırılır**, Rota Yayınları, Çev. Ahmet Ünver, İstanbul.

FRYER, K., J. Antony, S. Ogden (2009) "Performance Management in The Public Sector", **International Journal of Public Sector Management,** Vol. 22 No. 6, p.478-498.

GENDRON, Y., D. J. Cooper, B. Townley (2007)"The Construction of Auditing Expertise in Measuring Government Performance" **Accounting, Organizations and Society**. 32, p.101-129.

GHOBADİAN, A. and J. Ashworth (1994)"Performance Measurament in Local Government – Concept And Pratice", **International Journal of Operations & Production Management**, Vol.14, No.5.

GÖZÜBÜYÜK, A. Ş. ve T. Tan (2008) **İdare Hukuku Cilt 2 İdari Yargılama Hukuku**, Üçüncü Baskı, Turhan Kitapevi, Ankara.

GÖZÜBÜYÜK, A. Ş. (2002) **Anayasa Hukuku**, Turhan Kitapevi, 10. Baskı, Ankara.

GÜL, H, ve H. Özgür (2004)"Ademi Merkeziyetçilik ve Merkezi Yönetim - Yerel Yönetim İlişkileri" **Çağdaş Kamu Yönetimi II: Konular, Kuramlar, Kavramlar**, Ed: Muhittin Acar, Hüseyin Özgür, Nobel Yayın Dağıtım, Ankara.

GÜL, H. (2008) "Yerinden Yönetim Kavramının Gelişimi, Tanımı, Türleri ve Özellikleri", **Türkiye'de Yerel Yönetimler**, Ed. Recep Bozlağan, Yüksel Demirkaya, Nobel Yayınevi, Ankara.

GÜLCÜ, A. A.Coşkun, C. Yeşilyurt, S. Coşkun ve Esener (2004) "Cumhuriyet Üniversitesi Diş Hekimliği Fakültesi'nin Veri Zarflama Analizi Yöntemiyle Göreceli Etkinlik Analizi" **C.Ü. İktisadi ve İdari Bilimler Dergisi**, Cilt 5, Sayı 2, s.87-104.

GÜLEN, F. (2003) "Dış Denetim Sistemi Nasıl Tasarlanmalı", **2. Kamu Mali Yönetim Arenası Kamu Harcamalarında Hesap Verilebilirlik ve Şeffaflık İçin Denetim**", Ankara, 2-3 Nisan 2003, (çevrimiçi), (http://www.sayistay.gov.tr/yayin/elek/elekicerik/38ikmyra_fg.pdf) , 16.04.2010.

GÜLER, B. A. (2003)"Kamu Personel Sisteminde Reform Zorlamaları", **Amme İdaresi Dergisi**, Cilt 36, Sayı 4.

GÜLER, B. A. (2005) **Kamu Personeli Sistem ve Yönetim** İmge Kitapevi Yayınları, Birinci Baskı, Ankara.

GÜLER, B. A. (2005) **Yeni Sağ ve Devletin Değişimi**, İkinci Baskı, İmge Kitapevi, Ankara.

GÜROL, Y. D. (2004)"Toplam (Dengeli) Başarı Göstergesi (Balanced Scorecard) Yönteminin Stratejik Bilginin Sağlanması Sürecindeki Yeri", **3. Ulusal Bilgi, Ekonomi ve Yönetim Kongresi**, Eskişehir.

GÜZELSARI, S. (2004) "Kamu Yönetimi Disiplininde Yeni Kamu İşletmeciliği ve Yönetişim Yaklaşımları", **A.Ü. SBF-GETA Tartışma Metinleri**, Mart 2004. s.1-22.,(çevrimiçi), http://www.politics.ankara.edu.tr/WP/SBF_WP_66.pdf ,28.01.2010.

HARTOG, D. N. Den, Paul Boselie and J. Paauwe (2004) "Performance Management: A Model and Research Agenda" **Applied Psychology: An International Review**, *53* (4), pp.556-569.

HENDEN, H. B. ve R. Henden (2005) "Yerel Yönetimlerin Hizmet Sunumlarındaki Değişim ve e-Belediyecilik", **Elektronik Sosyal Bilimler Dergisi,** Cilt 4, Sayı 14, s.48-66.

HOOD, C. (1991)"A Public Management For All Seasons?", **Public Administration**, 69, 3-19.

HUGHES, O.. E. (2003) **Public Management and Administration**, London: St. Martin's Press.

IŞIĞIÇOK, E. (2008) "Performans Ölçümü, Yönetimi ve İstatistiksel Analizi", **İstanbul Üniversitesi İktisat Fakültesi Ekonometri ve İstatistik Dergisi**, Sayı 7, s.1-23.

İNANÇ, H. ve F. Ünal (2007) "Türkiye'de Kamu Yönetiminin Denetlenmesinde Yönetimde Açıklığın Önemi ve Uygulanma Düzeyi", **Dumlupınar Üniversitesi Sosyal Bilimler Dergisi**, Sayı 18.

KALAĞAN, G. (2009) "1980 Sonrası Geleneksel Bürokratik Yönetim Paradigmasında Değişim ve Yönetsel - Siyasal Yeniden Yapılanma Arayışları" **SDÜ Vizyoner Dergisi**, Cilt1, Sayı 1, s.92-103.

KAPLAN, R. S. ve D. P. Norton (1996) **Translating Strategy into Action: The Balanced Scorecard**, Harvard Business School Press, Boston.

KAPUCU, N. ve M. Kösecik (2002) "Transferability of Administrative Reforms: Nev Public Management as an Example", **Hacettepe Üniversitesi İİBF Dergisi**, Cilt 20, Sayı 1.

KAPUCU, N. (2009) "New Public Management And Governance Perspectives ın Understanding Public Management", **Public Administration Review**, Volume 69, Issue 6, November – December, p.1187-1190.

KAYAR İ. ve İ. Üzülmez (2007) **Hukukun Temel Kavramları**, Detay Yayıncılık, 4. Baskı, Ankara.

KAYMAZ, K. (2007) "Davranış Boyutuyla Performans Geribildirim Olgusu ve Süreci" , **Ankara Üniversitesi SBF Dergisi**, 62-4., s.142-178.

KAYNAK, R., M. Bülbül (2008) "360 Derece Geri Bildirim Sisteminde Değerlendirme Farklılıkları", **SDÜ. İ.İ.B.F. Dergisi**, Cilt 13, Sayı 1, s.269-292.

KELEŞ, R. (2011) Ruşen Keleş, **Yerinden Yönetim ve Siyaset**, Cem Yayınevi,7. Basım, Ankara.

KENGER, E. (2001) "**Denetçi Yardımcıları Eğitim Notu**",(çevrimiçi), http://www.ydk.gov.tr/egitim_notlari/denetim.htm, 03.03.2010)

KEPEKÇİ, C. (2004) **Bağımsız Denetim**, Beşinci Baskı, Avcıol Basın Yayın, İstanbul.

KESTANE, D. (2006) "Çağdaş Bir Denetim Organizasyonu Olarak Ombudsmanlık (Kamu Denetçiliği)", **Maliye Dergisi**, Sayı 151, s.128-142.

KIŞLALI, A. T. (2000) **Siyaset Bilimi**, 8 Baskı İmge Kitapevi, Ankara.

KOÇEL, T. (2007) **İşletme Yöneticiliği**, Arıkan Basım Yayın Dağıtım 11.Basım, İstanbul.

KÖSECİK, M., H., Özgür (2005) "Yerel Yönetimlerde Reform: Geleneksel Modelin Değişim Süreci", Ed: Hüseyin Özgür ve Muhammet Kösecik, **Yerel Yönetimler Üzerine Güncel Yazılar-1**, Nobel Yayın Dağıtım, Ankara.

KÖSEOĞLU, Ö. (2005) "Belediyelerde Performans Yönetimi", **Türk İdare Dergisi**, Yıl 77, Sayı 447.

KÖSEOĞLU, Ö. (2008) "Türk Belediyeciliğinde Performansa Dayalı Yönetim Anlayışına Geçiş: Arka Plan ve Sorunlar", **Çağdaş Yerel Yönetimler Dergisi**, Cilt 17, Sayı 1.

KRİSHNAN, S.S. (2007) "Ngo Relations With The Government and Private Sector", **Journal of Health Management**, 9, 2, p.237-255.

KULUÇLU, E. (2006) "Yönetimin Denetiminden Denetimin Yönetimine" **Sayıştay Dergisi**, Sayı 63., s.3-37.

LANCER, J., P. (2009) "Performance Based Management Systems: Effective İmplementation and Maintenance", **Public Administration and Public Policy** ; 151.

LAPSLEY, I. (2009)"New Public Management: The Cruellest Invention of The Human Spirit?" **ABACUS**, Vol. 45, No.1, p.1-21.

LEWIS, D. (2005) The Management of Non-Governmental Development Organizations an Introduction, The Taylor & Francis e-Library, London and New York.

MAMATOĞLU, Nihal (2006) "Örgüt İçi İletişim ve Performans Değerlendirme Sistemi Algıları Örgüt Kültürü Algısını Yordar Mı?" **Ankara Üniversitesi SBF Dergisi**, Cilt 61, Sayı 4.

MAYLE, D., M. Hinton, G. Francis, and J. Holloway (2004) "What really goes on in the name of benchmarking?" (Ed.) Andy Neely: **Business Performance Measurement Theory And Practice**, Cambridge University Pres 2004.

MEYER, M. W. (2004) "Finding Performance: The New Discipline in Management" (Ed.) Andy Neely: **Business Performance Measurement Theory and Practice**, Cambridge University Press.

NANGIR, E. O. (2007) "Mahalli İdarelerde Performans Ölçümü", **Bütçe Dünyası**, Cilt 2, Sayı 25, s.115-122.

NORREKLIT, H. (2003) "The Balanced Scorecard: What is the Score? A Rhetorical Analysis of the Balanced Scorecard", **Accounting, Organizatons and Society**, 28, (2003), p.591-619.

O'FLYNN, J. (2007) "From New Public Management to Public Value: Paradigmatic Change And Managerial Implications", **The Australian Journal of Public Administration**, Vol. 66, No.3, p.353-366.

OKTAY T. (2008) "Belediye Kurumunun Tarihsel Gelişimi" **Türkiye 'de Yerel Yönetimler**, Ed. Recep Bozlağan,Yüksel Demirkaya, Nobel Yayınevi Ankara.

OKUTAN, E. (2008) "Yerel Yönetimler ve Sivil Toplum Örgütlerinin Gelişmiş İşbirliği: İngiltere Örneği" **Sayıştay Dergisi**, Sayı 71, s.91-108.

ÖKMEN, M. (2008) "Türkiye'de Merkezi Yönetim – Yerel Yönetim İlişkileri ve Yerel Yönetimlerin Yeniden Yapılandırılması", **Türkiye'de Yerel Yönetimler**, Ed. Recep Bozlağan ve Yüksel Demirkaya, Nobel Yayınevi, Ankara.

ÖMÜRGÖNÜLŞEN, U. (2002) "Performance Measurement in The Public Sector: Rising Concern, Problems in Pratice and Prospects", **Hacettepe University Journal of Economics and Administrative Sciences**, Volume 20, Number 1.

ÖMÜRGÖNÜLŞEN, U. (2003) "Kamu Sektörünün Yönetimi Sorununa Yeni Bir Yaklaşım: Yeni Kamu İşletmeciliği", **Çağdaş Kamu Yönetimi I: Konular, Kuramlar, Kavramlar**, Ed: Muhittin Acar, Hüseyin Özgür, Nobel Yayın Dağıtım. Ankara.

ÖMÜRGÖNÜLŞEN, U. ve U. Sadioğlu (2009)"Türkiye'de Yakın Dönemde Yapılan Yerel Yönetim Reform Çalışmalarının İl Özel İdarelerine Yansımaları" **Çağdaş Yerel Yönetimler Dergisi**, Cilt 18, Sayı 1.

ÖZEL, M. (2010) "Kamu Yönetiminde Kriz ve Türk Yerel Yönetimlerinde Yeniden Yapılanma", **Niğde Üniversitesi İİBF Dergisi**, Cilt 3, Sayı 1, s.12-29.

ÖZER, M A. (2004) "Yerel Yönetimlerin Denetimi ve Ülkemizde Yaşanan Son Gelişmeler" **Türk İdare Dergisi**, Yıl 76, Sayı 444.

ÖZER, M A. 2009) "Performans Yönetimi Uygulamalarında Performansın Ölçümü ve Değerlendirilmesi" **Sayıştay Dergisi**, Sayı 73, s.3-29.

ÖZER, M. A. (2005) "Ekonomi, Siyaset ve Yönetimin Yeniden Yapılandırılması Üzerine" **Kamu-İş** Cilt 8, Sayı 3.

ÖZER, M. A. (2005) **Yeni Kamu Yönetimi Teoriden Uygulamaya**, Platin Yayınları, Birinci Baskı, Ankara.

ÖZGÜR, H. (2003) "Yeni Kamu Yönetimi Hareketi" **Çağdaş Kamu Yönetimi I: Konular, Kuramlar, Kavramlar**, Ed: Muhittin Acar, Hüseyin Özgür, Nobel Yayın Dağıtım, Ankara.

ÖZMUTAF, N. M. (2007) "Örgütlerde Bireysel Performans Unsurları ve Çatışma", **C.Ü. İktisadi ve İdari Bilimler Dergisi**, Cilt 8, Sayı 2, s.41-60.

ÖZTÜRK, N. K. (2006) "Kamu Sektöründe Performans Ölçümü ve Karşılaşılan Sorunlar" **Amme İdaresi Dergisi**, 39/1.

PARLAK, B. ve Z. Sobacı (2005) **Kamu Yönetimi**, Alfa Aktüel Yayınları, Bursa.

PORTER, B., J. Simon and D. Hatherly (2003) **Principles of External Auditing, Somerset**, NJ, USA: John Wiley.

PULAKOS, E. D. (2009) **Performance Management: A New Approach for Driving Business Results,** A John Wiley & Sons, Ltd., Publication.

SAKAL, M. (2000) "Türkiye'de Yerel Yönetimlerde Yeniden Yapılanma Sorunu: Tarihsel Perspektiften Bir Değerlendirme", **Süleyman Demirel Üniversitesi İİBF Dergisi**, 2000, Cilt 5, Sayı1,s.119-140.

SAKAL, M. ve E. A. Şahin (2008 "Kamu Kurumlarında Performans Ölçümü ve Sayıştay Denetimi İlişkisi: Türkiye'deki Düzenlemeler Bakımından Bir Değerlendirme", **Sayıştay Dergisi**, Sayı 68, s.3-27.

SANCAK, H. Ö. ve S. Güleç (2009) "Kamu Yönetiminde Hesap Verebilirliğin Önündeki Yapısal Engeller: Türkiye Açısından Bir İnceleme", **Uluslararası Davraz Kongresi**, 24-27 Eylül 2009.

SARAÇ, O. (2005) "Benchmarking ve Stratejik Yönetim", **Sayıştay Dergisi**, Sayı 56, s.53-77.

SAYIŞTAY BAŞKANLIĞI (2003) **Sayıştay'ın Performans Ölçümüne İlişkin Ön Araştırma Raporu,**

SEZER, Y. ve T. Söyleyici (2008) "Belediye Meclisinin Bilgi Edinme ve Denetim Yolları",**Yerel Siyaset Dergisi**, Sayı 29, s.59-64.

SONGÜR, N. (2008) "Belediyelerin Stratejik Planlama Sürecindeki Gereklilikleri Yerine Getirme Durumları Üzerine Bir Araştırma", **Çağdaş Yerel Yönetimler Dergisi**, Cilt 17, Sayı 4.

ŞAHİN, Ü. (2008) "5018 Sayılı Kamu Mali Yönetimi ve Kontrol Kanununda İç Denetim Sistemi", **KMU İİBF Dergisi**, Yıl 10, Sayı 15.

ŞENER, H. E. (2003) "Yeni Sağ'ın Yerellik Söylemindeki Değişimi Anlamlandırmak", **Kamu Yönetimi Dünyası Dergisi**, No:16, s.2-8.

ŞENTÜRK, H. (2005) **Belediyelerde Performans Yönetimi**, İlke Yayıncılık, İkinci Baskı, İstanbul.

T.C. BAŞBAKANLIK (2003) **Kamu Yönetimi Temel Kanunu Tasarısı**, T.C. Başbakanlık Yayını, Ankara.(çevrimiçi), http://www.belgenet.com/yasa/kamu-05.html, 14.12.2011.

T.C. BAŞBAKANLIK (2001) **Yerel Yönetimlere İlişkin Çeşitli Yasalarda Değişiklik Öngören Yasa Tasarısı** , (çevrimiçi) http://www.belgenet.com/belge/yerelyonetim3.html, 12.12.2011.

T.D.K. (2009) (çevrimiçi), http://tdkterim.gov.tr/bts/?kategori=verilst&kelime=performans&ayn=tam, 03.10.2009.

TEKMEN, M. ve A. Çetinkaya (2011) "Yetki Devri", (çevrimiçi), www.mulkiyeteftis.gov.tr/userfiles/Yetki_Devri.doc, 10.12.2011.

TODAİE (1966) **Merkezi Hükümet Teşkilatı Araştırma Projesi,** TODAİE Yayınları, Ankara. (çevrimiçi), http://www.todaie.gov.tr/dosya/mehtap.pdf, 11.11.2011.

TODAİE (1991) **Kamu Yönetimi Araştırması Genel Raporu**, TODAİE Yayınları, Ankara. (çevrimiçi), http://www.todaie.gov.tr/dosya/kaya.pdf, 12.11.2011.

TORTOP, N., E. G. İsbir ve B. Aykaç (2005) **Yönetim Bilimi,** Yargı Yayınları, 4. Baskı, Ankara.

TORTOP, N., B. Aykaç, H. Yayman ve M. A. Özer (2008) **Mahalli İdareler,** Nobel Yayın Dağıtım, ikinci Baskı, Ankara.

TORTOP, N. (1999) **Mahalli İdareler**, Yargı Yayınları Altıncı Baskı, Ankara.

TURGUT, H. (2001) "Geleneksel Performans Değerleme Yöntemlerine Yeni Bir Alternatif: 360 Derece Performans Değerleme Yöntemi", **Sayıştay Dergisi** Sayı 42, s.56-68.

TUTAR, H. (2009) "Yeni Yönetim Yaklaşımları Ne Kadar Yeni? Kuramsal Bir İnceleme" **Uluslararası Davraz Kongresi**, 24-27 Eylül 2009.

TÜİK (2009) **İstatistik Göstergeler 1923-2008**, Türkiye İstatistik Kurumu Matbaası, Yayın No 3361, Ankara.

ULUĞ, F. (2004) "Kamu Yönetimi Kanun Tasarısı Işığında Kamu Denetimi Sisteminde Yeniden Yapılanma" **Amme İdaresi Dergisi**, Cilt 37, Sayı 2.

ULUSOY, A., T. Akdemir (2007) **Mahalli İdareler Teori-Uygulama-Maliye**, Seçkin Yayınevi Beşinci Baskı, Ankara.

ULUSOY, A. ve T. Akdemir (2009) "Yerel Yönetimler ve Mali Özerklik: Türkiye ve OECD Ülkelerinin Karsılaştırmalı Analizi" **Balıkesir Üniversitesi SBE Dergisi,** Cilt 12, Sayı 21.

ULUSOY, A. ve T. Akdemir (2010) **Mahalli İdareler**, Seçkin Yayınevi Altıncı Baskı, Ankara.

URHAN, V. F. (2008)"Türkiye'de Yerel Yönetimlerin Yeniden Yapılandırılması", **Sayıştay Dergisi**, Sayı 70, s.85-102.

UZUN, F. (2007) "İç Denetim ve Fransa Uygulaması" **Yerel Yönetim ve Denetim Dergisi,** Eylül 2007, Cilt 12 Sayı 9, s.1-11.

WATTS, D. (2007) **Pressure Groups**, Edinburgh University Press, Edinburg.

YENİCE E. (2006) "Kamu Kesiminde Performans Değerlendirmesi" **Maliye Dergisi**, Sayı 150, s.122-132.

YENİCE, E. (2006) "Kamu Kesiminde Performans Ölçümü ve Bütçe İlişkisi" **Sayıştay Dergisi**, Sayı 61, s.57-68.

YILMAZ, A. (2007) "AB'ye Uyum sürecinde Türk Kamu Yönetiminin Dönüşümü Üzerine Notlar", **Dumlupınar Üniversitesi Sosyal Bilimler Dergisi**, Sayı17, s.215-240.

YILDIZ, E. B., U. SİVRİ ve M. BERBER (2010) "Türkiye'de İllerin Sosyo-Ekonomik Gelişmişlik Sıralaması (2010)", **Uluslararası Bölgesel Kalkınma Sempozyumu**, 7-9 Ekim 2010, Yozgat.

YÖRÜKOĞLU, F. (2009) "Türk Belediyeciliğin Gelişim Süreci", **Mevzuat Dergisi**, Yıl 11, Sayı 135, Mart 2009.

YÜKÇÜ, S. ve G. Atagan (2009) "Etkinlik, Etkililik ve Verimlilik Kavramlarının Yaratacağı Karışıklık" **Atatürk Üniversitesi İktisadi ve İdari Bilimler Dergisi**, Cilt 23, Sayı 4.

YÜKSEL, F., F. G. Bozkurt ve A. Güven (2005) "Yerel Yönetimlerde Etik Çerçevesinde Sosyal Sorumluluk Bilinci: Tokat Uygulaması", **Siyaset ve Yönetimde Etik Sempozyumu,** 18-19 Kasım 2005, Sakarya.

YÜKSEL, F. (2005) "Yerel Özerklik Kavramı Üzerine Bir İnceleme", **Yerel Yönetimler Üzerine Güncel Yazılar-1 Reform**, Ed: Hüseyin Özgür, Muhammet Kösecik, Nobel Yayın Dağıtım, Ankara.

ZERENLER, M. (2005) "Performans Ölçüm Sistemleri Tasarımı ve Üretim Sistemlerinin Performansının Ölçümüne Yönelik Bir Araştırma", **AİBÜ. İİBF Ekonomik ve Sosyal Araştırmalar Dergisi**, Bahar 2005,Cilt 1, s.1-36.

2709 Sayılı Kanun: 1982**2709 Sayılı Türkiye Cumhuriyeti Anayasası**,18.10.1982 tarihli 17863 sayılı Resmi Gazete,(çevrimiçi), http://www.mevzuat.adalet.gov.tr/html/1113.html, 05.11.2010.

2802 Sayılı Kanun: 1983**2802 Sayılı Hakimler ve Savcılar Kanunu**, 26.02.1983 tarihli 17971 sayılı Resmi Gazete. (çevrimiçi),http://mevzuat.basbakanlik.gov.tr/Metin.Aspx?MevzuatKod=1.5.2802&MevzuatIliski=0&sourceXmlSearch=,15.10.2010.

5018 Sayılı Kanun: 2003**5018 Sayılı Kamu Mali Yönetimi ve Kontrol Kanunu**,24.12.2003 tarihli 25326 sayılı Resmi Gazete.(çevrimiçi), http://www.sp.gov.tr/documents/5018kmykk.pdf, 05.12.2010.

5216 Sayılı Kanun: 2004**5216 Sayılı Büyükşehir Belediyesi Kanunu**, 23.07.2004 tarihli 25531 sayılı Resmi Gazete. (çevrimiçi), http://www.tbmm.gov.tr/kanunlar/k5216.html, 25.11.2010.

5302 Sayılı Kanun: 2005**5302 Sayılı İl Özel İdaresi Kanunu**,04.03.2005 tarihli 25745 sayılı Resmi Gazete.(çevrimiçi), http://mevzuat.basbakanlik.gov.tr/Metin.Aspx?MevzuatKod=1.5.5302&MevzuatIliski=0&sourceXmlSearch=, 05.09.2010.

5393 Sayılı Kanun: 2005**5393 Sayılı Belediye Kanunu**, 13.07.2005 tarihli 25874 sayılı Resmi Gazete. (çevrimiçi), http://mevzuat.basbakanlik.gov.tr/Metin.Aspx?MevzuatKod=1.5.5393&MevzuatIliski=0&sourceXmlSearch=, 05.09.2010.

5548 Sayılı Kanun: 2006**5548 Sayılı Kamu Denetçiliği Kurumu Kanunu**, 13.09.2006 tarihli 26318 sayılı Resmi Gazete. (çevrimiçi), http://www.mevzuat.adalet.gov.tr/html/27181.html, 08.10.2010.

FSC
www.fsc.org
MIX
Papier | Fördert gute Waldnutzung
FSC® C083411

Kolibri 360 GmbH
Ferdinand-Jühlke-Straße 7
99095 Erfurt, Deutschland
produktsicherheit@kolibri360.de

Druck:
CPI Druckdienstleistungen GmbH
im Auftrag der
Kolibri 360 GmbH
Ferdinand-Jühlke-Str. 7
99095 Erfurt